# LES JUSTICES DE PAIX DE SAINTES

PUBLICATION DE LA SOCIÉTÉ DES ARCHIVES HISTORIQUES
DE LA SAINTONGE ET DE L'AUNIS

# LES

# JUSTICES DE PAIX

## DE SAINTES

### Depuis 1790 jusqu'à nos jours

PAR

### Edmond-Jean GUÉRIN

LA ROCHELLE

IMPRIMERIE NOUVELLE NOEL TEXIER

29, RUE DES SAINTE-CLAIRE

—

1915

# LES
# JUSTICES DE PAIX DE SAINTES

### DEPUIS 1790 JUSQU'A NOS JOURS

---

**Première partie. — Notions historiques et générales.**

---

## INTRODUCTION

*Vues de l'Assemblée Constituante en instituant les justices de paix.*

Ce fut la loi des 16-24 août 1790 sur l'organisation judiciaire qui, dans son titre III, ordonna l'établissement des justices de paix (1), à la suite d'un rapport, présenté par Jacques-Guillaume Thouret, député du tiers état de la ville et bailliage de Rouen. En les créant au-dessous des tribunaux ordinaires, à la place des anciennes justices seigneuriales (baillages, sénéchaussées,

---

(1) Le nom des justices de paix a seul été emprunté à l'Angleterre, *justices of peace*; les règles de leur compétence ont été tirées des juridictions subalternes antérieures, présentant quelque analogie, semble-t-il, avec nos justices de paix; savoir : sous le Bas-Empire, les défenseurs des cités Gallo-Romaines, *defensores civitatum*; chez les Francs, les *centenarii*; sous l'ancien régime, les auditeurs du Châtelet de Paris, les officiers de certains bailliages, mais « les perfectionnements apportés par le législateur français moderne à l'idée qui avait donné naissance à ces juridictions, ont été tels qu'ils en ont fait une institution sans précédents véritables et qui a survécu à toutes les révolutions politiques. » Dalloz, *Repertoire de législation*, tome XI, v° *Compétence des tribunaux de paix*,; p. 88 et suiv. C.-F. Garsonnet. *Traité général de procédure civile*, t. I, p. 95, Paris, Larose, 1898; *Grande Encyclopédie*, article de M. E. Glasson, t. XXI, p. 240 ; Carpentier, Frèrejouan du Saint et Fuzier-Herman, *Répertoire général de droit français*, t XXV, v° *Juge de paix*, etc.

présidiaux), si justement décriées (1), ces « *mangeries de village* », selon le mot énergique de Loyseau, qui en a stigmatisé les abus (2), l'Assemblée Constituante voulut instituer une juridiction paternelle, bornée aux affaires les plus simples, exercée, pour ainsi dire, au milieu des champs, « exempte des rigueurs de la procédure et des formes, qui obscurcissent tellement les procès que le juge le plus expérimenté ne sait plus qui a tort ou raison » (3).

L'institution nouvelle, qui était réclamée par la plupart des Cahiers des Etats de 1789, réalisa si bien les espérances qu'avait conçues l'Assemblée Constituante, que, depuis, le législateur n'a cessé d'élargir le cercle de la compétence des juges de paix, principalement par les lois des 25 mai 1838 et 12 juillet 1905. Aussi, de nos jours, pour remplir dignement les fonctions de cette utile magistrature, ne suffit-il plus d'être l'homme de bien « doué d'expérience et d'usage » qu'a dépeint Thouret, il faut être encore, et surtout, celui que rêvait Horace :

*Vir bonus est quis ?*
*Qui consulta patrum, qui leges, juraque servat.*

---

CHAPITRE PREMIER

*Divisions du district de Saintes en cantons.*

I. — La loi organique des 16-24 août 1790 (titre III, article 1er) portait que, dans chaque canton, il y aurait un juge de paix et des prud'hommes assesseurs du juge de paix. En effet, sous l'empire de cette loi, qui avait appliqué le principe de la plura-

---

(1) Dans sa lettre du 8 octobre 1790, contenant convocation des électeurs du district de Saintes à l'effet de procéder à la nomination des juges du tribunal de ce district, Tapon-Dupinier, procureur syndic, s'exprimait ainsi : « Un nouvel ordre judiciaire va s'établir sur les ruines de ces tribunaux antiques, créés pour le soutien du faible et de l'opprimé, mais dont l'organisation vicieuse avoit produit des abus désolants et en avoit fait autant de gouffres où venoient se perdre les fortunes d'une infinité de familles » (Bibliothèque de Saintes, Collection Eschasseriaux).

(2) Loyseau, *Discours sur l'abus des justices de village*, cité dans Bourbeau, *De la justice de paix*, Paris et Poitiers (1863), p. 2 et 3.

(3) *Rapport de Thouret sur le projet du comité de Constitution concernant les juges de paix* (séance du 7 juillet 1790), *Moniteur* du 8 juillet, p. 775, et *Archives parlementaires de 1789 à 1860*, 1re série, t. XVI, p. 738.

lité des juges, admis par l'Assemblée Constituante pour toutes
les juridictions avec minimum de trois comme nombre, le juge
de paix siégeait, non pas seul comme de nos jours, mais assisté
de deux assesseurs ayant voix délibérative. En cas d'empêchement momentané, ce magistrat était suppléé par un des assesseurs (art. 12).

En outre, chaque ville ou bourg de plus de 2.000 âmes avait
son juge de paix et des prud'hommes particuliers; quant aux
villes et bourgs, dont la population était supérieure à 8.000 âmes,
elles avaient le nombre de juges que déterminerait le Corps
législatif (art. 2 de la loi du 16 août 1790).

Chaque juge de paix pouvait, à l'origine, commettre un
secrétaire greffier pour l'assister dans les actes relatifs à ses
fonctions, mais l'art. 4 du décret des 6-27 mars 1791, lui fit
une obligation d'en nommer un (1).

Voyons maintenant quels étaient les juges de paix de notre
arrondissement.

Un décret de l'Assemblée Constituante du 6 février 1790
avait, on le sait, divisé en sept districts le département de la
Charente-Inférieure, dénommé aussi, dans les commencements,
département de Saintonge et d'Aunis, savoir : Saintes, La
Rochelle, Rochefort, Saint-Jean d'Angély, Marennes, Pons et
Montlieu (2). — Chacun de ces districts était subdivisé en cantons, au nombre de 47, où existait une justice de paix.

Le district de Saintes, — le seul qui nous occupe, — comprenait neuf cantons, dont les chefs-lieux et les paroisses de leur
arrondissement suivent :

Premier canton.

Saintes, chef-lieu ; — Bussac ; — Fontcouverte ; — Saint-

---

(1) Duvergier, *Collection des lois et décrets*, t. II, p. 240.

(2) *Extrait du procès-verbal de l'Assemblée Nationale concernant la division du royaume en 83 départements. A Saintes, de l'imprimerie de Pierre
Toussaint, imprimeur du Roi, rue Saint-Maur, 1790.* Ce procès-verbal,
arrêté à Paris le 22 février 1790, porte les signatures de Pierre-Louis de La
Rochefoucauld, évêque de Saintes, Augier, J. Garesché, Lemercier, Labrousse de Beauregard, Ratier, Richier, députés de Saintes; de Bonnegens,
Landreau et Regnaud, députés de Saint-Jean d'Angély, et, sous certaines
réserves formulées, celles de Griffon, député d'Aunis, et Alquier, député de
La Rochelle. — Une note, imprimée à la fin de ce document, mentionne qu'il
fut remis par Turpin, commissaire du Roi, à MM. les administrateurs du
département de la Charente-Inférieure, le 28 juillet 1790.

— 4 —

Georges des Coteaux ; — Nieul-les-Saintes ; — Varzay ; — Chermignac ; — Préguillac ; — Pessines ; — Les Gonds ; — Courcoury ; — La Chapelle des Pots ; — Chaniers.

### Second Canton.

Dompierre, chef-lieu ; — Saint-Sauvant ; — Orlac ; — Saint-Sever ; — Rouffiac ; — Montils ; — Brives ; — Chérac.

### Troisième Canton.

Ecoyeux, chef-lieu ; — Burie ; — Le Seure ; — Migron ; — Villars-les-Bois ; — Saint-Césaire ; — Saint-Bris ; — Vénérand ; — Le Douhet.

### Quatrième Canton.

Port d'Envaux, chef-lieu ; — Saint-Vaize (1) ; — Saint-Sorlin ; — Ecurat ; — Les Essards ; — Plassay ; — Crazannes ; — Le Meung ; — Geay.

### Cinquième Canton.

Pont-l'Abbé (2), chef-lieu ; — Saint-Porchaire ; — Roumegoux ; — L'Houmée ; — La Vallée ; — Monthéraud ; — Trizay ; — Saint-Thomas du Bois ; — Beurlay ; — Sainte-Radegonde ; — La Chaume ; — Saint-Michel de l'Annuel ; — Saint-Sulpice d'Arnoult ; — Sainte-Gemme ; — Soulignonnes.

### Sixième Canton.

Saujon, chef-lieu ; — Nancras ; — Corme-Royal ; — Sablonceaux ; — Saint-Romain de Benêt ; — Médis ; — Saint-Georges de Didonne ; — Le Chay ; — Pizany ; — Luchat ; — La Clisse.

### Septième Canton.

Cozes, chef-lieu ; — Thézac ; — Meursac ; — Corme-Ecluse ; Grézac ; — Semussac (3) ; — Meschers ; — Arces ; — Talmont ; — Saint-André de Lidon (4) ; — Thaims ; — Montpellier de Médillan ; — Rétaud.

### Huitième Canton.

Mortagne-sur-Gironde, chef-lieu ; — Virollet (5) ; — Epargne ; — Barzan ; - Chenac ; — Saint-Seurin d'Uzet ; — Boutenac ;

-----

(1) Dans une délibération du directoire du district de Saintes de l'an II, Saint-Vaize est dénommée commune du *Rocher*.

(2) *Pont-Libre* pendant la période révolutionnaire [*Tableau de la population des communes, composant le district de Saintes* dressé le 8 germinal an II (28 mars 1794)]. Saint-Sauvant prend le nom de *Silvain La Roche* à cette même époque.

(3) Semussac en Didonne (*Tableau de la Population, cit. supra*).

(4) *L'Union de Lidon* (même *Tableau*).

(5) *Virollet et Madion* (*Tableau*).

— Brie-sous-Mortagne ; — Floirac ; — Saint-Romain de Beaumont.

### Neuvième Canton.

Gemozac, chef-lieu ; — Cravans ; — Saint-Simon de Pellouaille ; — Rioux ; — Tesson ; — Thenac ; — Berneuil ; — La Jard ; — Colombiers.

Le canton de Saintes formait deux justices de paix : l'une *intra muros* comprenant la ville, les faubourgs et la banlieue de Saintes, l'autre *extra muros*, composée des communes rurales.

II. — La loi du 8 pluviôse an IX (28 janvier 1801) rendue par le Corps Législatif à la suite des discours de Faure et Favard de Langlade, orateurs du Tribunat, et de Berlier et Thibaudeau, conseillers d'Etat et orateurs du gouvernement, ayant ordonné dans son article 1er, qu'il y aurait pour tout le territoire Européen de la République, au moins 3.000 justices de paix et 3.600 au plus (1), un arrêté des Consuls en date du 27 brumaire an X (18 novembre 1801) (2) modifia profondément les divisions territoriales du district de Saintes et ne conserva que les huit cantons suivants :

### 1° Burie (3).

Burie, chef-lieu ; — Saint-Bris des Bois ; — Saint-Césaire ; — Chérac ; — Dompierre-sur-Charente ; — Ecoyeux ; — Migron ; — Orlac ; — Saint-Sauvant ; — Le Seure ; — Villars les Bois.

### 2° Gémozac.

Gémozac, chef-lieu ; — Saint-André de Lidon ; — Berneuil ; — Cravans ; — Jazennes ; — Meursac ; — Montpellier ; — Saint-Quantin de Ransanne (4) ; — Rétaud ; — Rioux ; — Saint-Simon de Pellouaille ; — Tanzac (4) ; — Tesson ; — Thaims ; — Villars ; — Virollet.

---

(1) Duvergier, *loc. cit.*, t. XII, p. 363 ; *Archives Parlementaires Consulat*, t. II, 1re partie, p. 233 et suiv.

(2) *Bulletin des Lois*, IIIe série, nos 146-1126. Cet arrêté qui porte les signatures de Napoléon, Premier Consul ; Huges B. Maret, secrétaire d'Etat ; Abrial et Chaptal, ministres de la Justice et de l'Intérieur, réduisit à 37 seulement le nombre des Justices de Paix de la Charente-Inférieure.

(3) Ce canton était formé, on le voit, d'une partie des communes des anciens cantons de Dompierre et d'Ecoyeux dont les chefs-lieux devenaient de simples communes.

(4) Saint-Quantin de Ransanne et Tanzac dépendaient précédemment du canton de Pons.

— 6 —

### 3° Mortagne sur Gironde (1).

Mortagne-sur-Gironde, chef-lieu ; — Arces ; — Barzan ; — Boutenac ; — Brie ; — Chenac ; — Cozes ; — Epargnes ; — Floirac ; — Meschers ; — Saint-Romain de Beaumont ; — Semussac ; — Saint-Seurin d'Uzet ; — Talmont ; — Thézac.

### 4° Pons (2).

Pons, chef-lieu ; — Avy ; — Belluire ; — Biron ; — Bougneau ; — Brives-sur-Charente ; — Chadenac ; — Coulonge ; — Echebrune ; — Fléac ; — Saint-Léger ; — Marignac ; — Mazerolles et Machène ; — Montignac ; — Montils ; — Pérignac ; — Rouffiac ; — Saint-Sever ; — Saint-Seurin de Paleine ; — Usseau.

### 5° Saint-Porchaire.

Saint-Porchaire, chef-lieu ; — Beurlay ; — La Chaume ; — Crazanne ; — Les Essards ; — Geay ; — Sainte-Gemme ; — L'Houmée ; — Le Meung ; — Monthéraud ; — Saint-Michel de l'Annuel ; — Plassay ; — Pont-l'Abbé ; — Port d'Envaux de Saint-Saturnin de Séchaud (3) ; — Sainte-Radegonde ; — Romégoux ; — Soulignonnes ; — Saint-Sulpice ; — Saint-Thomas du Bois ; — Trizay ; — La Vallée.

### 6° Saujon.

Saujon, chef-lieu ; — Balanzac (4) ; — Le Chay ; — La Clis-

---

(1) Ce canton était formé d'une partie des communes de l'ancien canton de Cozes, dont le chef-lieu devenait simple commune, et de celles de l'ex-canton de Mortagne.

(2) La constitution du 5 fructidor an III (22 août 1795), ayant, par son article 3, supprimé les districts, ceux de Pons et de Montlieu ne furent pas rétablis par la loi du 28 pluviôse an VIII (17 février 1800) qui les incorpora dans le cinquième arrondissement communal de la Charente Inférieure, ayant pour chef-lieu Jonzac, à l'exception du canton de Pons, qui fut réuni au quatrième arrondissement communal (celui de Saintes). (*Bulletin des Lois*, III<sup>e</sup> série, n<sup>os</sup> 17-115.

(3) Le chef-lieu de cette commune n'était pas autrement appelé par les habitants que *Saint-Sorlin ou Saint-Sornin*, tandis qu'il est connu dans les archives administratives sous le nom de *Saint-Saturnin de Séchaud* (Voir *Statistique du départ. de la Charente-Inférieure*, par A Gautier. La Rochelle, Mareschal, 1839). Un décret Impérial du 23 mai 1853 a donné le nom de Port d'Envaux à la commune de Saint-Saturnin de Séchaud (*Bull. Lois*, XI<sup>e</sup> série, n<sup>os</sup> 50-446).

(4) *Balanzac*, qui dépendait d'abord de *Corme-Royal*, fut érigée en commune distincte au mois de mars ou avril 1791.

se ; — Corme-la-Forêt (1) ; — Corme l'Ecluse ; — Saint-Georges de Didonne ; — Grézac ; — Luchat ; — Médis ;— Nancras ; — Pizany ; — Saint-Romain de Benêt ; — Sablonceaux.

### 7° Saintes (Nord).

Saintes, chef-lieu ; — Bussac ; — Chaniers ; — La Chapelle des Pots ; — Le Douhet ; — Fontcouverte ; — Saint-Vaize ; — Vénérand.

### 8° Saintes (Sud).

Saintes, chef-lieu ; — Chermignac ; — Colombiers ; — Courcoury ; — Ecurat ; — Saint-Georges des Côteaux ; — Les Gonds ; — La Jard ; — Nieuil-les-Saintes ; — Pessines ; — Préguillac ; — Thenac ; — Varzay.

Ainsi la ville de Saintes n'était plus placée sous la juridiction d'un juge de paix spécial. L'arrêté du 27 brumaire an X l'avait partagée en deux arrondissements de justice de paix par la route de Rochefort, qui devait servir de ligne de démarcation en suivant la rue de la Commune (2), celle de la Préfecture (3) jusqu'à la rivière, au Port, appelé le Petit Saint-Jean (4) ; la partie gauche formait le premier arrondissement dit *du Nord*, et la droite, le second, dit *du Sud*.

Cette division en cantons et en communes existe encore actuellement, sauf certaines modifications que nous allons indiquer :

1° Le chef-lieu du canton de Mortagne-sur-Gironde a été transféré à Cozes par arrêté du 9 pluviôse an X (29 janvier 1802) (5) ;

2° Dans le canton de Saint-Porchaire, une ordonnance royale du 11 novembre 1824 a réuni la commune de Saint-Thomas du Bois à celle de Beurlay et supprimé la commune de Lhoumée dont une partie a été jointe à celle de la

---

(1) Cette commune, appelée *Corme-Royal* jusque vers la fin de janvier 1793 où elle reçut la dénomination de *Corme-la-Forêt*, reprit son nom primitif en mai 1814, après le retour des Bourbons.

(2) Actuellement rue Alsace Lorraine, ci-devant rue Porte-Aiguière.

(3) Aujourd'hui rue de l'Hôtel-de-Ville.

(4) Le *Port du Petit-Saint-Jean* situé à l'endroit où se trouve l'abreuvoir, existant au bas de la place Blair, près du quai Palissy (Cf. *Saintes ancienne* par M. Ch. Dangibeaud).

(5) *Bulletin des Lois*, série III<sup>e</sup>, 228 *bis*, n° 2.

Vallée, et l'autre partie à Beurlay (1). — Une autre ordonnance du 13 novembre 1823 a annexé les communes de la Chaume et Saint-Michel de l'Annuel, à Pont-l'Abbé (2), et une troisième ordonnance du 29 novembre 1825 a ordonné la réunion de la commune de Montheraud à celle de Trizay :

3° Dans le canton de Pons, les communes de Montignac et d'Usseau ont été réunies par cette même ordonnance du 29 novembre 1825, la première à Bougneau et la deuxième à Marignac. — De plus une loi du 28 juillet 1876, promulguée au *Journal officiel* du 29 juillet, a distrait un territoire de la commune de Pérignac pour en former une commune distincte sous le nom de Salignac-en-Pons (3) ;

4° Dans le canton de Burie, la commune d'Orlac a été réunie à celle de Dompierre-sur-Charente par ordonnance du 28 décembre 1825 ;

5° Dans le canton de Saujon, la commune de Grézac, qui, jusqu'à l'arrêté du 27 brumaire, avait appartenu au canton de Cozes, ne tarda pas à y être incorporée de nouveau par un arrêté des Consuls de la République en date du 23 germinal an X (13 avril 1802) (4) ;

6° Enfin dans le canton de Cozes une ordonnance de Charles X du 20 janvier 1830 a distrait la commune de Thézac de ce canton et l'a réunie à celui de Saujon (5).

CHAPITRE II. — *Nomination des juges de paix, de leurs assesseurs, de leurs suppléants et de leurs greffiers. — Leur serment et leur installation. — Leur sceau.*

I. — La loi du 16 août 1790 (titre III, art. 3) édictait que les juges de paix ne pourraient être choisis que parmi les citoyens éligibles aux administrations de département et de district, c'est-à-dire réunissant aux conditions exigées pour être citoyen actif, celle de payer une contribution directe, se montant à au

---

(1) *Ephémérides ou Almanach du département de la Charente-Inférieure pour 1826.* A La Rochelle, chez la veuve Cappon, imprimeur du Roi.
(2) *Ephémérides, cit. sup.*
(3) *Bulletin des Lois,* XII° série, n° 5332.
(4) *Bull. Lois.,* III° série, 228 bis, n° 8.
(5) *Id.,* VIII° série, n° 11-13421.

moins la valeur locale de dix journées de travail (1). Ils devaient, en outre, être âgés de trente ans accomplis. Lors de la discussion de la loi, à la séance du 8 juillet 1790, Fréteau de Saint-Just, député de la noblesse du bailliage de Melun, avait demandé qu'on fixât l'âge à 40 ans, mais son amendement, soutenu par Mougins de Roquefort, député du tiers de la sénéchaussée de Draguignan, et combattu par Lanjuinais, député du tiers de la sénéchaussée de Rennes, ne fut pas pris en considération (2). Une loi du 16 septembre 1792 (3) réduisit à 25 ans l'âge d'éligibilité, que l'article 209 de la Constitution du 5 fructidor an III rétablit à 30 ans, en supprimant toute condition de cens. Cet état de choses a subsisté jusqu'à la loi du 12 juillet 1905, qui a abaissé à 27 ans l'âge de nomination des juges de paix et a exigé d'eux certaines conditions de capacité énumérées dans son article 19 (4).

Nous allons maintenant faire un bref historique de la nomination des juges de paix, assesseurs, suppléants et greffiers, en distinguant deux périodes, celle comprise entre le 16 août 1790, époque de la création, et le 29 floréal an XII (19 mai 1804), fin du Consulat, — et celle écoulée de cette dernière date à nos jours.

### § 1er. — Du 16 août 1790 au 29 floréal an XII.

Les juges de paix étaient élus au scrutin individuel et à la pluralité absolue des suffrages par les citoyens *actifs* (5) de leur ressort, réunis en assemblées primaires (article 4 de la loi du 16 août 1790). D'après le décret du 22 décembre 1789 (article 3) pour être citoyen actif il fallait être : 1° Français ; 2° majeur de

---

(1) Décret du 22 décembre 1789, section II, art. 6. *Collection générale des décrets de l'Assemblée Constituante*, tome 1er, page 243. A Paris, chez Baudouin.

(2) *Archives Parlementaires*, 1re série, tome XVI, page 746.

(3) *Collection générale des décrets rendus par l'Assemblée Nationale Législative*, 2e partie, tome VII, page 948. Paris, chez Baudouin.

(4) *Journal officiel* du 13 juillet 1905, n° 188.

(5) Le *Journal Patriotique de Saintonge et d'Angoumois* (numéro du 14 mars 1790) publia à ce sujet, l'amusant quatrain que voici :

« Il vous faut un époux, Glycère ;
Le voulez-vous doux, attentif,
Bien fait, riche ? — Nenny, ma mère,
Je veux un citoyen *actif* ».

25 ans ; 3° domicilié de fait dans le canton, depuis au moins un an ; 4° payer une contribution directe de la valeur locale de trois journées de travail ; 5° n'être pas serviteur à gages.

Les prud'hommes assesseurs, qui devaient être pris parmi les notables, étaient élus, dans chaque commune, au scrutin de liste et à la pluralité relative (article 6 de la loi du 16 août précitée).

Juges et prud'hommes étaient nommés pour deux ans et indéfiniment rééligibles (article 8).

Pour procéder à ces nominations, les électeurs du district de Saintes, convoqués par le procureur-syndic dudit district, Tapon-Dupinier (1) conformément à l'article 3 du décret du 16 août 1790 (2) se réunirent en assemblées primaires, par canton, dans les formes prescrites par l'article 24 du décret du 22 décembre 1789 (3).

Les procès-verbaux de ces premières élections semblent avoir

---

(1) Jean-Baptiste-Joseph Tapon-Dupinier, que Fr.-Marie Bourignon, dans son *Journal de Saintonge et d'Angoumois* (numéro du 11 juillet 1790) appelle le « citoyen patriote », était né à Saintes, le 12 avril 1758, du mariage de Jean-Baptiste Tapon-Dupinier, notaire royal — (fils lui-même de Nicolas Tapon-Dupinier qui tenait l'auberge à l'enseigne de la *Table Royale*, dite, pendant la période révolutionnaire, la *Table Loyale* ou *Nationale*) — et de Rose Marsay. — Il épousa, le 17 juin 1777, Rosalie Duplais, fille d'Antoine Duplais, seigneur du fief des Touches en Nieuil, notaire royal, demeurant sur le faubourg Saint-Maurice, paroisse de Saint-Vivien-lès-Saintes, et de demoiselle Léontine Pinard. Procureur au présidial de Saintes, au moment de la Révolution, il fut élu officier de la milice nationale (5 juin 1790), procureur syndic du district de Saintes (2 août suivant), commissaire national près le tribunal dudit district en novembre 1792, enfin, par arrêté des Consuls du 24 floréal an VIII, substitut du commissaire du gouvernement près le tribunal d'appel de Poitiers Nous ignorons l'époque précise de la cessation de ses fonctions, mais il est certain qu'il figure encore, avec cette qualité, dans l'*Almanach Impérial* de l'an XIII-1805, édité à Paris, par Testu, « imprimeur de S. M. l'Empereur », et que, dans celui de 1806, il n'est plus fait mention de lui. Nous ne connaissons pas, non plus, le lieu ni la date de son décès, qui est postérieur au 9 novembre 1812, époque où il figura comme partie intéressée dans un acte passé devant Huvet, notaire à Saintes ; il y est même qualifié — à tort — d'ex-procureur général de la cour de Poitiers (*Registres de la paroisse Saint-Vivien de Saintes.— Archives du département de la Vienne.* — Renseignements fournis par notre collègue du canton sud de Poitiers, M. Giraud. — *Minutes de M⁰ Rouyer, notaire à Saintes.*)

(2) Duvergier, tome I⁰ʳ, page 333.

(3) *Collection générale des décrets rendus par l'Assemblée Nationale Constituante*, tome I⁰ʳ, p. 232. Paris, chez Baudouin.

été perdus, mais nous savons cependant qu'elles eurent lieu au commencement de novembre. Ce qui l'établit, c'est d'abord un procès-verbal de la municipalité de Corme-Royal, en date du 12 décembre 1790, constatant la nomination de Duplais, comme juge de paix du canton de Saujon, par l'assemblée primaire « tenue les quatre, cinq et sept novembre de la même année » (1). Ce qui le prouve encore c'est que, le 11 novembre 1790, le procureur-syndic vint dénoncer au directoire du district de Saintes, comme entachés de nullité pour vice de forme, les procès-verbaux des élections du juge de paix et des prud'hommes du canton d'Ecoyeux des quatre et huit de ce même mois (2).

Grâce à un état de traitements, figurant parmi les documents dont nous devons la communication à la gracieuseté de M. l'archiviste du département de la Charente-Inférieure, nous avons pu connaître les noms de tous les juges de paix et greffiers du district de Saintes, nommés à l'origine.

Ce furent :

1° Pour la ville et les faubourgs et banlieue de Saintes :

François Riquet, procureur, juge ; André Roy, huissier au ci-devant présidial de Saintes, secrétaire-greffier.

2° Pour les paroisses de la campagne du canton de Saintes :

Denis Prieur, bourgeois, juge ; Pierre Coëffé, secrétaire-greffier.

3° Pour le canton de Cozes :

Pierre-Julien Tourneur (3), notaire à Thézac, juge ; Henri-Daniel Pain, secrétaire greffier.

---

(1) *Archives de la mairie de Corme-Royal*. Renseignements dus à l'obligeance de Mᵉ Soulard, notaire, maire de cette commune.

(2) *Registres des délibérations du d'rectoire du district de Saintes (Archives de la Charente-Inférieure)*.

(3) Pierre-Julien Tourneur, né à Thézac, le 28 juin 1757, fils de Jean-Julien Tourneur, sergent royal, et de Jeanne Dejoie, joignait à ses fonctions de notaire et de juge de paix celle de commandant de la garde nationale de Cozes ; en 1791, il fut président de la Société des *Amis de la Constitution* de ce même bourg (Voir *Journal Patriotique et Littéraire de Saintes*, rédigé par F.-M. Bourignon, du 14 octobre 1791). Il eut de vifs démêlés avec Bigot, curé de Thézac, devenu depuis (1791) vicaire général de Robinet, l'évêque constitutionnel et directeur du séminaire de Saintes. Ce prêtre adressa même, le 17 décembre 1790, une requête au directoire du district pour se plaindre de propos injurieux, tenus par Tourneur à son encontre, et demanda à l'administration « de mettre un frein à sa licence ». Mais le directoire renvoya le plai-

4° Pour le canton de Dompierre : 

François-André Ardouin (1), notaire, juge ; Pierre Delaroche, secrétaire-greffier. 

5° Pour le canton d'Ecoyeux : 

André Godet (2), notaire, juge ; Mathieu Corbineau, secrétaire-greffier. 

6° Pour le canton de Gémozac : 

Jean-Louis Magistel, notaire, juge ; Paul Gombaud, instructeur de la jeunesse, du bourg de Gémozac, secrétaire-greffier. 

7° Pour le canton de Mortagne : 

Jean Gorry (3), homme de loi, juge ; Louis Deffarges, notaire à Mortagne, secrétaire-greffier. 

8° Pour le canton de Pont-l'Abbé : 

François-Xavier Desnaule, juge ; Jacques-Ambroise Tourneur, notaire à Pont-l'Abbé, secrétaire-greffier. 

9° Pour le canton de Port-d'Envaux :

---

gnant à se pourvoir devant juges compétents, « considérant que la censure de la conduite d'un juge de paix n'est point du tout un objet dont l'administration doit s'occuper ». Tourneur fut élu, le 10 septembre 1792, administrateur du département par la quatrième assemblée électorale de la Charente-Inférieure ; le 29 pluviôse an II, lors de l'épuration des autorités de Saintes, il remplaça Tapon-Dupinier, mais le 3 brumaire an III, il opta pour son ancienne fonction de notaire, qu'il conserva jusqu'à son décès, arrivé à Thézac, le 7 décembre 1809. Il avait un frère cadet Jean-Charles Tourneur, qui fut notaire à Meursac et membre du conseil général de la commune de Thézac, en 1793.

(1) François-André Ardouin, natif de Saint-Dizant du Bois, « notaire sous les sceaux de la baronnie de Saint-Sauvant, Chérac et la Chapelle, procureur esdites juridictions et arpenteur », avait épousé Marguerite Bouyer, fille de feu M° François Bouyer, notaire royal à Chérac, et de Marguerite Chevallier, le 4 novembre 1767 (*Registres paroissaux de Saint-Michel de Saintes*).

(2) André Godet, né à Ecoyeux, décédé au même lieu le 3 prairial an XIII, à l'âge de 79 ans, adjoint au maire de cette commune, avait épousé, à l'église de la paroisse Saint-Pierre de Saintes, le 29 septembre 1751, Marie-Anne Senné. Il eut un fils, Pierre-Cosme Godet, qui fut juge au tribunal civil de Saintes. Le *Journal Patriotique de Saintonge et d'Angoumois* du 26 décembre 1790, contient de curieux vers, composés au sujet de l'élection de Godet par François Duc, curé du Seure, « électeur du district de Saintes, procureur de la commune de sa paroisse, président de l'une des sections de l'assemblée du canton », lequel abdiqua la prêtrise le 29 frimaire an II.

(3) Jean Gorry, fils de Jean Gorry, conseiller du roi, et de Julie-Rose Giraudot, époux de Marie-Egyptienne Pannetier, né à Saint-Dizant du Guâ, le 12 mars 1758, mort dans sa propriété de Fontrémy, commune de Mortagne, le 29 septembre 1833, avait été nommé, le premier juillet 1790, administrateur du district de Saintes.

Charles Gaillard, notaire et procureur syndic de la commune de Saint-Saturnin de Séchaud, juge ; Pierre-Joseph Girardin, secrétaire-greffier.

10° Pour le canton de Saujon :

Jean-François Duplais, homme de loi, juge ; Jean Métraud, notaire à Corme-Royal, secrétaire-greffier.

Les quatre prud'hommes assesseurs du juge de paix de la cité de Saintes, nommés en 1790, furent : Pierre Gillet père, ancien orfèvre « maîtrisé » de la paroisse de Saint-Pierre ; François Limal, marchand boutonnier, Pierre Charrier, juge à la Bourse Consulaire de Saintes, l'un et l'autre de la paroisse de Sainte-Colombe, et Mathieu Robert, marchand, ancien juge consul, de la paroisse de Saint-Pallais.

Vers la fin de février 1792, Charrier et Gillet, ayant donné leurs démissions, Jean Gobeau, père, propriétaire (1), de la paroisse Saint-Pierre, et Louis Suire, marchand mégissier, du faubourg des Dames, paroisse de Saint-Pallais, qui avaient obtenu à l'élection de 1790 le plus de suffrages après les élus, les remplacèrent dans leurs fonctions d'assesseurs et prêtèrent devant Riquet, juge de paix, le serment prescrit par la loi, le premier, le trois mars, et le second, le dix mars 1792 (2).

Il n'entre pas dans le cadre de notre travail de faire connaître les noms des prud'hommes, élus dans les autres cantons du district. Tout ce que nous dirons à ce sujet c'est que les citoyens de la commune de Cozes, choisis comme assesseurs, ayant refusé d'accepter cette mission, le maire de la localité, Perrinet (3), demanda à l'administration du département de vouloir bien prescrire la marche à suivre pour que les citoyens élus de ladite paroisse, qui n'avaient point d'emploi incompatible, ne pussent pas persister dans leur refus. Le directoire du district de Saintes, chargé par l'administration du département de donner une solution à l'affaire, « considérant que la loi n'a pas imposé aux citoyens d'accepter les places auxquelles ils sont

---

(1) Ce doit être Jean Gobeau de la Grange, seigneur des Rémoneries, originaire de Fontcouverte, ancien conseiller rapporteur du point d'honneur, lequel, de son mariage avec Elisabeth Bellou, eut un fils, Jean-Etienne Gobeau, qui fut juge au tribunal de district de Saintes et démissionna le 5 vendémiaire an IV.

(2) *Registres de la justice de paix du canton sud de Saintes.*

(3) Jean François-Alexandre Perrinet, ancien sénéchal de Cozes, décédé au même lieu le 28 fructidor an IV.

nommés, que la seule peine de celui qui refuse, sans motifs valables, un service à ses concitoyens, est d'être jugé sans patriotisme et sans amour pour le bien public », émit l'avis, dans sa séance du 29 novembre 1790, qu'il n'y avait lieu de délibérer sur la demande du maire Perrinet, et que le juge de paix du canton de Cozes pourrait légalement entrer en exercice, sauf à lui, lorsqu'il se transporterait sur le territoire de la municipalité de Cozes, à appeler des assesseurs de la municipalité la plus voisine (1).

D'après l'article 5, titre III, du décret des 16-24 août 1790, une expédition de l'acte de nomination de chaque juge de paix était envoyée et déposée au greffe du tribunal de district. Ce dépôt tenait lieu à ce magistrat des lettres patentes, scellées du sceau de l'Etat, que les juges des tribunaux, quoique élus, devaient recevoir du Roi en vertu de l'article 6, titre II, du décret sus-relaté.

Les juges de paix étaient tenus, en outre, avant d'exercer leurs fonctions, de prêter, devant le Conseil Général de la commune du lieu de leur domicile, le serment imposé aux juges des tribunaux par l'article 3, titre VII, de ce même décret; *de maintenir de tout leur pouvoir la Constitution du Royaume, d'être fidèles à la Nation, à la Loi et au Roi, et de remplir avec exactitude les fonctions de leurs offices.*

Nous n'avons pas pu nous procurer les procès-verbaux d'installation de Riquet et Prieur, les premiers juges de paix de Saintes, mais nous savons qu'ils ne furent installés dans leurs fonctions que le dix décembre 1790, comme le prouvent deux arrêtés du directoire du district de Saintes, l'un du 19 avril 1790, l'autre du 5 juillet suivant, portant que leurs traitements seraient payés à ces magistrats à partir du 10 décembre 1790 (2). D'ailleurs les registres de la justice de paix de la cité de Saintes confirment que ce jour là fut bien la date initiale de l'exercice des fonctions de Riquet.

Il est certain également que Duplais et Gorry, juges de paix de Saujon et de Mortagne, furent installés, savoir:

Le premier, le 12 décembre 1790, après avoir prêté, à l'issue

---

(1) *Registres des délibérations du district de Saintes (Archives départementales)*.

(2) *Procès-verbaux des délibérations du district de Saintes. (Archives départementales)*.

de la messe, devant Bergerat, maire, et les autres membres de la municipalité de Corme-Royal, le serment prescrit par la loi (1).

Le second, le deuxième jeudi de décembre 1790 (le neuf) ainsi que l'établit la lettre ci-après, en date à Mortagne du 7 du même mois, signée par Sorel, maire, et ses assesseurs Bonnodeaux, Dumas, Lemet et Guillot : « Monsieur, L'intérêt des justiciables du canton de Mortagne nécessite sans retard l'installation du juge. En conséquence, nous avons l'honneur de vous prévenir que nous avons donné avis à toutes les municipalités, qui composent le canton, que votre installation était fixée à jeudi prochain, à l'issue d'une grand'messe que nous nous proposons de demander à Monsieur le Curé de cette paroisse. Nous sommes très fraternellement vos frères et amis de Mortagne » (2).

Quant aux greffiers des juges de paix, ils prêtaient, entre les mains de ces magistrats, le même serment qu'eux (art. 5, titre IX, décret du 16 août 1790). Nous avons retrouvé dans les archives de la justice de paix du canton sud, et dans celles de la justice de paix du canton nord de Saintes, les procès-verbaux constatant la prestation de serment de Roy, greffier, devant Riquet, son juge de paix, le 11 décembre 1790, et, d'autre part, celle de Louis Rousseau, greffier du canton rural de Saintes, devant Prieur, juge de paix, le 5 janvier 1793.

Après la prise des Tuileries et l'emprisonnement de la famille royale au Temple (10 août 1792), l'Assemblée Législative, sur la proposition de Lagrévol, député de la Haute-Loire, décréta le 15 du même mois (3), que tous les fonctionnaires publics seraient tenus de prêter, dans la huitaine de la publication du décret, en présence des municipalités de leurs résidences, le serment *d'être fidèles à la Nation et de maintenir de tout leur pouvoir la liberté et l'égalité ou de mourir à leur poste.*

---

(1) *Registres du greffe de la municipalité de Corme-Royal.* Le procès-verbal porte les signatures suivantes : Bergerat, maire, Duplais, Baudet, Potier de Pommeroy, Rambeau, Paranteau, Popoin, officiers municipaux ; Bertifort, Vigneau, A. Fraigne, E. Imbaud, notables ; Olliveau, procureur de la commune ; Vitet, secrétaire (*Renseignements dus à M. Soulard, maire*).

(2) Nous remercions notre collègue M. Couraud, juge de paix de Cozes, d'avoir bien voulu nous transmettre la copie de cette lettre, due à l'obligeance de M. Jouan, de Mortagne-sur-Gironde.

(3) *Moniteur Universel* du 17 août 1792, n° 230.

Cette formalité dut assurément être remplie à Saintes, mais, malgré nos recherches, nous n'avons pu découvrir aucun document constatant son accomplissement, pas plus, du reste, que celle de la prestation de serment, à l'origine, des juges de paix Riquet et Prieur. Il est vraisemblable que les procès-verbaux, dressés sur les registres municipaux de cette ville, ont été détruits par le funeste incendie du 12 novembre 1871.

Le 21 septembre 1792, la Convention Nationale, qui succéda à l'Assemblée Législative, abolit la Royauté et proclama la République, dès le jour même de sa réunion. Le lendemain, sur la proposition de Phelippeaux, représentant de la Sarthe, soutenue par Louvet de Couvray (du Loiret), l'auteur du roman licencieux, *Les Amours du Chevalier de Faublas*, et Léonard Bourdon, son collègue du même département, Couthon (du Puy-de-Dôme) et Prieur (de la Marne) et, contrairement à l'avis de Tallien (de Seine-et-Oise) et de Lasource (du Tarn), cette même assemblée décréta que les juges de paix, leurs assesseurs et leurs greffiers, ainsi que les corps administratifs, municipaux et judiciaires, seraient renouvelés en entier, sauf la faculté de réélire ceux qui auraient bien mérité de la patrie (1). Un autre décret des 19-20 octobre 1792 régla le mode de ce renouvellement qui fut encore confié aux assemblées primaires. Les conditions de l'électorat avaient été modifiées par la loi des 11-12 août 1792, qui supprimait la distinction des Français en citoyens actifs et non actifs et édictait que, pour être électeur, il suffisait d'être Français, âgé de 21 ans, domicilié depuis un an, vivre du produit de son revenu ou de son travail et n'être pas en état de domesticité (2).

Le 25 novembre 1792, les électeurs des communes, composant les divers cantons du district de Saintes, sur la convocation du procureur syndic, Tapon-Dupinier, et en exécution de l'article onze du décret du 19 octobre, sus-visé, préalablement avertis huit jours à l'avance, tant par affiches que par invitations aux prônes des messes paroissiales, se réunirent au lieu ordinaire

---

(1) *Moniteur Universel* du 23 septembre 1792, n° 267.

(2) Duvergier, tome IV, page 297. — Le 8 septembre 1792, l'Assemblée Législative passa à l'ordre du jour sur une pétition présentée par un sieur Picho et demandant que « l'égalité des hommes soit entière et que la classe nombreuse des hommes de service puisse, comme tous les autres membres du corps social, jouir de tous les droits inaliénables et imprescriptibles de l'homme ». (Archives Parlementaires, 1re série, t. XLIX, p 463).

de leurs séances, l'église du chef-lieu du canton, — et se formèrent en assemblées primaires aux fins de procéder à l'élection d'un juge de paix et d'un greffier pour le canton, et de quatre prud'hommes assesseurs pour chaque municipalité. — Chacune des assemblées nomma d'abord son président, un secrétaire et trois scrutateurs. Ensuite, le président, ayant annoncé le but de la réunion et reçu des citoyens présents le serment, individuellement prêté, de choisir en leur âme et conscience les plus dignes de la confiance publique, les électeurs firent aussitôt leurs bulletins sur le bureau et les déposèrent ostensiblement dans l'urne. Puis, après la proclamation des élus, la séance fut levée au chant de « l'hymne des Marseillois » (1).

Les élections donnèrent les résultats suivants :

### Juges de paix :

A Saintes (*intra muros*), Riquet (2) ;

A Saintes (*extra muros*), Prieur ;

A Cozes, Jean-Louis Viaud, notaire, du bourg de Cozes ;

A Dompierre, Ardouin, juge de paix sortant, par 103 voix sur 156 votants, et contre 53 à Michel Pinard, huissier, à Saint-Sauvant ;

A Ecoyeux, Pierre Giraud, notaire public à Migron ;

A Gémozac, Jean-Baptiste Tripier, propriétaire, à Laugerie, commune de Berneuil « en Pons », élu par 148 voix sur 263 votants, contre Magistel, ancien juge de paix ;

A Mortagne, Louis-Thomas Bon, propriétaire et notaire « sous le scel de la nation », à Corme-Ecluse, qui obtint 81 suffrages contre 48 au citoyen Dubois ;

A Pont-l'Abbé, Desnaule, juge de paix sortant ;

A Saujon, Duplais, aussi juge de paix sortant.

### Greffiers :

A Saintes (*intra muros*), Roy ;

A Saintes (*extra muros*), Louis Rousseau ;

A Cozes, Pain ;

A Dompierre, Delaroche ;

A Gémozac, Gombaud ;

A Port d'Envaux, Girardin, officier municipal ;

---

(1) *Procès-verbaux des élections de Mortagne, Dompierre-sur-Charente, Pont-l'Abbé et Gémozac.* (Archives de la Charente-Inférieure).

(2) Archives départementales.

A Mortagne, Deffarges (1), .
Tous greffiers sortants ;
A Pont-l'Abbé, Hubert Vincier ;
A Ecoyeux, Mathieu Corbinaud, ancien greffier ;
A Saujon, Pierre Charruaud (2).

Furent élus assesseurs du juge de paix de la cité de Saintes :
1° Jean Gobeau père, susnommé ; 2° Pierre Lafaye, aîné, marchand chamoiseur, demeurant aux Roches, paroisse de Saint-Eutrope ; 3° Jean-Joseph Brunet fils, propriétaire, de la paroisse de Saint-Pierre ; 4° Jean-Jacques Néron, plombier et maitre couvreur du faubourg des Dames, paroisse de Saint-Pallais (3).

Les juges de paix étaient généralement des hommes ayant de sérieuses connaissances juridiques. Ainsi Riquet était un ancien procureur au présidial de Saintes ; Duplais était homme de loi ; les autres étaient, pour la plupart, des notaires. Car à cette époque, on pouvait être magistrat en même temps qu'officier ministériel. Pour ne parler que de lui, l'on voit Riquet agir, en sa qualité de procureur, devant le tribunal du district de Saintes, notamment aux audiences des 28 mars et 3 avril 1791, présidées par René Duchaine, juge (4). Mais le premier brumaire an II (22 octobre 1793), la Convention Nationale rendit un décret portant qu'il y avait incompatibilité entre la fonction de notaire et celle de juge de paix (5). Ensuite la loi du 24 vendémiaire an III (15 octobre 1794), déclara les fonctions administratives et judiciaires et les diverses fonctions judiciaires incompatibles entre elles (6). Déjà le décret des 25-30 janvier 1791 avait défendu de cumuler les fonctions de maire ou d'officier

---

(1) Deffarges fut réélu contre « le citoyen Latrille » (*Procès-verbal de l'Assemblée Générale des citoyens du canton de Mortagne du 25 novembre 1792*. (Archives du département de la Charente-Inférieure).

(2) Pierre Charruaud resta greffier de Saujon jusqu'au 26 mai 1814 et fut remplacé par Louis Charruaud, son fils (26 mai 1814-17 février 1844) — Renseignements dus à notre collègue de Saujon, M. Buffandeau, que nous remercions sincèrement.

(3) *Registres de la justice de paix du canton sud de Saintes.*

(4) *Archives du greffe civil de Saintes.*

(5) *Collection générale des décrets rendus par la Convention Nationale*, tome II, page 1. A Paris, chez Baudouin.

(6) Duvergier, *loc. cit.*, tome VII, page 296 (Consulter sur les diverses incompatibilités, le *Traité des Justices de paix*, par Pabon, tome IV, page 18, n° 3294, Paris, Larose, 1904.

municipal avec celles de juge de paix ou de greffier de paix, mais il n'était pas toujours scrupuleusement observé (1).

Le 10 pluviôse an II (29 janvier 1794), Viaud, ayant opté pour la place de notaire, fut remplacé comme juge de paix du canton de Cozes par Jean-Pierre Goguet, officier municipal de cette commune, lequel démissionna de cette fonction et prêta, le 14 du même mois (2 février 1794), le serment civique devant le Conseil Général de la dite commune de Cozes (2).

La Convention Nationale, ayant décrété que le gouvernement provisoire de la France serait révolutionnaire jusqu'à la paix (3), ordonna, par un autre décret du 14 frimaire an II (4 décembre 1793), que les représentants du peuple, dans les départements, seraient chargés d'achever, sans délai, l'épuration complète de toutes les autorités constituées (section IV, articles 1 et 2) (4).

La justice de paix de Xantes, comme on appelait alors Saintes, fut soumise à cet épurement, qui fut opéré le 29 pluviôse an II (17 février 1794) par les soins des citoyens Noleau (5) et Bobe-Moreau (6), délégués des représentants du peuple, Topsent et

(1) Duvergier, tome II, page 180.

(2) Archives départementales de la Charente-Inférieure.

(3) Ce régime demeura en vigueur jusqu'à la mise en pratique de la Constitution de l'an III et l'établissement du Directoire et des deux Conseils.

(4) *Collection générale des décrets de la Convention*, frimaire, an II, page 148.

(5) Noleau, maçon en 1789, depuis membre du Comité de Surveillance, juré du tribunal révolutionnaire et agent national du district de Rochefort. Le 23 frimaire an III (13 décembre 1794) il fut banni du sein de la société populaire de cette ville lors de l'épuration ordonnée par le représentant du peuple Blutel (de la Seine-Inférieure), envoyé en mission dans notre département après le neuf thermidor (Voir *Extrait des procès-verbaux des citoyens, composant la société populaire de Rochefort-sur-mer, concernant son épuration*. A Rochefort, chez J.-B. Bonhomme, l'an III de la République. Cf. *Histoire de la ville et du port de Rochefort*, par J.-T.-Viaud (le père de Pierre Loti), et E.-J. Fleury, d. m.Rochefort, chez Mᵐᵉ Honorine Fleury, 1845, tome II, page 382).

(6) Jean-Baptiste-Bobe Moreau, né à Poitiers le 6 mars 1761; fils de François Bobe, perruquier et marchand épicier, et de Marie-Anne Vallée, décédé à Saintes, rue de la Sous-Préfecture, le 15 mars 1849, pharmacien en chef de la marine à Rochefort, docteur-médecin à Saintes, fut le premier vaccinateur de la Saintonge. Il avait épousé Adélaïde Train, fille d'un ingénieur-constructeur, dont il ne tarda pas à se séparer. (Voir articles de M. Antoine Duplais-Destouches, *Revue de Saintonge*, VIII, pages 52-56, et 219-231).

Guezno, députés de l'Eure et du Finistère (1) envoyés ensemble
en mission dans la Charente-Inférieure au mois de mars 1794.
Riquet, juge de paix de la commune de Saintes, et ses quatre
assesseurs, Gobeau, Lafaye aîné, Brunet et Néron, ayant paru
être d'un civisme suffisamment « épuré », furent confirmés dans
leur poste (2). Denis Prieur conserva aussi ses fonctions de juge
de paix du canton de Saintes *extra muros*, mais nous n'avons
découvert aucun document le concernant..

Un décret du 8 nivôse an II (28 décembre 1794 (3) avait édicté
que, pendant la durée du gouvernement révolutionnaire, le conseil général de chaque district nommerait provisoirement, à la
majorité des voix, aux places de juge de paix qui se trouve-
raient vacantes pour quelque cause que ce fut (articles 2 et 3).
Ce mode de nomination fut étendu bientôt aux places des greffiers et des assesseurs des juges de paix par deux autres décrets du 23 floréal an II (12 mars 1794) et 30 messidor an II
18 juillet 1794) (4).

Le directoire du district de Saintes, à notre connaissance du
moins, fut appelé à user trois fois de ce pouvoir. Il appert, en
effet, des registres de ses délibérations : 1° que le deuxième
jour sans culottide de l'an II (18 septembre 1794) cette assemblée
nomma juge de paix du canton d'Ecoyeux, en remplacement de
Jean Buisson (5), démissionnaire pour raisons de santé, Jean Sé-
bastien Leblanc, huissier national près le tribunal de commerce de la ville de Saintes, habitant la commune de « Césaire

---

(1) Topsent (Jean-Baptiste-Nicolas), né et mort à Quilibœuf (Eure) 10 juin
1755 — 18 août 1816, ancien capitaine de la marine marchande ; — Guezno de
Botsey (Mathieu-Claude), né et mort à Audierne (Finistère), 17 février 1763
— 6 juillet 1839, négociant ; il appartenait à une famille de robe, originaire
de Normandie. (*Dictionnaire des parlementaires français* par Ad Robert,
Edgard Bourloton et Gaston Cougny, tome V, page 629, et tome III, page
275. Paris, 1891.

(2) *Procès-verbal des délégués des représentants du peuple pour l'épurement des autorités constituées de Xantes* (Archives du département de la
Charente-Inférieure). Cet important document a été publié *in extenso* dans
l'ouvrage de M. Pict-Lataudrie : *Le Tribunal de Saintes depuis 1790 jusqu'à
nos jours*. Saintes, Hus frères, 1883.

(3) *Collection des décrets de la Convention Nationale*, mois de nivôse an II,
page 57.

(4) *Idem*, mois de floréal an II, page 230, mois de messidor an II, page
231.

(5) Jean Buisson avait remplacé Pierre Giraud, décédé à Migron, le 16 septembre 1793, à l'âge de 43 ans.

Ami des Lois » (ci-devant Saint-Césaire), « connoissant à ce citoyen un patriotisme pur et les qualités de l'esprit et du cœur qui conviennent essentiellement à un juge de paix » (1), — 2° que le 22 pluviôse an III (10 février 1795), Jean-Joseph Brunet fils, l'un des assesseurs de Riquet, ayant été nommé agent national, Jean-Elie Fleury, propriétaire à Saintes, fut désigné à sa place; — 3° qu'enfin les administrateurs dudit district, après avoir pris l'avis des communes composant le canton d'Ecoyeux, firent choix comme juge de paix de Mathieu Dorat, greffier, en remplacement de Leblanc, décédé à Saint-Césaire, le 24 germinal de la même année (13 avril 1795), et de Jacques Jean, propriétaire à Ecoyeux, ancien sergent royal, pour greffier à la place de Dorat (2).

La Constitution du 5 fructidor an III (22 août 1795) prescrivit que les juges de paix et leurs assesseurs seraient nommés pour deux ans par les Assemblées primaires (article 212); c'était le retour au régime antérieur.

Le 3 brumaire an IV (25 octobre 1795), la Convention vota une loi qui excluait de toutes fonctions publiques les provocateurs ou signataires de mesures séditieuses ou contraires aux lois et les parents ou alliés d'émigrés jusqu'au degré d'oncle ou de neveu, en les obligeant de s'en démettre dans les 24 heures de sa promulgation, sous peine d'être condamnés au bannissement à perpétuité (3). Aussi, dès le 11 brumaire de cette même année (2 novembre 1795), Riquet, juge de paix de la cité de Saintes, et ses assesseurs Jean Gobeau, Jacques Néron, Jean-Baptiste Forget et Eutrope Massiou, firent ils par écrit, sur le registre de l'audience, la déclaration qu'ils ne se trouvaient pas dans l'un des cas visés par la loi précitée ? Riquet ajouta même : « Je jure de plus haine à la royauté », peut-être pour mieux affirmer son

----

(1) *Registres des délibérations du district de Saintes* (Archives départementales). Leblanc, qui était membre du Comité de Surveillance révolutionnaire, y fut remplacé par Joseph-Marie Dussourd, ancien contrôleur de la régie générale de la ville de Saintes, alors chef de bureau des domaines nationaux, lequel fut, croyons-nous, maire de Pessines en 1809.

(2) Jacques Jean, fils de feu Pierre Jean et de Marie Noir, était époux de Catherine Simon Laguiardrie, fille de Pierre-Simon Laguiardrie et de Marie-Anne Giet, de la paroisse d'Ecoyeux. Il était frère germain de Jean-Baptiste Jean, dit Roquet, notaire royal et greffier du siège et comté de Taillebourg, qui épousa à Ecoyeux, le 17 janvier 1761, Marie-Thérèse Bernard.

(3) *Bulletin des Lois*, 1<sup>re</sup> série, n<sup>os</sup> 199-1193; — Duvergier, tome VIII, page 354.

civisme, probablement plutôt pour obéir à un ordre de ses supérieurs hiérarchiques. Du reste, peu de temps après, le Directoire exécutif, dans un arrêté du 22 nivôse an IV (12 janvier 1796) qui, en exécution de la loi du 21 nivôse an III (10 janvier 1795), ordonnait « la célébration de l'anniversaire de la juste punition du dernier roi des Français », enjoignit à tous les juges de paix, comme à tous les autres fonctionnaires publics, de déclarer qu'ils vouaient « une haine éternelle à la royauté » (1). La loi du 19 ventôse an IV (9 mars 1796) vint réitérer cette prescription (2).

Les élections pour le renouvellement des juges de paix venaient d'avoir lieu dans ce même mois de brumaire, comme l'atteste la lettre suivante, datée de Saintes du 13 brumaire an IV (14 novembre 1795), écrite par Garesché (3), président de l'administratiou du département de la Charente-Inférieure, à Prieur, juge de paix : « Citoyen. D'après le recensement des votes des citoyens, composant l'Assemblée primaire du canton de Saintes, vous avez été, à l'unanimité, élu juge de paix dudit canton, nous nous empressons de vous faire part de votre élection et nous vous félicitons d'une réunion de suffrages aussi honorable que méritée. Salut et fraternité ».

Le système d'élection, établi par la constitution de l'an III, fut maintenu par l'article 60 de la constitution du 22 frimaire an VIII (13 décembre 1799), qui porta à trois ans la durée des fonctions des juges de paix.

Une loi du 29 ventôse an IX (20 mars 1801) supprima les assesseurs des juges de paix et ordonna que, désormais, ces derniers rempliraient seuls les fonctions soit judiciaires, soit de conciliation, qui leur étaient attribuées (articles 1 et 2). En

---

(1) *Collection générale des Lois et des actes du Corps législatif et du Directoire exécutif*, nivôse et pluviôse an IV. A Paris, chez Baudouin, imprimeur.

(2) *Bulletin des Lois*, II⁰ série, nᵒˢ 30-208, page 14.

(3) Garesché (Pierre-Isaac), né à Nieulle, commune de Saint-Sornin-de-Marennes, le 20 juin 1738, mort en sa propriété de Faveau, commune du Guâ, le 13 mars 1812, négociant, député du Tiers aux Etats Généraux pour la sénéchaussée de Saintonge, élu administrateur du département de la Charente-Inférieure le 10 septembre 1792. Il fut beau-père de René Eschasseriaux, procureur général syndic de ce département, député au Corps Législatif, maire de Saintes, aïeul du baron Eugène Eschasseriaux (Voir *Revue de Saintonge* du 1ᵉʳ juillet 1896, tome XVI, pages 288 et suivantes, et *Documents sur Saintes*, page 96).

outre, elle donna à chaque juge de paix deux suppléants, chargés de le remplacer en cas de maladie, absence ou tout autre empêchement (article 5) (1).

Cette loi fut votée par le Corps Législatif, à la majorité de 243 voix contre 27, après un rapport du tribun Louis Joseph Faure (de la Seine-Inférieure). dont nous détachons ce passage : « L'expérience n'a que trop appris combien sont rares les assesseurs en état de concourir aux jugements rendus par les juges de paix ; combien le défaut de lumières de la part des assesseurs est nuisible à la justice puisqu'ils ont deux voix dans la délibération et que le juge de paix n'en a qu'une ; enfin combien d'entraves résultent du défaut d'assiduité, ce qui arrive souvent dans les communes rurales (2). » Le rapporteur aurait pu ajouter « et les communes urbaines », car les registres de la justice de paix de la cité de Saintes nous fournissent la preuve de ce manque d'assiduité des assesseurs.

La loi du 29 ventôse an IX, sus-visée, édictait que les assesseurs ne cesseraient leurs fonctions qu'au moment où les juges de paix des nouveaux cantons seraient installés.

Dans les deux cantons de Saintes, nord et sud, les assesseurs continuèrent à siéger jusqu'au 15 messidor an X (4 juillet 1802), époque où les juges de paix furent installés. Nous n'avons pas trouvé les procès-verbaux de leur installation, mais cette date résulte d'une mention inscrite par Prieur sur son registre d'audience (3).

Ce même registre indique encore que ledit Prieur, alors absent, fut remplacé, à l'audience du 17 messidor de la même année, par Samuel-Alexandre Bréjon-Lamartinière, son premier suppléant (4).

Quelques jours plus tard, Elie-Jacques Servant, ancien procureur au présidial, premier suppléant de la justice de paix du canton de Saintes, arrondissement du Sud, exerçait, pour la première fois, ses fonctions à l'audience du 27 messidor an X (16 juillet 1802) qu'il présidait pour cause d'absence de Riquet, juge de paix titulaire (5).

---

(1) *Bulletin des Lois*, 3ᵉ série, nᵒˢ 76-595.
(2) *Archives parlementaires*, Consulat, tome II, 2ᵉ partie, pages 589 et 676. Paris, — Paul Dupont, 1869.
(3) *Archives de la justice de paix du canton nord de Saintes.*
(4) *Idem.*
(5) *Archives de la justice de paix du canton sud de Saintes.*

Cette coïncidence semblerait faire supposer que ces deux magistrats étaient pressés d'user du bénéfice de l'article 3 de la loi du 29 ventôse an IX, dont il vient d'être parlé.

Une autre loi du 25 ventôse an IX qui déterminait le mode d'élection des juges de paix (1), prescrivit qu'ils seraient installés par le sous-préfet, après avoir prêté serment à l'audience publique du tribunal de l'arrondissement communal (article 8).

Dans la séance du 28 frimaire an X (19 décembre 1801), le Conseil d'Etat émit l'avis que les juges de paix pouvaient être pris parmi les citoyens domiciliés hors du canton par ce motif que, la Constitution laissant le choix de ces magistrats aux citoyens, ceux-ci étaient libres de faire tomber ce choix sur ceux qui avaient leur confiance, quel que fut le lieu de leur domicile (2).

Vinrent ensuite la loi du 28 floréal an X (18 mai 1802), et le sénatus-consulte organique du 16 thermidor suivant (4 août 1802) d'après lesquels les juges de paix et leurs suppléants étaient choisis par le premier Consul, sur une liste de deux citoyens, désignés par l'Assemblée du canton, et pour dix ans, mais ils ne jouirent plus du privilège de l'inamovibilité conféré aux juges des tribunaux de première instance (3).

Avant d'en terminer avec la période révolutionnaire, rappelons brièvement les variations que subit le mode de nomination des greffiers de paix.

Le décret du 6 mars 1791 attribuait aux magistrats cantonaux le choix de leurs greffiers (article 4), mais nous avons vu précédemment qu'en fait, tout au moins dans les débuts de l'institution, ceux-ci étaient élus par les justiciables. Il résulte toutefois, d'un procès-verbal en date du 12 décembre 1790, dont M. le maire de Corme-Royal a bien voulu nous donner une copie que Duplais, juge de paix du canton de Saujon déclara « qu'il commettoit et et nommoit pour son secrétaire-greffier la personne de Mᵉ Jean Métraud, notaire royal du bourg de Corme-Royal, de l'expérience et capacité duquel il est plainement instruit » (4).

---

(1) Duvergier, *loc. cit.*, tome XII, page 401.

(2) Cet avis, signé de J.-E. Locré, secrétaire général, et approuvé par Bonaparte, premier Consul, a été inséré dans le *Moniteur universel* du 7 nivôse an X, n° 92, p. 268.

(3) Duvergier, *loc. cit.*, tome XIII, pages 196 et 262.

(4) *Registres du greffe de la municipalité de Corme-Royal.*

Pendant la durée du gouvernement révolutionnaire, comme nous l'avons déjà dit, le Conseil général de chaque district reçut la mission de nommer les greffiers, en cas de vacance (loi du 23 floréal an II).

L'article 24 de la loi du 19 vendémiaire an IV (11 octobre 1795) sur l'organisation judiciaire, déclara que le greffier de chaque tribunal de paix serait nommé révocable par le tribunal par lequel il aurait été institué (1).

Il appert des procès-verbaux inscrits sur la feuille d'audience :

1° Que le 15 brumaire an IV (6 novembre 1795) Prieur, juge de paix du canton de Saintes, en vertu de la loi précitée, nomma pour son greffier, Louis Rousseau, alors en exercice ;

2° Que le 15 fructidor an IX (24 septembre 1801), il fit choix pour greffier définitif de Jean-Baptiste Goussé, propriétaire, domicilié à Saintes « dont le civisme et la probité lui étaient connus », et qui prêta immédiatement serment devant lui (2).

Il n'existe, dans les archives du greffe de la justice de paix du canton sud de Saintes, aucun procès-verbal relatif aux nominations faites par Riquet, juge de paix dudit canton, mais il résulte de notre examen des registres que le greffier fut, comme auparavant, André Roy.

Les lois des 28 frimaire an V (18 décembre 1796) et 27 germinal an VII (16 avril 1799) (3), maintinrent aux juges de paix le droit de choisir et destituer leurs greffiers, mais celle du 28 floréal an X investit le premier Consul du pouvoir de nommer tous les greffiers des tribunaux de paix (article 3).

Enfin la loi du 16 ventôse an XI (7 mars 1803) fixa à 25 ans l'âge auquel on pouvait exercer les fonctions de greffier (4).

### § 2. — Du 29 floréal an XII (19 mai 1804) à nos jours.

Sous le régime impérial les juges de paix et leurs suppléants continuèrent à être nommés sur une liste de deux candidats, désignés par l'assemblée des électeurs du canton conformément au sénatus-consulte du 16 thermidor an X, ce qui, comme on l'a fait fort justement observer, « paraît surprenant sous le gouvernement de Napoléon où il y avait exubérance d'autorité » (5).

---

(1) Duvergier, tome VIII, page 314.
(2) *Archives de la justice de paix du canton nord de Saintes.*
(3) Duvergier, tomes IX, page 247, et XI, page 103.
(4) *Idem,* tome XIV, page 11.
(5) M. Jules Pellisson, *Protestation des électeurs du canton de Châteauneuf*

La loi du 10 avril 1810 sur l'organisation de l'ordre judiciaire n'innova rien à l'égard des juges de paix, mais vraisemblablement, dans les dernières année de l'Empire, la candidature était, dans la pratique, tombée en désuétude (1). D'ailleurs, en réalité le gouvernement n'était pas sérieusement lié par cette obligation de choisir les juges de paix et leurs suppléants sur certaines listes « par la raison bien simple qu'il exerçait une puissante influence sur leur confection » (2). L'administration préfectorale était, au surplus, appelée à fournir au pouvoir des notes confidentielles sur les candidats (3).

La Restauration fit disparaître complètement ce simulacre de système électif. La Charte de 1814 (article 61) conféra au Roi le droit de nommer les juges de paix et leurs suppléants, et leur refusa le bénéfice de l'inamovibilité accordé aux membres des cours et tribunaux par son article 58.

Le 28 mai 1819, une pétition d'un sieur Terrage, de Paris, demandant que l'élection des candidats à présenter au Roi pour les fonctions de juge de paix fut conférée aux communes, fit naître une courte discussion à la Chambre des députés. Le baron de Puymaurin (de la Haute-Garonne) et Bourdeau (de la Haute-Vienne), ayant combattu la proposition du pétitionnaire comme étant de nature à enlever au monarque la faculté de nommer les juges de paix, deux députés de l'opposition, Dupont (de l'Eure) et le marquis Chauvelin (de la Côte-d'Or) la soutinrent, au contraire, en prétendant que son adoption ne pouvait pas porter atteinte à la prérogative du souverain, puisqu'elle avait pour résultat de maintenir la législation existante, la Charte n'ayant pas abrogé les lois portant que les candidats aux justices de paix seraient choisis par les assemblées

contre l'élection de *Richard Chassors*. (*Revue de Saintonge et d'Aunis* du 1er avril 1908, page 96).

(1) Maurice Block, *Dictionnaire de l'Administration Française*, page 1380, 3ᵉ édition. Paris et Nancy, Berger Levrault et Cⁱᵉ, 1891.

(2) E. Glasson. *Grande Encyclopédie*, vᵒ *Inamovibilité*, t. XX, page 651.

(3) Voici des notes données sur Riquet, juge de paix de Saintes, arrondissement du sud, que nous devons à l'obligeance de M. Dejean, directeur des Archives Nationales : 1ᵒ En l'an XI : « Riquet, marié, sept enfants, procureur en 1789, en activité de service, mérite d'être conservé. » 2ᵃ En l'an XII, le 20 vendémiaire : « Riquet, marié, sept enfants procureur en 1789, ayant exercé depuis cette époque des fonctions judiciaires ; fortune personnelle médiocre ; a obtenu 88 suffrages sur 126 votants. » (*Archives Nationales*. B. B. 81).

cantonales. La Chambre se prononça pour l'ordre du jour (1).

Ce droit de nomination a été conservé au chef de l'Etat par les différentes constitutions qui, depuis, ont régi notre pays : Charte de 1830, Constitutions des 4 novembre 1848, 4 janvier 1852, et 25 février 1875. Le Président de la République nomme donc aujourd'hui les juges de paix et leurs suppléants qui sont amovibles et à vie. Mais, aux termes de l'article 21 de la loi du 12 juillet 1905, ces magistrats ne peuvent plus être révoqués ni diminués de classe que sur l'avis d'une commission nommée par le garde des sceaux.

Nous avons dit plus haut que les juges de paix et leurs suppléants étaient tenus de prêter un serment, à la fois professionnel et politique. La loi du 24 messidor an XII (13 juillet 1804) prescrivit au tribunal de 1re instance de recevoir ce serment (2).

Un souvenir à ce sujet.

Le 7 novembre 1814, quelques mois après le départ pour l'Ile d'Elbe de Napoléon Ier, vaincu par la coalition européenne, à l'issue de la messe spéciale dite du Saint-Esprit, et après un discours de Baudry, procureur du roi, les juges de paix de Saintes, de même que les membres composant le tribunal de première instance, présidé par Guillau de Sersé (3), les magistrats du parquet, les greffiers, les avocats et les avoués prêtèrent solennellement, à l'audience publique de ce tribunal, le serment d'obéissance et de fidélité « à S. M. Louis XVIII et à son auguste dynastie » (4).

---

(1) Le journal *le Constitutionnel* du 9 mai 1819, n° 149.

(2) *Bulletin des lois*, IVᵉ série. numéros 8-101. Duverger, *loc. cit.*. t. XV, page 34.

(3) Pierre Nicolas Guillau de Sersé, né à Montpellier de Médillan vers 1762, mort à Saintes le 31 juillet 1830, fils de Nicolas Guillau de Sersé et de Thérèse Viaud, épousa en 1er mariage de Anne Giraud, et en secondes noces de Marie-Thérèse Garnier, de Chérac. Il avait remplacé Briault, décédé le 19 juin 1810. Il eut un fils, Pierre-Nicolas-Charles-Edouard Guillau de Sersé, procureur à Marennes, qui, de son mariage avec Thérèse Lovell, (fille de sir Thomas Lovell, représentant de l'Angleterre aux Etats-Unis), eut une fille. Laure Guillau de Sersé, née à Marennes le 26 janvier 1824, décédée à Saintes le 8 février 1902, veuve de Victor-Onésime Le Sueur, vice-président au Tribunal civil de Saintes (1855-1859) ensuite conseiller à la Cour de Poitiers (5 novembre 1859,) décédé, même ville, en 1860. (Voir *Documents sur Saintes*, p. 106 ; Piet-Lataudrie, *loc. cit.*, pages 60-63). — *Revue de Saintonge* du 1er mars 1902, page 92.

(4) *Registres des délibérations du tribunal civil de Saintes.* Nous prions M.

Par contre, pendant les Cent Jours, un décret de Napoléon, en date au Palais des Tuileries du 8 avril 1815 (1) ayant prescrit aux fonctionnaires civils et judiciaires de « jurer obéissance aux constitutions de l'Empire et fidelité à S. M. l'Empereur », cette prestation de serment fut faite, le 21 du même mois, par Dangibeaud, juge de paix du canton sud de Saintes, et ses deux suppléants, Jean Giraudias et Jean Drilhon, avoués près le tribunal civil de cet arrondissement, et Thenaud, commis greffier, le sieur Poitevin greffier titulaire étant absent, ainsi que le constate un procés-verbal en date du dit jour inscrit sur la feuille d'audience (2). Malgré nos recherches, nous n'avons pu trouver dans les archives de la justice de paix du canton nord de Saintes aucun document relatif à l'accomplissement de la formalité dont il s'agit.

Le serment, que les juges de paix et leurs suppléants et greffiers doivent encore prêter, avant d'entrer en fonctions, est aujourd'hui purement professionnel, le décret du 11 septembre 1870, signé par M. Adolphe Crémieux, ministre de la justice, membre du gouvernement de la Défense Nationale, lui ayant enlevé son caractère politique (3).

Il faut remarquer également que les juges de paix ne sont plus tenus de se faire installer par le sous-préfet, comme le voulait la loi, sus-énoncée, du 29 ventôse an IX, qui, quoique non abrogée, est tombée en désuétude. Une circulaire du ministre de l'Intérieur du 22 novembre 1824 défend même aux sous-préfets de procéder à cette installation, à moins qu'ils ne soient délégués à cet effet par le garde des sceaux (4). Actuellement elle est faite, en audience publique, par l'un des suppléants de la justice de paix et se réduit à la lecture, donnée par le greffier, du décret de nomination et du procès-verbal de prestation de serment devant le tribunal civil.

II. — L'article 8, titre VIII, de la loi des 14-18 octobre 1790 (5)

---

le Président Thiébaut, qui a bien voulu nous autoriser à consulter ces registres, d'agréer ici l'expression de notre respectueuse gratitude.

(1) *Bulletin des Lois*, VI⁰ série. Tome unique, p. 89. nᵒˢ 12-87.

(2) *Archives de la justice de paix du canton sud de Saintes.*

(3) *Bulletin des lois* XII⁰ série, 2ᵐᵉ semestre 1870, nᵒˢ 3-43.

(4) *Nouveau Manuel des justices de paix* par Levasseur et Biret. Paris. Roret, 1839. Cf. Pabon, *op. cit.* tome IV, page 24, nᵒ 3299.

(5) *Bulletin des lois*, 1ʳᵉ série, nᵒˢ 7-102. Duvergier, tome Iᵉʳ, p. 419.

ordonnait aux directoires de district de faire graver des sceaux portant un écu ovale sur lequel seraient gravés ces mots : « *Juge de Paix* » avec le nom du canton en entourage entre l'écu et le cordon du sceau, et de remettre deux de ces sceaux, à chacun des juges de paix du district. Aussi le 24 décembre 1790, en exécution de cette prescription et sur la réquisition du procureur syndic René Eschasseriaux, le directoire du district de Saintes arrêta que le sieur Isaac Goguet, orfèvre, de ladite ville, serait chargé de « graver sur cuivre à l'empreinte déterminée par la loi, les sceaux destinés aux dix juges de paix du district. » Goguet, mandé, promit de faire cet ouvrage « à raison de neuf livres par chaque sceau, tout monté. » Son mémoire s'élevant à 180 livres, fut approuvé par le directoire à la séance du 14 janvier 1791 (1).

Le 7 août 1793, un décret de la Convention Nationale édicta que les anciens « cachets » des juges de paix, seraient échangés, dans le délai de quinzaine, contre d'autres portant l'emblème de la République (2).

Sans entrer dans l'examen des changements apportés aux sceaux de ces magistrats par les divers régimes qui, depuis, se sont succédés en France, nous nous bornerons à dire que le sceau actuel a, d'après le modèle officiel, une forme ronde et porte comme emblème une figure de la Liberté avec le nom du canton.

CHAPITRE III. — *Traitements et costumes des juges de paix*
*aux diverses époques.*

Il n'est pas sans intérêt de rechercher quels ont été les traitements des juges de paix de Saintes aux différentes époques de leur histoire. Nous y joindrons quelques renseignements sur leur costume depuis leur institution.

---

(1) *Registres des délibérations du Directoire du district de Saintes.* (*Archives départementales*). Voir aussi *Compte-rendu par le Directoire du département de la Charente-Inférieure au Conseil Général d'administration*, page 74. A Saintes de l'imprimerie de P. Toussaints, 1792.

(2) *Collection des lois et décrets de la Convention Nationale*, mois d'août 1793, page 43. A Paris, chez Baudouin.

## A. — Traitements

Le projet du Comité de Législation n'avait prévu aucune rémunération pour les juges de paix, mais sur la motion de Petion de Villeneuve, député du tiers du bailliage de Chartres, et, après des observations de Dufraisse-Duchy, député de la sénéchaussée de Riom, l'Assemblée Constituante leur accorda un traitement qui, par le décret des 2-11 septembre 1790, article 1er (1), fut fixé dans les cantons et dans les villes au-dessous de 20.000 âmes, — c'était le cas de Saintes, — savoir : pour le juge de paix à 600 livres, pour le greffier, indépendamment du produit des expéditions suivant le taux modéré qui en serait fait, à 200 livres. De plus, un décret du 6 mars 1791 alloua à chacun des magistrats cantonaux des droits de vacation pour les appositions et les reconnaissances et levées de scellés, tarifés, dans les villes au-dessous de 25.000 âmes, comme Saintes, à deux livres pour une vacation de 3 heures et vingt sous pour toutes les vacations suivantes, sans que le coût de l'une ou de l'autre de ces opérations put excéder trois livres. Le greffier avait les deux tiers de la somme revenant au juge de paix (article 8) (2).

A la séance du 8 juin 1793, Thuriot de la Rozière, député de la Marne, après avoir proclamé que la « plus belle institution, dont on était redevable à la Constituante », était celle des juges de paix, proposa d'augmenter leurs émoluments. La Convention, adoptant un amendement de Jean-Bon-Saint-André, représentant du Lot, décréta qu'à compter du premier juillet 1793, le traitement de tous les juges de paix, indistinctement, serait élevé de 300 livres et celui de leurs greffiers de 150 livres (3).

La loi du 4 brumaire an IV (26 octobre 1795) ordonna que le traitement des juges de paix serait de 800 myriagrammes de froment dans les arrondissements de justice de paix au-dessous de 30.000 habitants (4), sans préjudice des vacations qui leur

---

(1) *Archives Parlementaires*, 1re série, tome XVI, pp. 738-739.

(2) Duvergier, *loc. cit.*, tome II, page 240.

(3) *Moniteur Universel*, du 10 juin 1793, n° 161 ; *Collection générale des décrets rendus par la Convention nationale*, mois de juin 1793, Paris, Baudouin.

(4) D'après le tableau de la population des communes, composant le district de Xantes (ci-devant Saintes), dressé le 8 germinal an II (28 mars 1794), la commune de Xantes avait 8.388 âmes. Suivant un autre dénombrement du 5

étaient allouées par la loi (article 8), mais elle décida en même temps (article 6), que le traitement ne serait pas payé en nature, et que le prix du myriagramme de froment servirait de règle pour l'évaluer (1). Un arrêté du Directoire Exécutif du 7 frimaire an IV (28 novembre 1795) (2), fixa à 60 livres la valeur du myriagramme de froment, ce qui aurait fait pour les juges de paix de Saintes des appointements de 48.000 livres, si cette valeur, attribuée par le législateur, eût été encore une réalité. Mais, comme les fonctionnaires publics étaient alors payés en assignats, il fallait, à cause de la dépréciation énorme du papier-monnaie, en rabattre singulièrement (3).

Le neuf pluviôse an VII (28 janvier 1799), après des observations de Richard (des Vosges) réclamant la suppression des droits de vacation des juges de paix ; de Vezin (de l'Aveyron), concluant à une réduction de leurs émoluments ; de Génissieu (de l'Isère), et de Briot (du Doubs), déclarant les trouver plutôt insuffisants, le Conseil des Cinq-Cents adopta l'article d'un projet présenté par l'un de ses membres, Andrieux (de la Seine), l'auteur bien connu de la charmante comédie *les Etourdis*, et du conte célèbre, *le Meunier de Sans-Souci* (4), et portant

mars 1793, le chiffre des habitants de cette ville et de ses faubourgs, s'élevait à 10.165 habitants (*Registres du directoire du district de Saintes. Archives départementales*). Nous signalons, sans pouvoir l'expliquer, cette notable différence.

(1) *Bulletin des lois*, 1re série, nos 202-1210.

(2) *Idem*, 2e série, tome 1er, 1er semestre de l'an IV, nos 7-37, page 6.

(3) D'après les cours des assignats depuis leur création (1er janvier 1791), jusqu'au 1er germinal an IV (21 mars 1796), établis par les commissaires de la Trésorerie Nationale, 3.358 livres en assignats représentaient, au 7 frimaire an IV, date du décret susvisé, la somme de 24 livres en numéraire métallique. D'autre part, le tableau des valeurs successives du papier-monnaie dans la Charente-Inférieure, dressé par les membres composant l'administration de ce département (Billotte, président ; Jouneau, Baudry, Aubel, Poittevin-Moléon), démontre qu'à la même époque, 2.700 livres en assignats valaient 24 livres en numéraire métallique. Leur dépréciation ne fit d'ailleurs que s'accentuer considérablement jusqu'à la publication de la loi du 29 messidor an IV (17 juillet 1796), à partir de laquelle cessa la circulation forcée du papier-monnaie. (Consulter *Collection générale des tableaux de dépréciation du papier-monnaie, publiés en exécution de l'article 5 de la loi du 5 messidor an V*. A Paris, de l'imprimerie de la République, ventôse an VI. — Cf. L. Malepeyre, *La Magistrature en France*, p. 82, Paris, Fasquelle, 1900 ; et *Histoire économique de la propriété des salaires, des denrées, depuis l'an 1200 jusqu'en 1800*, par le vicomte d'Avenel, Paris, Imprimerie Nationale, 1894.

(4) Andrieux (François-Guillaume-Jean-Stanislas), né à Strasbourg, le

fixation, à compter du premier vendémiaire an VII (22 septembre 1798), du traitement des juges de paix, lequel fut de huit cents francs dans les communes de 30.000 âmes, parmi lesquelles figurait Saintes. Cette résolution, approuvée par le Conseil des Anciens, après un rapport de Lemercier (de la Charente-Inférieure), devint la loi du 8 ventôse an VII (26 février 1799) (1).

Les vacations des juges de paix furent ensuite déterminées par le tarif du 16 février 1807 (2), mais la loi du 21 juin 1845 a fait disparaitre ce mode de rétribution.

Cette dernière loi a, en outre, déclaré, spécialement pour ce qui concernait les juges de paix des villes où siégeaient des tribunaux de première instance, que les magistrats cantonaux, auraient le même traitement que les juges de ces tribunaux (3). Ce traitement était, à Saintes, de 2.100 francs.

Le décret du 22 septembre 1862 (article 4), reproduisant la disposition de la loi du 21 juin 1845, maintint cette égalité de traitement entre les juges de paix résidant dans les villes où existait un tribunal de première instance, et les autres juges. Par suite, les juges de paix saintais virent leurs traitements portés à 2.700 francs.

Le décret du 30 août 1883 sur l'organisation judiciaire, qui augmentait sensiblement les traitements des magistrats des cours et tribunaux, spécifia que, jusqu'à nouvel ordre, il ne serait apporté aucune modification à celui des juges de paix (article 9). Les titulaires des justices de paix de notre ville, — compris alors dans la sixième classe (4) — continuèrent à toucher une rémunération annuelle de 2.700 francs, jusqu'à la loi du 12 juillet 1905, qui a divisé les justices de paix du territoire français en quatre classes, Paris hors classe, en prenant pour base la population de la ville ou du canton, selon les circonstances. La ville de Saintes, faisant partie des chefs-lieux administratifs et judiciaires, et ayant une population inférieure à

---

6 mai 1759, mort à Paris, le 9 mai 1833, avocat, homme de lettres, législateur et professeur de littérature au collège de France.

(1) *Collection générale des lois et actes du Corps Législatif*, nivôse, pluviôse et ventôse an VII, page 274. A Paris, de l'imprimerie de Baudouin.

(2) *Bulletin des lois*, série IV, nos 138-2240.

(3) *Idem*, série IX, nos 1210-12041.

(4) Les justices de paix de France étaient, à ce moment-là, divisées en neuf classes, Paris formant la première.

20.000 habitants(1), appartient à la troisième classe et les traitements de ses juges de paix sont de 3.000 francs (article 24 de la loi précitée).

### B. — Costume

Les juges de paix, à l'origine, n'avaient aucun costume particulier, mais aux termes de l'article 12 de la loi des 6-27 mars 1791, ils avaient la faculté de porter, attaché au côté gauche de l'habit, une médaille de forme ovale en étoffe, bordure rouge fond bleu, où se lisaient en lettres blanches, ces mots : *La Loi et la Paix* (2).

Le décret du 3 brumaire an IV (25 octobre 1795) sur les costumes des législateurs et des fonctionnaires publics (3) n'imposa pas de vêtement particulier aux juges de paix, mais prescrivit qu'ils porteraient, dans l'exercice de leurs fonctions, une branche d'olivier en métal, suspendue sur la poitrine par un ruban blanc avec un très petit liseré bleu et rouge, passé autour du cou, et qu'ils tiendraient à la main un bâton blanc « de la hauteur de l'homme », surmonté d'une pomme d'ivoire sur laquelle était gravé un œil noir — l'œil de la justice ! — D'après des gravures de l'époque, ces magistrats étaient généralement vêtus d'un habit et d'un gilet noirs, de culottes noires, de bas de couleur très foncée (noire ou grise), de souliers à boucles et coiffés d'un chapeau de feutre haut de forme, orné d'une cocarde tricolore (4). Peut-être ces nouvelles marques distinctives des juges de paix, au lieu de rehausser leur prestige, firent-elles plus d'une fois sourire les plaideurs ?

L'arrêté du 2 nivôse an XI (23 décembre 1802) (5) ordonna que les juges de paix auraient, aux audiences ordinaires, le même costume que les juges de première instance, lequel était

---

(1) D'après le recensement du 4 mars 1906, la population totale de la ville de Saintes est de 19.025 habitants (*Recueil des actes administratifs du département de la Charente-Inférieure*, 1907, p. 51. La Rochelle, imp. E. Martin).

(2) Duvergier, *loc. cit.*, tome II, page 241.

(3) *Procès-verbaux de la Convention Nationale*. A Paris, de l'imprimerie Nationale, l'an IV, tome LXXII, n° 105.

(4) Voir l'*Intermédiaire des Chercheurs et des Curieux*, du 30 novembre 1907, page 450, qui donne la description de dessins de l'époque, reproduisant ces costumes, l'un de Grasset-Saint-Sauveur, gravé par Labrousse ; l'autre de Garnery, gravé par Allix.

(5) *Bulletin des lois*, III° série, 238, n° 2222.

— 34 —

composé d'une toge en laine noire avec simarre de soie noire
et ceinture de laine noire pendante, d'une toque de laine noire
unie, bordée de velours, et d'une cravate tombante de batiste
plissée. On y ajoutait, pour les audiences solennelles et les
cérémonies publiques, une ceinture de soie, couleur bleu clair,
avec franges de soie et un galon d'argent au bas de la toque
(art. 7 et 4). C'est encore le costume réglementaire des magistrats cantonaux.

L'article 9 de l'arrêté du 2 nivôse an XI enjoignait, de
plus, aux membres de tous les tribunaux de porter à la ville,
comme vêtement de cérémonie, l'habit complet noir à la française, manteau court de soie ou de laine, jeté en arrière, cravate de batiste, chapeau à trois cornes, cheveux ronds ou
longs.

Ces prescriptions, applicables aux juges de paix comme aux
autres juges, cessèrent insensiblement d'être observées.

Sous le Second Empire, il fut question, à un certain moment,
d'astreindre les juges de paix, ainsi que les autres magistrats
de l'ordre judiciaire, au port d'une tenue officielle de ville. Une
commission, composée de premiers présidents et de procureurs
généraux, désignés par le ministre de la justice (M. Abbatucci)
arrêta, pour ce qui concerne spécialement les juges de paix,
qu'ils auraient le frac noir en drap, une branche d'olivier au
collet, boutons de soie, une baguette de soie à l'habit (1). Mais
la décision de la commission ministérielle, à leur égard du
moins, ne reçut aucune exécution, car le décret du 22 mai 1852,
qui régla le costume de ville des magistrats, et celui du 18 juin
de la même année (2), qui le modifia, ne sont relatifs qu'aux
membres de la cour de Cassation, des cours d'appel et des
tribunaux civils d'arrondissement. L'article 3 de ce dernier
décret édicte seulement que « pour les actes extérieurs de leurs
fonctions, tels que descentes de justice, transports, etc., les
juges de paix et leurs suppléants auront « une ceinture en soie
orange, à glands de soie verte, petite torsade. »

Une récente décision de M. Barthou, garde des sceaux, a auto-
risé les juges de paix et leurs suppléants à avoir désormais,
lorsqu'ils rempliront un acte de leurs fonctions, une médaille

---

(1) *Indépendant de la Charente-Inférieure*, du 25 avril 1852, n° 531.

(2) *Bulletin des lois*, X° série, 1er semestre, tome IX, n° 535, page 1407, et
n° 544, page 1506.

d'identité, en argent, sur laquelle sera inscrit le mot : *Justitia* (1).

CHAPITRE IV. — *Lieux des audiences des juges de paix de Saintes.*

Les juges de paix de Saintes n'eurent pas, à l'origine, de prétoire fixe. Du reste, les registres, tenus aux greffes des deux justices de paix, ne mentionnent que très rarement l'endroit où ont lieu leurs audiences.

On y voit pourtant que Riquet, juge de paix de la cité et commune de Saintes, siégea, en 1792 (du 21 avril au 30 juin), dans la Chambre du tribunal de commerce, puis, pendant une certaine période, à l'ancien Collège, du 9 fructidor an II (26 août 1794) au 29 frimaire an III de la République (19 décembre 1794) ; qu'à diverses dates de l'an II, 19 ventôse (9 mars) ; 14 floréal (3 mai) ; 6 prairial (25 mai) ; 4 thermidor (22 juillet 1794), ce même magistrat se transporta, en compagnie de membres du Comité de Surveillance Révolutionnaire de *Xantes*, les citoyens Flavier, Fédon, dit Montandre, Parménide Brunet, Etienne Roux, dans les anciens couvents des « ci-devant Notre-Dame » et des « ci-devant Clarisses », transformés en prisons, le premier pour les femmes et le second pour les hommes, afin de statuer sur des réclamations adressées par des fournisseurs à des détenus, entre autres Françoise-Elisabeth Chevalier des Landes, épouse de Gaspard, vicomte de Turpin, ex-député suppléant aux Etats-Généraux de 1789, colonel des milices bourgeoises en 1790 ; Angélique Pauline de Beauchamps, veuve de Charles de Barbeyrac de Saint-Maurice ; Hyacinthe-Célestin Aubert du Petit-Thouars, etc.

Riquet tint également ses séances dans sa maison, sise en la Grande-Rue (appelée durant la période révolutionnaire alternativement rue Mirabeau, puis rue du Pont) (2), parfois aussi, à l'occasion, dans la demeure de l'un de ses assesseurs (3), et fréquemment sur le lieu même du litige.

---

(1) Circulaire du garde des sceaux *du 31 janvier 1910*. Cette médaille, de M. A. Borrel, est du module de 36 millimètres.

(2) Cet immeuble avait été constitué en dot à la femme de Riquet par son père, Charles Richard, suivant contrat passé devant Retif, notaire royal et apostolique à Saintes, le 23 janvier 1769 (*Etude de M. Rouyer*).

(3) Ainsi, le 23 juin 1792, il siégea dans la maison de Mathieu Robert, l'un de ses assesseurs (*Registres d'audience de la justice de paix de la cité de Saintes*).

Quant à Denis Prieur, juge de paix de Saintes *extra muros*, il semble avoir donné ses audiences tantôt dans son domicile, à Saintes, rue Porte-Aiguière (1), tantôt dans sa maison de campagne de l'Essart, commune de La Chapelle-les-Pots (2), et fort souvent également, comme son collègue Riquet, à l'endroit même de la contestation.

A partir du 11 nivôse an IV (1er janvier 1796), les registres de la justice de paix de ce dernier canton renferment quelquefois cette mention : « *Ainsi jugé dans la salle de nos audiences à Saintes* », sans indication de lieu. Il est vraisemblable que les juges de paix devaient alors siéger dans l'ancien Présidial. Ce qui nous le fait présumer, c'est que les registres de la justice de paix de la cité de Saintes énoncent que le 28 fructidor an VII (14 septembre 1799) Riquet tint son audience au *Palais National*, nom donné alors à l'ex-Présidial (3). Ils durent, croyons-nous, conserver leur prétoire dans cet édifice pendant assez longtemps, car les registres de la justice de paix du canton nord portent que le juge de paix continuait à y rendre ses sentences à la date du 30 messidor an XI (19 juillet 1803) (4).

La loi du 29 ventôse an IX (20 mars 1801) (5) vint ensuite prescrire aux juges de paix de donner leurs audiences au chef-lieu du canton. L'article 8 du code de procédure civile leur

---

(1) Prieur avait acquis cette maison pour 9.000 livres, payées comptant, de Jean Gautier aîné, maître menuisier à Saintes, par acte au rapport de Petit, notaire, du 17 février 1776 (*Etude de Mᵉ Laferrière*).

(2) La borderie de l'Essart (autrement dite des Sablières) était propre à Julie de La Capmesure, épouse Denis Prieur, qui l'avait recueillie dans la succession de Charles de La Capmesure, son père, lequel s'en était rendu acquéreur le 27 août 1744, aux termes d'un acte de Senné fils, notaire royal à Saintes, d'Angélique Guémand, veuve d'Elie Billaud, marchand, moyennant le prix de 6.500 livres (*Etude de Mᵉ Laferrière*). Ce domaine appartient aujourd'hui à Mᵐᵉ Marie Nelly de Lauzon, épouse de M. Anatole-Antonin-Jean-Joseph-Marie, vicomte de l'Hermite, propriétaire, officier de réserve.

(3) Le Présidial, ou *Palais Royal*, occupait le corps de bâtiments fortement remanié, où se trouvent actuellement l'école communale de garços, dite de Saint-Pierre, et la salle des réunions publiques, joignant la rue de la Loi. La première pierre de cet édifice *fut myse et appousée du cousté vers la rhue des Jacobins*, le 20 mars 1585, par M. de Terneau, conseiller au parlement de Bordeaux, envoyé par le roi *pour expédier la Cour Présidiale*. (Eutrope-Louis Dangibeaud, *Saintes au XVIᵉ siècle*, page 69. Evreux, imprimerie Auguste Hérissey, 1863).

(4) *Archives de la justice de paix du canton nord de Saintes*

(5) Duvergier, *loc. cit.* tome XII, page 401.

permit bientôt de juger chez eux, en tenant les portes ouvertes, mais seulement lorsqu'ils restent au chef-lieu.

Mathieu-Gabriel Brejon, juge de paix du canton nord de Saintes, usant de cette faculté, semble avoir fréquemment rendu la justice en son hôtel, situé à Saintes, rue des Ballets, puis rue Saint-Maur. De son côté, son collègue Dangibeaud paraît, lui aussi, avoir très souvent entendu les plaideurs dans sa demeure, sise rue de la Poissonnerie, plus tard rue du Collège.

Vers la fin de septembre, ou au commencement d'octobre 1823, les juges de paix saintais virent transférer leur prétoire dans l'ancien hôtel du Doyenné (1), ensuite au numéro 17 de la Grande-Rue, dans l'ex-hôtel des Droits Réunis (2), en février

(1) L'ancien Doyenné avait été acquis de la Nation par Jean Million, propriétaire à Vallade, commune de Rétaud, qui, suivant contrat au rapport de Vanderquand, notaire public à Saintes, en date du 29 ventôse an VI (19 mars 1798), le vendit à Guillaume Paulinier, ancien administrateur des hôpitaux militaires, propriétaire à Saint-Jean d'Angély, moyennant une rente annuelle et foncière de 700 francs, au capital de 14.000 francs (*Etude de M⁰ Foubert*). Paulinier, par acte du 13 messidor an XI (2 juillet 1803) passé devant Huvet, notaire à Saintes, arrenta cette même maison à Mathieu Faure, banquier à Saintes, qui fut député de la Charente-Inférieure de 1819 à 1824. Ledit immeuble, à la suite d'une surenchère, faite par l'un des créanciers inscrits du vendeur, fut vendu à la barre du tribunal civil de Saintes et, à l'audience des criées du 4ᵐᵉ jour complémentaire de l'an XII (21 septembre 1804), adjugé à Guillemardet, préfet de la Charente-Inférieure, agissant pour le compte de l'Etat, moyennant le prix de 26.000 francs (*Archives du greffe civil*). Aux termes d'un acte de Mouchet, notaire à Saintes, du 13 décembre 1813, Joseph-Jérôme-Hilaire Angellier, sous-préfet de cet arrondissement, délégué à ces fins par arrêté préfectoral, revendit l'ancienne maison du doyen du chapitre de Saint-Pierre à la ville de Saintes, représentée par son maire, René Eschasseriaux, moyennant la charge de payer à la dame Marie Vanderquand, veuve et donataire d'Antoine Louvet ex-vicaire à Gémozac, aide bibliothécaire, second commis greffier assermenté du tribunal de Saintes, lequel était cessionnaire de Jean Million suivant acte de Durivault, notaire, du 11 floréal an XI (1ᵉʳ mai 1803), la rente stipulée dans le contrat du 29 ventôse an VI (*Etude de M⁰ Laferrière*). On y installa l'Hôtel de Vil'e.

(2) Cet immeuble, qui porte actuellement le n° 32 sur la Grande-Rue Victor Hugo, et a une autre entrée sur la rue du Loup, n° 19, est connu sous le nom de *Maison Henri IV* et date de 1605. Il appartint à Emmanuel Cajetan Leberthon de Bonnemie, époux de Anne-Charlotte-Bénigne Dalouë, le dernier président du présidial de Saintes, décédé à Saintes, le 5 fructidor an VIII (23 août 1800). Leberthon le vendit à Nicolas-Thomas Foucauld, propriétaire à Saint-Savin de Taillebourg, aux termes d'un acte sous seings privés en date du 25 brumaire an VI (15 novembre 1897), déposé pour minute à Van-

1825 (1), enfin, au mois de mars 1830 (2), à l'ancien Hôtel de
Ville (3), dans la salle du tribunal de commerce. Cependant,
on voit, le 31 mai 1844, Charrier, juge de paix du canton nord,
tenir exceptionnellement son audience dans la salle de la Cour
d'assises au Palais de Justice à la suite d'un incident qui est
relaté dans le procès-verbal ci-après transcrit, où l'on trouve
des renseignements intéressants sur la situation des justices de
paix à cette époque :

« Aujourd'hui, trente-un mai 1844, nous juge de paix du
canton de Saintes-nord, nous sommes transporté, à onze heures
du matin, avec notre greffier, à l'ancien hôtel de la mairie de
Saintes, pour y tenir notre audience dans la salle où nous avons
siégé jusqu'à présent et qui n'est autre que l'auditoire du tribunal de commerce ; nous avons trouvé les portes de la salle fer-
mées ; nous avons demandé au concierge de les ouvrir ; il nous
a répondu qu'il devait y avoir, dans cette même salle, aujour-
d'hui, d'ici quelques instants, une réunion des créanciers de la
faillite R... et que M. Guillermain, juge au tribunal de commerce
de Saintes, qui devait présider l'assemblée, lui avait donné
l'ordre de n'ouvrir la porte de la salle que pour ladite réunion.

---

derquand, notaire, le 25 frimaire suivant (15 décembre). Il devint ensuite la
propriété de Jean Foucaud du Ruisseau, époux de Victorine-Euphrasie Tro-
chu, demeurant à Saintes, lequel, par acte retenu par Drilhon jeune, notaire
à Saintes, le 18 juillet 1841, en consentit la vente à Jean Auguste Garnier,
avocat au même lieu, époux de Marie Guillet de Fontenelle. Ce dernier fit
mettre aux enchères publiques cette maison, dont M. Victor Bellot, ancien
instituteur, propriétaire à Dompierre-sur-Charente, se rendit adjudicataire
suivant procès-verbal, dressé par Philipon, notaire à Saintes, le 25 février
1872 (*Etude de M^e Rouyer*). Après avoir servi, pendant longtemps, de local à
l'administration des Contributions indirectes, plus tard à une école communale
de filles, cet immeuble est aujourd'hui occupé par l'imprimerie du journal *le
Peuple* et plusieurs autres locataires. (Voir sur la maison Henri IV un
article de M. Ch. Dangibeaud, *Revue de Saintonge*, du 1^er juin 1908, pages
154 et suivantes).

(1) La première audience de Voix, juge de paix de l'arrondissement du nord,
à l'Hôtel des Droits-Réunis, est du 11 février 1825 (*Registres de la justice de
paix de ce canton*).

(2) Le même juge de paix, Voix, siégea, pour la première fois, le 11 mars
1831, à l'ancien Hôtel de Ville (*Mêmes registres*).

(3) La maison commune, ou l'échevinage, était dans l'édifice situé rue Al-
sace-Lorraine, dans lequel se trouve aujourd'hui la bibliothèque municipale.
Après l'incendie de 1871, la mairie y fut transférée provisoirement. (Proust
Emile et Ch. Dangibeaud, *La ville de Saintes à la fin du XIX^e siècle*, tome
IV, page 16. La Rochelle, imprimerie Noël Texier).

« Nous trouvant dans l'impossibilité de tenir notre audience dans le prétoire accoutumé et désirant faire tout ce qui était en notre pouvoir pour que le cours de la justice ne fut pas interrompu, nous nous sommes rendu auprès de M. le Président du tribunal civil (1) et nous lui avons demandé de mettre à notre disposition une des salles du Palais de Justice. Ce magistrat nous ayant indiqué la salle de la Cour d'assises (2), nous avons fait prévenir par l'huissier de service les personnes qui se trouvaient à l'ancien hôtel de la mairie, que notre audience allait être tenue dans ladite salle de la Cour d'assises.

« Après avoir attendu environ une demi-heure afin de donner aux personnes intéressées le temps de se rendre, nous sommes monté sur le siège et nous avons expédié chacune des affaires dans lesquelles le demandeur et le défendeur se sont présentés. Nous nous sommes abstenu de prononcer aucun jugement par défaut, par la raison que le local où nous nous trouvions était autre que celui indiqué dans la citation.

« Déjà notre collègue du canton de Saintes-sud s'est trouvé dans la même position que nous. Un tel état de choses ne peut pas durer plus longtemps, car il est contraire à la dignité de la justice et préjudiciable aux intérêts des justiciables. Il est de notre devoir de le signaler et d'en demander le changement.

« Jusqu'à présent, les justices de paix de Saintes ont été sans prétoire (3), sans greffe, sans mobilier ; leur vestiaire est dans un corridor où les juges de paix sont obligés de se tenir avant de monter à l'audience Notre collègue et nous avons, jusqu'ici, consenti à nous contenter d'un provisoire, qui dure depuis trop

---

(1) Pierre-Hector Savary, qui, après avoir été substitut du procureur général près la cour d'appel de Poitiers (29 janvier 1833), resta président du tribunal civil de Saintes du 28 avril 1844 au 26 avril 1865, et mourut, en cette dernière ville, président honoraire, le 16 janvier 1867, à 84 ans, époux de Marie-Justine Apert; il était fils de Pierre-Hector Savary, conseiller honoraire à la cour d'appel de Poitiers, et de Marie-Ambroisine Gout (fille de Claude-Antoine Gout, maire de Saintes en 1791 (*Documents sur Saintes*, pages 85 et 109).

(2) La Cour d'assises, depuis 1830, tenait ses sessions à l'ancien Palais, dans la grande salle qui longe la rue de la Loi.

(3) Les juges de paix de Saintes donnaient alors le plus souvent leurs audiences de petite conciliation dans leur domicile privé. Charrier spécialement, d'après un renseignement qui nous a été donné par M. Paul Brunaud, avoué, conciliait les justiciables, le matin, dans son cabinet, en robe de chambre, bonnet de nuit et pantoufles.

longtemps, dans l'espérance, que nous devions avoir, que nous le verrions cesser ; mais aujourd'hui que le provisoire même nous est enlevé, nous demandons avec instances l'exécution prompte de l'article 30, n° 10, de la loi du 18 juillet 1837 (1), qui oblige les communes, chefs-lieux de canton, de fournir aux juges de paix le local et le mobilier qui leur est nécessaire.

« De tout ce que dessus nous avons dressé le présent procès-verbal, dont une copie sera par nous adressée à M. le Maire de la ville de Saintes, à M. le Président du tribunal civil et à M. le Procureur du Roi, et nous avons signé avec notre greffier. »

(Signé) CHARRIER, juge de paix ; J.-L. JOGUET, greffier.

A compter de ce moment, il ne paraît pas s'être élevé d'autre conflit entre les magistrats consulaires et les juges de paix, qui siégèrent, sans interruption, dans la salle du tribunal de commerce, jusqu'à la fin de juillet ou au commencement d'août 1845, époque où ils virent leur prétoire transféré à l'Hôtel de la Mairie (2). Il y demeurèrent jusqu'au milieu de février 1865 (3), date de leur installation dans le local qui leur a été affecté dans le nouveau Palais de Justice (4).

## CHAPITRE V. — *Du bureau de conciliation.*

Il y avait, dans chaque canton, un bureau de paix et de conciliation, formé par le juge de paix et ses assesseurs (article 1er, titre X de la loi du 16 août 1790). En outre, dans toutes les villes,

---

(1) Duvergier, *loc. cit.*, tome XXXVIII, page 243.

(2) La première audience, tenue par Charrier à l'Hôtel de Ville, est du 8 août 1845 ; — Celle de Huvet, juge de paix du canton sud, est du 6 du même mois. (*Archives des justices de paix de Saintes*).

(3) Charrier a siégé, pour la dernière fois, à la mairie, le 17 février 1865, et, pour la première fois, au nouveau Palais de Justice, le 24 du même mois. Luraxe, son collègue du canton sud, a tenu sa dernière audience à la Mairie le 18 février 1865, et sa 1re audience audit Palais de Justice, le 25 de ce même mois (*Archives des justices de paix de Saintes*).

(4) Le Palais de Justice de Saintes, œuvre de MM. Van-Cleemputte, architecte à Paris, et Fontorbe, architecte de la ville, a été inauguré et béni solennellement le 3 novembre 1864 par Mgr Landriot, évêque de La Rochelle et de Saintes, qui y prononça, en présence de M. Boffinton, préfet du département, et des autres autorités administratives et judiciaires, un discours de circonstance, imprimé à La Rochelle, chez Mme Z. Drouineau, 1864, in-12, 9 pages. (Voir le compte rendu dans les journaux de l'arrondissement, notamment l'*Indépendant* de la Charente-Inférieure du 5 novembre, n° 2071, et le *Courrier des Deux-Charentes* des 6 et 10 novembre 1864, n°s 206 et 207).

où il existait un tribunal de district, l'article 4 de la même loi avait créé un autre bureau de paix, composé de six membres « choisis parmi les citoyens recommandables par leur patriotisme et leur probité », dont deux au moins, hommes de loi, ils étaient élus pour deux ans par le conseil général de la commune. Le premier bureau était compétent lorsque les parties étaient domiciliées dans le même canton ; le second lorsqu'elles étaient domiciliées dans les ressorts de différents juges de paix. (articles 2 et 5).

Nous ne rechercherons pas, comme on l'a fait déjà, si l'Assemblée constituante avait puisé l'idée de ce préliminaire de conciliation dans le *Dictionnaire Encyclopédique* de Prost de Royer, qui, au mot *Accommodement* (tome II), avait rassemblé un assez grand nombre de procédés, imaginés, à diverses époques, pour prévenir les procès par des arrangements amiables (1), ou peut-être plutôt dans une lettre de 1742 où Voltaire préconise l'usage, suivi en Hollande au XVIII\ e siècle, d'obliger les plaideurs à se présenter d'abord devant des juges conciliateurs appelés *faiseurs de paix* (2), nous nous contenterons simplement de faire remarquer que la pensée de créer le bureau de conciliation fut la même que celle qui avait inspiré l'institution du juge paix, *pacis prœses, amicitiœ custos* : entretenir la paix et la concorde, prévenir les procès (3).

Nous avons eu la bonne fortune de découvrir, dans les archives du greffe civil de Saintes, le premier registre du « bureau de conciliation et de jurisprudence de charité » du tribunal du district de cette ville.

Il commence à la date du 10 décembre 1790 et se termine le

---

(1) Antoine-François Prost de Royer (Lyon 1729-1784), jurisconsulte remarquable, auteur de plusieurs ouvrages de droit, notamment d'un *Dictionnaire de jurisprudence et des arrêts* (Lyon 1781-1784), inachevé au moment de sa mort et continué par Riolz, son collaborateur.

(2)…« Si les parties arrivent avec un avocat et un procureur, lit-on dans cette lettre, on fait d'abord retirer ces derniers, comme on ôte le bois d'un feu qu'on veut éteindre…» (*OEuvres de Voltaire*, édition Paris, 1852-1864, t. V. p. 497)

(3) Lire à ce sujet dans le *Moniteur* du 14 décembre 1790, n° 348, le rapport de Jacques-Samuel Dinocheau, député du tiers pour le bailliage de Blois, sur les officiers ministériels des anciens tribunaux. Dinocheau (Blois 27 juillet 1752-Orléans, 12 février 1815) est le fondateur d'un journal, le *Courrier de Madan* (hameau des environs de Blois), et l'auteur du premier volume d'une *Histoire philosophique et politique de l'Assemblée Constituante (1789)*, (*Dictionnaire des Parlementaires français*, tome II, page 391).

16 juin 1791 ; il comprend 142 feuillets, cotés et paraphés par Heard, son président. En tête se trouvent : 1° la copie d'un procès-verbal du dit jour, 10 décembre 1790, constatant la nomination par le collège municipal de Saintes des membres du bureau de conciliation, savoir : Michel Heard, homme de loi, de la paroisse de Saint-Maur (1) ; Philippe-Auguste Vieuille (2), ancien conseiller au présidial, de la paroisse de Saint-Michel, Augustin Ardouin (3), «gradué en médecine», et Etienne Apert (4),

(1) Michel Heard, décédé à Saintes le 11 novembre 1792, à 78 ans, ancien échevin et doyen de l'ordre des avocats de cette ville, eut de son mariage avec Marie Mareschal : 1° Pierre-François Heard, dit Heard du Taillis, né le 2 avril 1748, qui fut accusateur public près le tribunal criminel de la Charente-Inférieure, député aux Cinq-Cents (14 avril 1799), juge au tribunal d'appel de Poitiers (14 juin 1800-15 juin 1811) et mourut à Chaniers le 5 décembre 1814, époux d'Elisabeth Biétry ; 2° Jean-Baptiste Heard, dit Fondclair, avocat, juge au tribunal du district de Saintes, décédé en la dite ville le 14 mai 1792, époux de Catherine Rose Moyne, de Fléac, et dont la fille, Catherine-Rose-Hermine Heard se maria avec Marc-Pierre-Philippe Arnauld, avoué à Saintes ; 3° Rose Heard, épouse de Louis-Auguste de Rossel, écuyer, seigneur de Taillebois, lieutenant des vaisseaux du roi, fils de « messire » Christophe de Rossel, capitaine des vaisseaux du roi, et de Louise Massiot de la Motte ; 4° Marie-Rose Heard, mariée à Daniel-François Fourestier, avocat au parlement et siège présidial de Saintes, fils de Laurent Fourestier, apothicaire, ancien juge consul et échevin de « l'hôtel commun » de cette ville, et de Marie Ardouin, son épouse, de la paroisse de Sainte-Colombe ; 5° Marie Heard, mariée à Dominique Barraud, bourgeois, de la paroisse de Chaniers.

(2) Philippe-Auguste Vieuille, né à Saintes vers 1725, décédé dite ville le 9 pluviôse an XI (29 janvier 1803), époux en premier mariage de Anne Berry (dont *a*) Marie-Henriette-Adélaïde, épouse de Raymond Dumontet, homme de loi ; *b*) et Marie-Madeleine-Alexandrine, épouse de Etienne Compagnon de Thézac, major au régiment d'Artois-dragons, chevalier de Saint-Louis et en second mariage de Marie-Anne Paillot de Beauregard. Il était fils de Pierre Vieuille, conseiller au présidial de Saintes, lieutenant général en l'élection, l'auteur du *Nouveau traité des élections*. Paris, Rouy. Huard 1739. (Voir *Documents sur Saintes*, page 65).

(3) Ardouin Augustin, fils de François Ardouin, substitut du procureur du roi au siège de l'élection de Saintes, et de Catherine Baron, décédé à Saintes le 26 juin 1813. Il avait épousé Marie-Anne Pelluchon Destouches, fille de Jean-Antoine Pelluchon-Destouches, ancien assesseur du siège royal de Cognac, et de Marguerite Vitet de Belendroit demeurant à Cognac, paroisse de Saint-Léger ; laquelle était sœur de Gabriel Pelluchon, administrateur du département pour le district de Saint-Jean d'Angély, et de Gabriel-Jean-Antoine Pelluchon juge au tribunal du district de Cognac (Voir le contrat de mariage des époux Ardouin devant Petit, notaire à Saintes, le 2 avril 1792).

(4) Etienne Apert, né à Saintes, le 9 juillet 1741, fils et successeur de François Apert, « marchand droguiste et de grenerie », fut président du tribunal de commerce de Saintes (1793-1812) et mourut en cette ville rue de la Commune, le 21 mars 1812, veuf de Catherine Delarue.

marchand épicier, tous les deux de la paroisse de Saint-Pierre ;
Jean Viauld aîné, marchand drapier, et François Mestayer (1),
apothicaire de la paroisse de Sainte-Colombe, ces trois derniers juges à la Bourse consulaire ; 2° et l'original d'un autre
procès-verbal en date du 8 janvier 1791, duquel il résulte que
les membres du bureau de conciliation nommèrent Heard pour
président et pour secrétaire le sieur Brunet (2) et que, de l'agré-
ment des consuls, ils firent choix de l'Hôtel de la juridiction
consulaire pour y tenir leurs séances qui furent fixées aux jeudis
et vendredis de chaque semaine.

Les autres registres du bureau de conciliation depuis le 16
juin 1791 jusqu'au 15 brumaire an IV (6 novembre 1795) se
trouvent déposés aux archives de la Charente-Inférieure, d'a-
près le renseignement qu'a bien voulu nous donner M. Pandin
de Lussaudière, archiviste de ce département, lequel nous a fait
connaître également : 1° que, le 11 août 1791, ce bureau était
composé de Mestayer, nommé président, Brejon, vice-président, Apert, Ardouin, J. Viauld, l'aîné, Gobeau, suppléant,
(Vieuille et Heard étaient démissionnaires) ; 2° que, le 16 juin
1792, Pierre Charrier, ancien négociant, fut nommé à la place
de Gobeau.

Lors de l'épuration des autorités constituées de Xantes (29
pluviôse an II) les citoyens : 1° Eutrope Massiou jeune, entrepreneur de bâtisses de la section de la *Bienfaisance* ou de la *Bien-
veillance* (ci-devant Saint-Vivien) ; 2° Louis Canolle propriétaire,
ancien boutonnier, officier municipal de la section du Centre

---

(1) Une fille de Mestayer, Jeanne-Suzanne, née de son union avec Anne-
Catherine Chasteauneuf, épousa le 1er prairial an II (20 mai 1794), Pierre
Dalidet, ex-principal du collège de Saintes, ancien supérieur du séminaire et
vicaire de l'évêque constitutionnel, Isaac-Etienne Robinet. Ce Pierre Dalidet,
né le 14 février 1729, était fils d'Elie Dalidet, notaire, et de Marguerite Jobet
et frère de Jean Dalidet, notaire à Saintes (1757-1794) ; il abjura la prêtrise
dans le mois de frimaire an II. Mestayer avait une autre fille, Suzanne,
mariée à Pierre-François Chély, fils de Jean Chély, notaire royal, et deux
fils, André-Louis, officier de santé, et Etienne-François, apothicaire, qui fut
le prédécesseur de M. Henri Saucou (aujourd'hui pharmacie Barraud).

(2) Dominique Brunet, homme de loi et secrétaire au directoire du département, né à Saintes vers 1710 ou 1711, mort en la même ville le 18 décembre
1807, veuf de Magdeleine Loyer, était fils de Jean Brunet, ancien greffier en
chef civil et criminel du sénéchal et siège présidial de Saintes et d'Eustelle
Georget. Sa petite fille Magdeleine-Virginie Brunet, épousa, le 14 octobre
1806, Paul François Drilhon, avocat à Saintes, fils de Jean Drilhon, avoué, et de
Marie Coffre.

(ci-devant Saint-Pierre), demeurant rue *Cà-Ira* (Saint-Maur) ;
3° Jacques-François Fabvre jeune, propriétaire de la section dès
*Sans Culottes* (ci-devant Saint-Pallais) ; 4° Jean-Louis Doussin (1) propriétaire, habitant au ci-devant collège, rue de l'Espérance ; 5° Jean-François Rougé aîné, faubourg de la Bretonnière, section de la Montagne (ci-devant Saint-Eutrope) ; 6°
Jean-Baptiste Viauld l'aîné, ci-dessus nommé, furent proposés, pour constituer le bureau de conciliation, par les délégués
des représentants du peuple et acceptés « avec acclamation par
le peuple assemblé dans le Temple de la Vérité (2). » Leur
installation eut lieu le 2 ventôse an II (20 février 1794) (3).

Doussin, décédé à Saintes le 28 thermidor an III (15 août
1795) à l'âge de 46 ans, ne paraît pas avoir eu de remplaçant ;
quant aux autres membres ils semblent avoir conservé leurs
fonctions jusqu'à la suppression du bureau de conciliation.
D'ailleurs, on ne trouve plus sur les registres, à partir du 5
ventôse an III (23 février 1795) que les signatures de trois membres, Massiou, Viauld et Rougé, d'après les renseignements
que nous a donnés M. l'Archiviste départemental.

Nous avons vu plus haut que le bureau de conciliation avait
choisi l'hôtel de la juridiction consulaire pour la tenue de ses
audiences.

La juridiction consulaire avait alors son siège dans un immeuble de la rue Saint-Maur (n° 17, actuel), qui avait été acquis
par contrat, retenu par Maillet, notaire royal à Saintes, le 23
mars 1762, de « messire » Jean-François Mossion de Lagontrie,
écuyer, seigneur des Rabanières et autres lieux, époux de Marguerite Carrouge, par Jacques Arnault et Laurent Loyer, juges

---

(1) Jean-Louis Doussin aîné, l'un des commissaires délégués pour la formation de la Bibliothèque publique de la ville de Saintes, était fils de Jacques-Louis Doussin, « maître en chirurgie, lieutenant de Monsieur le premier chirurgien du Roi » et de la dame Marguerite-Catherine Cheron, et frère de Louis Doussin-Dubreuil, médecin à Paris, qui fit partie du comité central de vaccine, présidé par le fameux docteur Guillotin De son mariage avec Jeanne-Angélique Taupier, était né à Saintes le 1er fructidor an II (18 août 1794) Jacques-Fleurus Doussin qui occupa plus tard un emploi dans les douanes (voir au sujet de la famille Doussin, un acte de partage, retenu par Mouchet, notaire à Saintes, le 4 avril 1816 (*Etude de Mᵉ Laferrière*).

(2) *Procès-verbal des délégués des représentants du Peuple pour l'épurement des autorités de Xantes, cit. supra.*

(3) *Registres du Bureau de conciliation de Saintes. Archives départementales.*

consuls, stipulant pour la Bourse Consulaire en conséquence des lettres patentes, accordées par le roi le 20 janvier 1761, « scellées du grand sceau de cire jaune », enregistrées en la cour du parlement de Bordeaux, le 11 mars 1762, et de la délibération des « sieurs négocians » de la ville de Saintes en date du 21 du même mois. La vente fut consentie moyennant le prix de 10.000 livres et 600 livres de pot-de-vin. *(Minutes de M<sup>e</sup> Foubert).*

Le bureau de conciliation siégea dans cet édifice jusqu'à l'époque où l'hôtel de la juridiction consulaire, ayant été aliéné comme bien national, fut adjugé pour le prix de 20.600 livres à Jean Martin, menusier ébéniste à Saintes, place du Centre (1), suivant procès-verbal du directoire du district de Xantes (2), en date du 4 thermidor an II (22 juillet 1794) (3). Nous ignorons quel fut le nouveau local affecté au bureau de conciliation, n'ayant pu nous procurer aucun renseignement à ce sujet, mais il est vraisemblable que ce bureau dut, à l'avenir, tenir ses séances dans le même lieu que le tribunal du district, c'est-à-dire dans l'une

---

(1) Martin revendit cet immeuble, suivant acte passé devant Bironneau, notaire à Saintes, le 19 frimaire an III (9 décembre 1794), à Claude Latache et Charles Guillet dit Desgrois, beaux-frères associés, demeurant au Port-Thublé, commune de Chaniers. Ceux-ci l'ayant eux-mêmes fait vendre aux enchères, Jean Rousset, époux de Catherine Barthélemy, greffier en chef du tribunal civil de Saintes, s'en rendit adjudicataire pour la somme de 8.000 francs aux termes d'un procès-verbal du ministère de Petit, notaire, en date du 17 pluviôse an VII (5 février 1799). Rousset étant décédé à Saintes, le 8 août 1825, cet immeuble devint successivement la propriété de son fils Pierre-Cosme-Jean-Baptiste Rousset, veuf de Marie-Félicité Emond, vice-président dudit tribunal civil, puis du fils de ce dernier, Jean-Baptiste-Pierre-Edmond Rousset, président de ce même tribunal. Après la mort de M. Edmond Rousset, il fut attribué à Mme Aline-Marie Rousset, sa fille, épouse de M. Léopold-Antoine Philipon, notaire à Saintes, aux termes d'un contrat de partage reçu par M<sup>e</sup> Julien-Laferrière père, du 3 mars 1880. M. Marie-Ernest Hélie, avocat, époux de Mme Emma-Julie Charruyer, demeurant au château de La Croix, commune de Lormont (Gironde), s'en rendit ensuite acquéreur à la barre du tribunal civil de Saintes, le 12 juillet 1895, et finalement le revendit à M. Alfred Guerry, agent général d'assurances, par acte de M<sup>e</sup> Babinot, notaire à Saintes, du 14 avril 1900.

(2) Les membres composant le directoire du district de Saintes, étaient alors : Jean Vanderquand, Marc-Paschal Hillairet, Pierre Moreau, Pierre Gautret. Ils étaient assistés de Côme-Pierre Godet, secrétaire.

(3) Nous devons la communication de ce procès-verbal à l'obligeance de M. Rousset, avocat à Montpezat de Quercy (Tarn-et-Garonne), que nous remercions sincèrement.

des salles du Palais National (ancien présidial). Ce que nous savons c'est que, dans une requête adressée au directoire du district de Saintes, les membres formant, ledit bureau de conciliation, demandent que « les chaises et la grande table, sur lesquelles ils travaillent leur soient réservées pour eux, pour être transportées dans le nouveau local quy leur est destiné par l'administration » ; et que le directoire, saisi de la pétition dans sa séance du 5 vendémiaire an III (26 septembre 1794) y donne un avis favorable, « considérant l'utilité de ce tribunal qui, en détruisant les anciennes chicanes des anciens tribunaux, travaille sans relâche à établir le règne de la fraternité qui doit exister parmi les hommes libres » (1).

Dans le principe, le secrétaire-greffier ne touchait aucun émolument, mais, en 1793, Brunet, qui remplissait encore cette fonction (2), adressa une requête au directoire du district de Saintes, à la suite de laquelle, dans la séance du 2 octobre de la même année, cette assemblée, après avoir pris l'avis de la municipalité et considérant qu'il n'était pas juste « que les travaux qu'occasionnaient leurs places aux greffiers des tribunaux de conciliation fussent sans rétribution », accorda au pétitionnaire un traitement annuel de 400 livres à compter du 1er mai 1793, payable par trimestre, à prendre sur les amendes, par le receveur du district, au lieu de celui de 600 livres qu'il sollicitait, et lui fit défense de percevoir aucun droit ni rétribution pour tous les actes qui émaneraient dudit bureau, sauf le coût du papier d'expédition qu'il y emploierait (3).

La loi des 19-22 juillet 1791 (article 70) avait en effet affecté aux frais des bureaux de paix et de jurisprudence charitable un tiers du produit des confiscations et amendes, prononcées par les tribunaux de police municipale et par ceux de police correctionnelle (4), mais comme il fut reconnu que cette allocation était absolument insuffisante pour cette dépense, il devint

---

(1) *Registres des délibérations du directoire du district de Saintes* (Archives départementales).

(2) Brunet donna sa démission, le 8 messidor an III (26 juin 1795), prétendant qu'il faillait être membre du bureau de conciliation pour être secrétaire. (*Renseignements fournis par M. Pandin de Lussaudière, archiviste*).

(3) *Registres des délibérations du district de Saintes.* (Archives départementales).

(4) Duvergier, *loc. cit.*, tome III, page 126.

indispensable d'y pourvoir de la même manière qu'aux dépenses des autres tribunaux (1).

Les bureaux de conciliation, établis près les tribunaux de district, furent supprimés par l'article 215 de la constitution du 5 fructidor an III.

Lorsque la loi du 29 ventôse an IX eût, à son tour, supprimé les assesseurs des juges de paix, ces magistrats et leurs suppléants restèrent seuls chargés de la mission conciliatoire.

### Deuxième Partie. — Les Juges de Paix. — Les Assesseurs. Les Suppléants. — Les Greffiers.

### CHAPITRE PREMIER. — *Les juges de paix.*

Dans cette seconde partie de notre étude, nous allons d'abord donner sur chacun des juges de paix, qui se sont succédés dans les deux cantons de Saintes, des notes biographiques, parfois un peu sommaires, à l'aide des documents et renseignements qu'il nous a été possible de réunir.

Notre travail fera l'objet de deux paragraphes distincts : 1° Les juges de paix élus ; 2° Les juges de paix nommés par le gouvernement.

### § 1er. — *Juges de paix élus.*

#### I. — François Riquet.

François Riquet, né dans la paroisse de Chepniers, province de Saintonge, le 12 septembre 1745, était fils de Pierre Riquet, procureur fiscal de la châtellenie de Montlieu, et de « demoiselle » Marie-Elisabeth Durau (*alias* Dureau), son épouse. Il fut baptisé, le lendemain, en présence de François Riquet, notaire de Montlieu et greffier, et de Marie Riquet (2). La famille Riquet était de très bonne bourgeoisie. Une tradition — dont nous ne garantissons pas l'authenticité (3) — la rattache même, pa-

---

(1) *Message du Directoire exécutif concernant la suppression des bureaux de paix établis près les tribunaux de district*, du 9 nivôse en IV (30 décembre 1795). *Collection générale des lois et actes du Corps législatif et du Directoire Exécutif* (nivôse et pluviôse an IV). A Paris chez Baudouin.

(2) *Registres de la paroisse de Chepniers.* — Archives du greffe civil de Jonzac. — Renseignements dus à l'obligeance de M. Brochard, premier commis greffier de ce tribunal.

(3) Voir à ce sujet un article de notre confrère, M. le Dr Vigen, dans l'*Intermédiaire des Chercheurs et Curieux* du 20 décembre 1905, page 925.

rait-il, à celle de Jean-Mathias de Riquet, seigneur de Bonrepos, président à mortier au Parlement de Toulouse, mort le 30 avril 1714, lequel était fils de Pierre-Paul de Riquet, le célèbre créateur du canal du Languedoc (1).

François Riquet vint à Saintes vers la fin de l'année 1764 et entra, en qualité de clerc, dans l'étude de Louis Rétif, notaire royal et apostolique et procureur dans cette ville (2). Le 4 novembre 1768, par acte passé devant ledit Rétif, il acheta à François Ardouin l'office de procureur au sénéchal et siège présidial (3) dont il était titulaire, moyennant 4.000 livres de principal et 2.000 livres de pot-de-vin, payables dans le délai de trois ans ; et, comme il était encore mineur de 25 ans et sous la curatelle de la veuve Riquet, sa mère, Pierre Riquet, son frère aîné, et Jacques Ratier, son cousin, tous les deux bourgeois et demeurant le premier en la paroisse de Chepniers et le second en celle de Cercoux, se portèrent, envers le vendeur, garants et cautions solidaires du paiement du prix et de l'exécution des clauses et conditions du contrat (4).

Riquet, qui semble avoir commencé à exercer son état de procureur dans les premiers mois de l'année 1769 (5), ne tarda

---

(1) La famille Riquet, noble et ancienne, était originaire de Florence (ou de Lucques) et descendait de Gérard Arrighetti, qui, proscrit comme Gibelin, vint s'établir en Provence vers 1268. Elle se divisa en deux branches, connues, l'une sous le nom de Riquet, comte *de Caraman*, l'autre sous le nom *de Riquetti*, marquis de Mirabeau. C'est de la première, venue au XVᵉ siècle en Languedoc, qu'est issu l'homme de génie, auteur d'une entreprise qui commande l'étonnement et l'admiration de tous. Consulter sur Pierre-Paul de Riquet et sa famille la *Nouvelle Biographie Universelle* du Dᵣ Hœffer, tome XLII, page 314, vᵒ *Riquet*.

(2) On trouve la signature de F. Riquet apposée sur un acte de Rétif en date du 18 novembre 1764 (quittance Chollet à Marsay), où il figure comme témoin.

(3) Le présidial était un véritable tribunal de première instance répondant à peu près au tribunal actuel d'arrondissement. En chaque bailliage ou sénéchaussée, où il y avait un présidial, le bailliage ou la sénéchaussée ne formait avec cette juridiction qu'un seul et même siège. Pour l'organisation et la compétence des présidiaux, voir les édits de 1551, 1774 et 1777; consulter aussi à ce sujet : *Nouveau Larousse Illustré*, tome VII, page 19, Paris, s. d. ; *Encyclopédie ou Dictionnaire raisonné des Sciences, des Arts et des Métiers*, (par d'Alembert et Diderot), tome XIII, pp 317-318, à Neufchastel, chez Samuel Faulche et Cⁱᵉ, 1765.

(4) *Minutes de Mᵉ Rouyer.*

(5) Son nom est mentionné, pour la première fois, sur les registres du présidial, « à l'audience de l'ordinaire du lundy 10 avril 1769, tenue par Leberthon, président, lieutenant-général ; assistants : Trébuchet, lieutenant parti-

pas à jouer un certain rôle à Saintes. Il fit, en effet, partie de l'échevinage de cette cité au moins à partir de l'année 1782. Il était officier de l'hôtel de ville (1) quand, le 21 mars de cette même année, sur le rapport de Mollet, procureur du roi, il fut chargé par ses collègues d'aller avec Etienne Dangibeaud, premier échevin, précédé de cinquante jeunes gens, habillés en uniformes de dragons, et suivi d'autant de notables bourgeois, « tous à cheval, en bottes et l'épée au côté », complimenter l'évêque Pierre-Louis de La Rochefoucault, à son entrée solennelle à Saintes (2). Il est encore échevin en 1783, 1784, où il a le titre de « controlleur », et semble avoir fait partie de la municipalité jusqu'au commencement de 1790, car on retrouve encore sa signature sur le registre des délibérations de l'hôtel de ville le 4 janvier de cette année (3).

Elu, au mois de novembre 1790, juge de paix de la cité, des faubourgs et banlieue de Saintes, il fut réélu, le 25 novembre 1792, à la presque unanimité des votants (83 sur 88) (4), et ne cessa pas depuis d'être maintenu dans cette fonction, soit par les électeurs, soit par le gouvernement, quand la loi du 28 floréal an X et le sénatus-consulte du 16 thermidor suivant donnèrent, comme on l'a vu plus haut, le droit au chef du pouvoir de choisir les magistrats cantonaux sur une liste de deux citoyens désignés par l'assemblée du canton. Sous le régime impérial, Riquet fut, par décret du 1er juin 1807, institué, encore une fois, juge de paix du canton de Saintes, second arrondissement, et dût, pour continuer l'exercice de ses fonctions en vertu de cette nouvelle commission, prêter, devant le tribunal de première instance de la dite ville, le 11 août de la même année,

---

culier ; Robert de Rochecouste, assesseurs ; Dangibeaud, Paillot, Vieuille et Méthé de Fonrémis, conseillers ; Messieurs les gens du Roy : de Beaune, procureur du Roy, et Brejon-Lamartinière, avocat du Roy. » (*Registres du Présidial de Saintes*, Archives du greffe du tribunal civil).

(1) Le *Corps de Ville* était composé de vingt-cinq échevins. Ils élisaient parmi eux un maire, un sous-maire, un juge, un procureur, un receveur et un greffier. Ces six derniers étaient spécialement appelés *officiers de ville* (Eutrope Dangibeaud, *Saintes au XVIe siècle*, page 23).

(2) *Entrées Episcopales à Saintes*, par Louis Audiat, pages 3 et suiv., Paris, 1869. Cf. *Etudes et Documents relatifs à la ville de Saintes*, page 71.

(3) *Documents*, pages 499-501.

(4) *Procès-verbal d'élection* du 25 novembre 1792 (Archives départementales).

le serment d'obéissance et de fidélité aux constitutions de l'Empire et à l'Empereur (1).

Riquet jouissait d'une réelle considération et était devenu un personnage assez en vue.

Le 11 septembre 1792, la quatrième assemblée électorale du département de la Charente-Inférieure, réunie à La Rochelle, l'avait nommé administrateur du département pour le district de Saintes, en remplacement de René Eschassériaux, élu procureur général syndic (2).

Le 5 ventôse an IV (24 février 1796), le Directoire Exécutif le choisit pour troisième juge suppléant au tribunal civil du département, fonction qu'il remplit jusqu'aux élections des 25 et 26 germinal de la même année (14 et 15 avril) (3).

Le 7 frimaire an XII (29 novembre 1803), il fit partie, ainsi que Brejon-Lamartinière, son collègue du canton nord, du bureau d'administration de l'Ecole Secondaire communale de Saintes, qui remplaçait l'Ecole Centrale (4).

Le 10 brumaire an XIV (1er novembre 1805), il fut nommé, par arrêté préfectoral, conseiller municipal de Saintes et le resta jusqu'à son décès (5).

Riquet, par son caractère, semble avoir mérité l'estime et la considération dont il était entouré, et le fait suivant, que nous allons rappeler, est tout à son honneur.

Un plaideur grincheux, Philippe Couturier, officier de santé à Saintes, l'ayant récusé le 29 thermidor an X (17 août 1802), à l'occasion d'un procès, Riquet fit, sur la feuille d'audience, la réponse suivante que nous transcrivons en respectant l'orthographe, quelque peu fantaisiste, du greffier qui a écrit sous la dictée du magistrat :

« Le juge de paix de la ville de Saintes, arrondissement du sud, estime que la récusation, proposée par le sieur Couturier,

---

(1) *Archives du Greffe civil.*

(2) *Assemblées Electorales de la Charente-Inférieure* (1790-1799), par Eschassériaux, page 101.

(3) La loi du 22 frimaire an IV (13 décembre 1795) avait chargé le Directoire Exécutif de nommer, provisoirement et pour exercer jusqu'aux élections de l'an IV, les juges des tribunaux civils des départements et leurs suppléants aux places vacantes par suite de démission ou pour toute autre cause.

(4) Xambeu, *Histoire du collège de Saintes*, 2e fascicule, p. 121. Saintes, A. Trépreau, 1886.

(5) *Documents sur Saintes*, page 95.

est vague et sans motifs *ny* moyens péremptoires ; qu'elle tomberoit d'elle-même *sy* on la faisoit juger, mais, comme le répondant ne veut point être juge du citoyen Couturier contre sa volonté, malgré qu'il soit assuré lui avoir rendu une justice exacte dans toutes les affaires qu'il a eues devant lui, il déclare s'abstenir de la connoissance de la *cauze* du citoyen Couturier, l'invitant à se dégager de toute prévention et d'ôter de son cœur la haine qu'il porte contre un homme *quy* ne lui a jamais fait aucun *tord* et *quy* n'a envie d'en faire à personne (1) ».

Couturier avait-il des raisons sérieuses pour récuser son juge? Nous posons la question sans pouvoir la résoudre, mais on conviendra que la réponse du juge ne manquait pas de dignité.

François Riquet vint à décès le 13 octobre 1808 « dans sa maison des Maiteries, paroisse de Saint-Pallais » ; il était âgé de 63 ans (2).

Le défunt avait épousé, au commencement de l'année 1769 (3) Marie Richard, née à Saintes le 3 septembre 1744, fille de Charles Richard, marchand, de la paroisse des Gonds (4), et de feue Marie Geay, son épouse.

De son mariage avec Marie Richard, décédée elle-même à la Grelaudrie, commune de Saintes (5) à l'âge de 87 ans, le 22 juin

---

(1) *Archives de la justice de paix du canton sud de Saintes.*

(2) *Registres de l'état civil de la ville de Saintes.*

(3) Le contrat de mariage de Riquet avec Marie Richard a été passé, le 23 janvier 1769, devant Rétif, notaire (*Etude de Mᵉ Rouyer*).

(4) Charles Richard, qualifié de « peigneur de laines » dans son contrat de mariage avec Marie Geay, du 22 juin 1731 (*Minutes de Senné*, notaire royal à Saintes), était fils de Gilles Richard, serger, de la paroisse de Saint-Eutrope, et de son épouse, Catherine Castagnary. Cette dernière, très vraisemblablement, devait avoir des liens de parenté avec la famille de Michel Castagnary, mégissier à Saintes, rue du Pont des Monards, qui, de son mariage avec Jeanne Garestier, eût un fils, Jules Antoine Castagnary, né à Saintes le 11 avril 1830, mort à Paris le 11 mai 1888, ancien clerc de Mᵉ Bourdin, notaire en cette ville, puis critique d'art et journaliste, lequel, ami de Léon Gambetta et de Gustave Courbet, devint sucessivement président du conseil municipal de Paris (1879), Conseiller d'Etat, Directeur des Beaux-Arts (1887). (Voir, sur J.-A. Castagnary, Gustave Vapereau, *Dictionnaire des Contemporains*, page 373, 5ᵉ édition; Paris, Hachette et Cⁱᵉ, 1880).

(5) Le domaine de la Grelaudrie (ou des Métairies) était propre à Marie Richard, qui l'avait recueilli dans les successions de ses père et mère décédés, le premier antérieurement au mois de novembre 1780 (Voir un acte de Rétif, notaire, du 20 novembre 1780, contenant vente au marquis de Monconseil) et la seconde avant le 23 janvier 1769, date du contrat de mariage des

1832, Riquet eût quinze enfants, neuf garçons et six filles. Deux de ses fils, Jean Joseph Riquet et François-Yves Riquet servirent dans les rangs de l'armée française et moururent : le premier, capitaine au régiment de l'Isle de France, à Preston, près d'Halifax (Nouvelle-Écosse), où il était prisonnier de guerre sur parole, le 20 mai 1811 ; le second, lieutenant au 12ᵉ bataillon de la République à Buitenzorg, près Batavia (Indes Néerlandaises), le 21 août 1822 (1). — Un troisième fils, Jacques-Philippe Riquet, lui-même ancien militaire, décéda, célibataire, âgé de 66 ans, au lieu susdit de la Grelaudrie, le 6 mars 1843. Les autres garçons semblent être tous morts en bas âge. Quant aux filles, quatre d'entre elles descendirent au tombeau bien avant leurs parents ; une autre, Monique-Agathe Riquet, s'éteignit, sans alliance, à l'âge de 83 ans, à la Grelaudrie, le 20 février 1868. La sixième et dernière, Marie-Thérèse Riquet, épousa, à la mairie de Saintes, le 19 octobre 1815, Jean-Paul Auger, teinturier dans cette ville (2), et y mourut le 30 août 1879, âgée de 94 ans. Elle laissait deux enfants nés de son union avec celui-ci, prédécédé à Saintes, le 5 septembre 1856, savoir : 1° Marie-Zélie Auger, épouse de Charles-Henri Barbot, pharmacien à Saintes, rue de l'Arc-de-Triomphe, morte à la Grelaudrie, le 30 juin 1873 ; 2° et Charles Philippe Auger, teinturier, décédé le 12 janvier 1900, marié à Célestine-Augustine Pelluchon, qui le suivit dans la tombe le 22 du même mois, et dont il eût : a) Marie Auger, épouse de

---

époux Riquet. Il fut ensuite la propriété indivise de Jacques-Philippe Riquet, de Monique-Agathe Riquet et de Marie-Thérèse Riquet, épouse Jean-Paul Auger, ses trois enfants survivants. — Charles-Philippe Auger en devint seul propriétaire, savoir : pour une partie, comme héritier de sa mère, et, pour l'autre partie, pour l'avoir recueillie dans la succession de la veuve Barbot, née Zélie Auger, sa sœur germaine, laquelle la tenait elle-même de Monique-Agathe Riquet, sa tante, suivant acte de donation, reçu par Mᵉ Deschamps, notaire au Douhet le 27 mars 1861. — Cette propriété appartient actuellement à M. Eugène Triplon, beau-père de M. Octave Lauraine, député de la première circonscription de Saintes, pour s'en être rendu adjudicataire à la barre du tribunal civil de cette ville le 21 décembre 1900.

(1) *Registres d'actes de l'état civil de Saintes.* Le décès de Jean-Joseph Riquet a été transcrit le 29 janvier 1821 et celui de François-Yves Riquet le 10 juin 1829. Pour ce qui concerne ce dernier on peut consulter un acte de notoriété dressé, à la date du 23 octobre 1838, par le juge de paix du canton nord de Saintes (*Archives de la justice de paix dudit canton*).

(2) *Le contrat de mariage des époux Jean-Paul Auger a été reçu par Huvet, notaire à Saintes, le 15 octobre 1815 (Étude de Mᵉ Ronyer).*

M. Edouard Chabasse, pharmacien à Saint-Jean-d'Angély ; *b*) et Charles-Victor-Eugène Auger, né à Saintes, le 23 février 1851, mort à Diconche, commune de Saintes le 20 juin 1900, lequel, après avoir travaillé comme clerc chez M^e Lambert, notaire à Saintes, fut, pendant la guerre de 1870, sous-officier dans la compagnie des francs-tireurs saintais (capitaine Louis Planty), conseiller municipal républicain de sa ville natale (mai 1888), rédacteur en chef du *Rappel Charentais*, collaborateur à la *Constitution* de Cognac dirigée par Alcide Hillairet, d'Aumagne, et au *Peuple*, dont il fut l'un des fondateurs, correspondant, à Saintes, de *la Petite Gironde*, et l'auteur de quelques ouvrages : *Saintes en Normandie* (Saintes, Imp. Loychon et Ribéraud, 1880) ; *Les Veillées littéraires*, 2 vol., 1887 ; *A propos de l'Epidémie de Saintes* (1883) (1).

François Riquet, le juge de paix, eût un frère ainé, Pierre Riquet, né à Chepniers, le 13 juillet 1743, qui fut capitaine des chasses à Montlieu, et deux autres frères germains plus jeunes. L'un, François Riquet, sieur du Bois-du-Roi, né vers 1748 (2), fut notaire, en 1773, audit Cercoux, et fut maire de cette commune qu'il habita jusqu'à son décès arrivé le 27 août 1808. Il avait épousé à Saint-Saturnin de Cercoux le 5 février 1777, la « demoiselle » Marie Ragot, dont il eut un fils, Jean Riquet, qui a représenté, du 4 janvier 1831 à 1839, les cantons de Montlieu et de Montguyon au Conseil général du département et a exercé les fonctions de juge de paix dans le premier de ces cantons depuis le 30 mars 1841 jusqu'au 14 avril 1848 (3).

L'autre frère de François Riquet, Pierre-Augustin Riquet, né le 19 février 1753, à Chepniers, fut successivement avocat au

---

(1) Voir les articles nécrologiques sur Charles Auger publiés dans les journaux de Saintes : *l'Indépendant de la Charente-Inférieure* et *Moniteur de la Saintonge* du 21 juin ; *le Peuple* et *le Progrès*, du 22 juin ; *Revue de Saintonge et d'Aunis*, du 1^er juillet 1900, page 256.

(2) Nous trouvons cette date dans l'article ci-après énoncé de M. le baron Trigant de la Tour. L'acte de décès de François Riquet indique qu'il est mort à 60 ans et qu'il était né à Cercoux. On ne trouve pas, cependant, à Cercoux, de 1743 à 1752, la naissance dudit François Riquet. Est-il né à Chepniers ? Le registre de 1748 de cette dernière commune manque. (Renseignements dus à M. Brochard, commis-greffier du tribunal civil de Jonzac).

(3) Voir un article de M. le baron Trigant de la Tour, dans le *Recueil de la Commission des Arts et Monuments historiques de la Charente-Inférieure* (1899-1901), page 527. — Cf. *Assemblées Electorales de la Charente-Inférieure*, page 337.

Parlement de Bordeaux, administrateur du département de la Charente-Inférieure (27 juillet 1790), député à l'Assemblée Législative, où il eût un rôle assez effacé (31 août 1791) ; commissaire national près le tribunal du district de Montlieu, séant à Montguyon (1792-1793), juge de paix de Montlieu (1796), conseiller général (8 juin 1800), président du collège électoral de Jonzac (28 octobre 1808) et mourut célibataire à Orignolles dans sa maison au lieu de chez Barbin, âgé de 59 ans, le 14 novembre 1812 (1).

François Riquet était encore cousin au troisième degré de Pierre-Léger Ratier, dit Ratier de Monguyon, né à Cercoux le 13 novembre 1749, époux de Jeanne-Victoire Galaux ou Galaup (de La Roche-Chalais), mort, sans postérité, le 5 novembre 1822, à Lussière, commune de Cercoux, lequel fut avocat au Parlement, fit partie de la commission chargée de rédiger le cahier des vœux et doléances du Tiers-Etat de la sénéchaussée de Saintonge, fut élu par cet ordre député aux Etats-Généraux de Versailles (21 mars 1789), se montra partisan des idées nouvelles, prêta le serment du Jeu de Paume (2) et après le coup d'Etat du 18 brumaire, auquel il donna son adhésion, fut nommé sous-préfet de Jonzac le neuf germinal an VIII (30 mars 1800) et le 27 brumaire an XII (19 novembre 1803) élu par le Sénat Conservateur député de la Charente-Inférieure au Corps Législatif, où il siègea obscurément jusqu'à la fin de l'Empire (3).

---

(1) Renseignements donnés par M. Brochard. Consulter sur Pierre Augustin Riquet : *Assemblées Electorales*, *loc. cit. supra* ; *Dictionnaire des Parlementaires Français*, tome IV, page 151, *Biographie Moderne*, à Breslau, chez Korn, 1806, tome IV, page 170; *Biographie de la Charente-Inférieure*, par H. Feuilleret et de Richemond, tome II, page 623, Niort, Clouzot et La Rochelle H. Petit, 1877.

(2) La signature de Ratier, qui est la 636me, figure sur le registre entre celles de Le Deist de Botidoux, député suppléant du Tiers de la sénéchaussée de Ploërmel, et de Meusnier du Breuil, lieutenant général au présidial de Nantes, député du tiers du bailliage de cette ville (*Liste des signataires du Serment du Jeu de Paume par ordre d'inscription, copiée sur la minute aux Archives nationales. Archives parlementaires*, 1re série, tome VIII, page 660.

(3) *Dictionnaire des Parlementaires Français*, tome V, page 91. — Cf. un article du Dr Ch. Vigen publié dans l'*Almanach du canton de Montlieu* pour l'année 1907, page 57 et suiv. (Imprimerie de Javarzay-Chef-Boutonne (Deux-Sèvres).

### II. — Denis Prieur.

Denis Prieur, né à Juicq (1), le 31 décembre 1731, appartenait à une ancienne famille du pays. Il était fils de « Maistre Denis Prieur de Grandville, praticien, juge civil et criminel de Saint-Hilaire de Villefranche, notaire au comté de Taillebourg et procureur fiscal des terres et seigneuries du Douhet et Vénérand », qui mourut le 15 juillet 1770, à Saintes, âgé de 70 ans, et de « demoiselle » Marguerite Besnard (2).

Le 24 mars 1787, suivant contrat, passé devant Petit, notaire royal à Saintes, contrôlé le lendemain par Tardy, Prieur, qualifié dans ce contrat de « bourgeois » (3), acheta, moyennant la somme de 1800 livres à Jean Duplais des Touches, de la paroisse de Luchat, l'office de changeur pour le roi (4) que celui-ci avait lui-même acquis des héritiers de Louis Robin, le 10 août 1760, par acte au rapport de Senné fils, prédécesseur dudit Petit (5). Il fut investi de cette fonction par lettres du roi datées du 13 février 1788 (6).

Après le grand mouvement de 1789, qui transforma l'organisation politique et sociale de la France, Prieur fit partie des vingt-quatre notables proclamés élus le 26 février 1790 (7) et,

---

(1) Il fut baptisé le 1er janvier 1732 et eût pour parrain « Iaque Mesnard, maistre sirurgien » et pour marraine « Margueritte Prieur » *(Extrait des registres paroissiaux de Juic*, Archives de cette commune).

(2) Les *Études et Documents sur Saintes* (page 81) donnent par erreur, pour père à Denis Prieur, Christophe Prieur, notaire royal à Saintes, époux de Marie ou Marianne Monvoisin, décédé le 25 juin 1746, lequel était son oncle paternel, ainsi que l'établit une sentence arbitrale rendue entre les héritiers du dit Christophe Prieur-Monvoisin et ceux de Denis Prieur-Besnard. (Acte de Petit du 18 avril 1776).

(3) Le mot *bourgeois* était distinctif et honorifique ; il indiquait qu'on appartenait à une classe sociale au-dessus des artisans et du peuple. On pouvait être bourgeois et marchands ; on ne pouvait pas être noble et marchand.

(4) On appelait ainsi, sous l'Ancien Régime, ceux dont le métier était de changer les monnaies les unes contre les autres et donner le prix de la monnaie légale et de celle qui était altérée ou décriée moyennant certains droits qu'ils percevaient. Les changeurs étaient placés sous la juridiction et la surveillance de la Cour des Monnaies. L'Assemblée Nationale, par le décret du 21 mai 1791, fit disparaître leurs offices.

(5) *Étude de Me Laferrière.*

(6) *Études et Documents sur Saintes*, page 500.

(7) *Journal Patriotique de Saintonge et d'Angoumois* du 7 mars 1790.

au mois de novembre suivant, ainsi que nous l'avons vu plus haut, il fut choisi par les électeurs comme juge de paix de Saintes pour les paroisses de la campagne (1). Il remplit cette fonction jusqu'à son décès, survenu à Saintes le 5 messidor an XI (24 juin 1803) ; il avait alors 71 ans.

Il nous paraît intéressant, avant d'aller plus loin, de faire le récit, à l'aide de documents certainement inédits, de deux épisodes de son existence, qui permettent de supposer que Prieur était d'un naturel bon et serviable.

Premièrement : A la suite d'une procédure criminelle, instruite à sa requête par le juge de la Tournelle de Saintes (2), contre Jean Billard, directeur de la poste aux lettres de cette ville, coupable de lui avoir donné un soufflet — pour quels motifs ? — Denis Prieur avait obtenu, le 8 avril 1778, une sentence (3), confirmée par un arrêt du Parlement de Bordeaux le 9 août 1780, par laquelle ledit sieur Billard était condamné à déclarer à Prieur, en présence de quatre notables bourgeois de la cité, dans la maison du plaignant, sise à Saintes, « rue Porte-Eguière », paroisse de Sainte-Colombe, que c'était « témérairement, méchamment et brutalement, qu'il avait frappé le sieur Prieur et qu'il lui en demandait excuse et pardon. » Billard, déférant aux injonctions de justice, dont il avait reçu signification par le ministère de Poitevin, « premier huissier au présidial », se rendit le 17 août 1780, jour imparti, dans la demeure de Prieur, où se trouvaient assemblés, sur l'invitation de celui-ci, Ambroise Buisson, receveur de l'entrepôt du tabac, Jacques Laurent et Jean Viauld, marchands, et Jean-Pierre Buisson, médecin, tous les quatre habitants de Saintes, ainsi que Jean-Baptiste Petit, notaire royal en la même ville, appelé également

---

(1) *Le journal du chanoine Legrix*, publié par la *Commission des Arts et Monuments de la Charente-Inférieure*, t I, page 16, et la *Monographie de Saintes* par l'abbé Lacurie, page 123 (Saintes, Scheffler, 1863) l'appellent Prieur-Grandville, mais à tort, car, dans tous les actes, il est, à notre connaissance, dénommé simplement Denis Prieur Cette dénomination s'applique à son frère, Jean Prieur, négociant de la paroisse de Vénérand.

(2) Nom donné à la Chambre criminelle dans l'ancien Parlement (consulter spécialement à ce sujet. l'*Encyclopédie ou Dictionnaire raisonné des sciences, des arts, des métiers*, par Diderot et d'Alembert, t. XIV, *op. cit.* — Cf. *Nouveau Larousse illustré*, t. VII, page 1071, Paris, s. d.

(3) Cette sentence ne se trouve pas aux Archives de la Charente-Inférieure, peut-être est-elle déposée dans celles de la Gironde ? (Renseignements donnés par M. Meschinet de Richemont, archiviste honoraire départemental.)

pour dresser tel procès-verbal que de droit. Prieur, qui se tenait dans une chambre voisine, instruit de l'arrivée de Billard, lui fit savoir, par sa domestique, en présence des témoins et du notaire, que la démarche que « son insulteur » venait de faire, lui suffisait comme réparation (1).

Deuxièmement : Le 4 avril 1791, Denis Prieur, assisté de Pierre Couraud et de Blaise Vallet, prud'hommes assesseurs de la paroisse de Saint Georges des Coteaux, et de Pierre Coëffé, son greffier, était saisi d'une action dirigée par la nommée Marie Fouché, veuve Bret, domiciliée au faubourg des Dames, paroisse de Saint-Pallais-les-Saintes, contre un certain Vandais, cordonnier au bourg de Chaniers, en paiement d'une somme de 13 livres 10 sols qu'il lui devait Le défendeur, ayant sollicité délai pour se libérer de la dette « attendu la dureté des temps », et la demanderesse lui ayant répliqué qu'elle ne pouvait pas l'attendre « étant elle même sans pain », Prieur rendit la décision suivante : » Nous, juge de paix, voyant l'impossibilité du sieur Vandais de *conter* cette somme présentement et voyant aussi le besoin de ladite Bret, nous avons tiré de notre poche les dites treize livres dix sols que le sieur Vandais a *prise* et a *conté* à la susdite Bret ; de tout quoi elle lui *octrois* quittance, et ledit Vandais s'engage à les remettre audit Prieur dans trois mois de ce jour » (2).

Certes, cette sentence — qui n'a pas dû, sans doute, faire jurisprudence — n'était rien moins que conforme aux stricts principes du droit, mais il faut convenir qu'au point de vue humanitaire le geste du magistrat était beau et peu banal.

Denis Prieur avait épousé le 4 janvier 1761, Julie de la Capmesure (*alias* Marie), née à Saintes, alors âgée de dix-huit ans (3), procédant avec le consentement de Marie Guibert, veuve Villain, son aïeule maternelle et sa tutrice, après avoir fait précéder leur union d'un contrat de mariage, retenu par

---

(1) Procès-verbal, dressé par Petit, notaire, le 21 août 1780, contrôlé à Saintes le même jour par de Saint-André (Étude de M⁰ Laferrière).

(2) *Registres de la Justice de paix du canton nord de Saintes.*

(3) Les registres paroissiaux de Saintes énoncent que, le 27 octobre 1744, une fille de « M⁰ de La Capmesure » dont le prénom n'est pas indiqué, fut ondoyée sur les fonts baptismaux de l'église cathédrale et paroissiale de Saint-Pierre par Barbo, curé, « du consentement verbal de l'abbé La Coré, vicaire général en chef du diocèse, à cause de l'absence du parrain ». La coïncidence de l'âge fait présumer qu'il s'agit de Julie de La Capmesure.

Jean Chotard, notaire royal à Ecoyeux, ledit jour 4 janvier 1761, contrôlé à Brisambourg (1).

Julie de la Capmesure était fille de Charles (*alias* Pierre) de la Capmesure, procureur au présidial de Saintes, y demeurant « rue des *Ballays*, paroisse de St-Maur », qui semble avoir exercé cette fonction depuis le 17 avril 1741 jusqu'au 21 juillet 1749 (2), et de Marie (*alias* Thérèse) Villain.

Charles de La Capmesure, fils de Jean de La Capmesure, marchand, et de Louise Arnoul, son épouse, avait contracté mariage le 24 janvier 1741, en l'église de Talmont-sur-Gironde, avec Marie Villain, fille de Joseph Villain, capitaine de navires et de « l'honneste femme » Marie Guibert, demeurant en ladite ville de Talmont (3), après avoir fait régler les conditions civiles de leur union par un contrat au rapport de Caverne, notaire à Corme-Ecluse, le 14 janvier de la même année, contrôlé à Cozes le 25 dudit mois par Bargignac (4).

De ce mariage était née à Saintes, le 22 novembre 1741, indépendamment de l'épouse de Denis Prieur, une autre fille, Marie-Louise de La Capmesure, qui, étant « atteinte des plus grandes et plus dangereuses infirmités », alla, après le décès de ses parents et de son aïeule Marie Guibert, veuve Villain, faire, d'abord, sa demeure (dès l'année 1774) au couvent général de La Rochelle, mais prit ensuite le parti de résider avec les conjoints Prieur, ainsi que le constate un acte, passé devant Petit, notaire, le 21 septembre 1785, en vertu duquel ces derniers prirent l'engagement de la garder dans leur domaine de l'Essart, la nourrir, vêtir et soigner, tant en santé qu'en maladie, moyennant une pension annuelle de 700 livres (5). Elle est,

(1) *Registres de la paroisse du Douhet.* — Dans l'acte de mariage, Denis Prieur est qualifiée de « marchand », son épouse est appelée « Marie Capmesure » ; dans son acte de décès, ci-après relaté, comme, du reste, dans les autres actes la concernant, celle-ci est dénommée « Julie de La Capmesure ».

(2) Le nom de La Capmesure figure dans l'intervalle de ces deux dates, sur les registres du présidial de Saintes. Le 23 juillet 1749, il vendit son office à Isaac Pasquier, de la paroisse de Rioux, par acte de Senné, notaire royal à Saintes (*Étude de M⁰ Laferrière*).

(3) *Registres paroissiaux de Talmont-sur-Gironde* (Archives du greffe civil de Saintes).

(4) Les minutes de Caverne ont été déposées en l'étude de M⁰ Massiou, notaire à Saujon, que nous remercions ici d'avoir bien voulu nous donner les renseignements utiles à notre travail.

(5) *Étude de M⁰ Laferrière.*

d'ailleurs, décédée chez eux à La Chapelle-des-Pots, le 30 janvier 1793.

Pour en terminer avec la famille de la femme de Denis Prieur, disons que Charles de La Capmesure, son père, avait, croyons-nous, une sœur, Victoire de La Capmesure, épouse de Jean Benasté, notaire royal à Pérignac (1736-1780), décédée paroisse de Saint-Martin de Pons, le 13 septembre 1788, à 65 ans environ, et deux frères, dont l'un François de La Capmesure fut avocat en la cour ; l'autre, Nicolas de La Capmesure, docteur en théologie, fut curé de Thaims, puis de la paroisse de Saint-Saturnin de Coulonges, diocèse de Saintes, et mourut, à l'âge de 89 ans, le 7 octobre 1784, à l'Essart, chez les époux Denis Prieur, ses neveu et nièce, avec lesquels il était venu habiter, et qu'il avait institués ses donataires, aux termes d'un acte de Petit du 4 août 1776. Enfin Charles de La Capmesure eut un cousin germain, Joseph de La Capmesure, juge bailli à Talmont, qui signa à son contrat de mariage en qualité de témoin.

Julie de La Capmesure, veuve Denis Prieur, mourut, le 30 novembre 1817, sur son bien de campagne de l'Essart, âgée de 73 ans, « par suite d'asthme ou de fluxion de poitrine », ainsi que le porte son acte de décès (1).

Les époux Denis Prieur étaient morts sans postérité, comme l'indique un acte de notoriété, dressé par le juge de paix du canton Nord de Saintes le 23 messidor an XI (12 juillet 1803), mais par un autre acte, reçu le 8 floréal de la même année (28 avril 1803) par Brejon de Lamartinière, alors premier suppléant de la justice de paix dudit canton (2), homologué le 17 du même mois (7 mai) par le tribunal civil de première instance de Saintes (3), ils avaient déclaré adopter leur nièce, Marthe Prieur, née à Tonnay-Charente, le 16 septembre 1774, du mariage de Charles-François Prieur, d'abord marchand, ensuite directeur de la poste aux lettres du bureau de Charente, frère germain de Denis Prieur, et de feue Françoise-Marguerite Banchaud (4). Marthe Prieur, à l'âge de 20 ans, épousa, le 19

---

(1) *Registres d'état civil de la commune de La Chapelle-des-Pots.* (Archives du greffe du tribunal civil de Saintes.)

(2) Archives de la justice de Paix du canton Nord de Saintes.

(3) Archives du greffe du tribunal de première instance de Saintes.

(4) *Et non Blanchard* comme il est dit dans les *Études et Documents sur Saintes* (page 82).

(Voir au surplus l'acte d'adoption et l'acte de mariage de sa fille, sus-relatés. Marguerite Banchaud était fille de Pierre Banchaud et de Marguerite Jaguenaud.)

messidor an II (7 juillet 1794), devant l'officier de l'état civil de
la commune de Saintes, Jean Baudry, âgé de 31 ans, homme de
loi, né à Lonzac, le 13 janvier 1763, fils de Pierre Baudry, pro-
priétaire-cultivateur, et de Françoise Barberaud, son épouse,
demeurant en la commune de Lonzac, district de Pons (1).

Jean Baudry fut successivement administrateur du district
de Pons (24 vendémiaire an IV-16 octobre 1795), juge suppléant
au tribunal du département (6 pluviôse an VI-26 janvier 1798),
commissaire du gouvernement près le tribunal civil de l'arrondissement de Saintes (24 floréal an VIII-14 mai 1800), procureur impérial au même siège (en l'an XII-1804) et confirmé par
la Restauration dans cette fonction qu'il occupa jusqu'au mois
d'avril 1827. Elu membre de la Chambre des députés le 22
août 1815 et réélu le 4 octobre 1816 par le collège électoral de
la Charente-Inférieure, il fit partie de la députation, composée
entr'autres personnes du comte Charles-François Boscal de
Réals, maire de Saintes, du vicomte Louis Lemercier, du chevalier P. Hector Savary, ex-procureur du roi près la cour
d'assises du département de la Charente-Inférieure, laquelle,
les 1er et 7 février 1819, présenta au roi Louis XVIII, ensuite
au duc et à la duchesse d'Angoulême et au duc de Berry les
vœux de cinq des six conseils d'arrondissement de la Charente-
Inférieure pour le rétablissement de la préfecture à Saintes (2).
Après son admission à la retraite, Baudry, nommé président
honoraire (25 avril 1827) et chevalier de la Légion d'honneur,
mourut à Saintes, en son domicile, rue Porte-Aiguière, le 14
octobre 1830, à l'âge de 67 ans (3).

De son mariage avec Marthe Prieur, décédée le 16 août 1861,
à l'Essart, commune de La Chapelle-des-Pots, à 87 ans, il avait
eu : 1° Pierre-Denis Baudry, né à Saintes le 23 germinal an III
(12 avril 1795), substitut à Saintes (août 1819), procureur du roi
à Châtellerault (9 mars 1826) et à Saintes (29 mai 1827), vice-
président du tribunal civil de cette dernière ville le 15 février
1832, lequel y décéda le 3 mars 1834, âgé de 38 ans ; 2° Charles-
François Baudry, né à Saintes le 9 thermidor an V (27 juillet
1797), avocat, qui se noya accidentellement le 16 juillet

---

(1) *Registres de l'état civil de la ville de Saintes.*
(2) *Moniteur Universel* des 2 et 8 février 1819, pages 131 et 156, n°ˢ 33 et 39.
(3) *Registres de l'état civil de la ville de Saintes* ; Piet-Lataudrie, *op.
cit.,* page 89 : *Documents sur Saintes*, page 95 ; *Dictionnaire des Parlementaires Français*, tome I, page 206.

1825, à l'âge de 28 ans, en même temps que Jean-Jacques Giraudias, greffier provisoire du tribunal de simple police (fils de l'avoué de ce nom), avec lequel il se baignait dans la Charente, au Port-La-Rousselle (1) ; 3° Denis-Eutrope-Louis Baudry, né aussi à Saintes le 12 floréal an VIII (2 mai 1800), notaire à Saintes, époux de Marie-Anne-Eléonore Berton, mort en ladite ville le 4 septembre 1847, dont le fils, Etienne Baudry, dit de Rochemont, publiciste, auteur de plusieurs ouvrages qui, au moment de leur publication, eurent un certain succès de curiosité (2), fut l'ami des peintres Corot, Courbet, Auguin, Pradelles, et est décédé à 78 ans, le 8 octobre 1908, à Royan, où il s'était retiré (3) ; 4° Françoise-Julie Baudry, née à Saintes le 8 mai 1808, décédée au château de Molante (Vienne) le 21 avril 1891, à 83 ans ; elle s'était mariée à Saintes le 26 août 1828 avec Louis-Antoine-Augustin de Lauzon (4), né à Chauvigny (Vienne) le 22 brumaire an IX (13 novembre 1800), qui fut juge auditeur à Niort (20 avril 1825), substitut à Parthenay (10 avril 1826), à Saintes (8 mars 1827), procureur du roi à Melle (11 octobre 1830), à Saint-Jean d'Angély (31 janvier 1833), à Saintes, en remplacement de M. A. Tortat (31 mai 1848), conseiller à la cour d'appel de Poitiers (29 octobre 1853), membre du conseil d'arrondissement du canton Nord de Saintes (1er août 1852) et décéda,

---

(1) Le nommé Guillorit, dit Blanchon, gabarier à Saintes, qui se trouvait près du lieu de l'accident, eut l'inhumanité de refuser ses services personnels et son bateau, et fut condamné, pour ce fait, en vertu de l'article 479, § 12, du Code pénal, à une amende de 10 francs par le tribunal de simple police de Saintes, présidé par Voix, juge de paix du canton Nord. (Archives de ce tribunal).

. (2) *Les Bras mercenaires*, Paris, A. Lacroix, 1866, in-8° ; *Le Paysan aux élections de 1869*, Poissy, typ. Abrieu, Lejay et Cⁱᵉ, 1869, in-32 ; *La Fin du monde*, ouvrage politique, économique et humouristique, avec préface d'Edouard Laboulaye, Paris, Dentu, 1871. — *Le Camp des Bourgeois*, orné de dessins de Courbet, Paris, Dentu, 1868, etc.

(3) *La Revue de Saintonge* du 1er janvier 1909, page 7, contient un article nécrologique sur Etienne Baudry.

(4) Il faisait partie de la troisième branche des de Lauzon. (Consulter au sujet de cette famille, qui appartient à l'histoire locale et dont le nom se retrouve parmi les maires de Poitiers, les conservateurs des privilèges de l'Université, les trésoriers du bureau des finances, les membres du présidial, le *Dictionnaire historique et généalogique des familles de l'ancien Poitou*, par H. Beauchet-Filleau et H. de Chergé, tome II, page 11, 1re édition, Poitiers, imp. de A. Dupré, 1840. Par jugement du tribunal civil de Saintes du 30 mars 1909, le nom de « *Delauzon* » inscrit à l'état civil, a été rectifié en « *de Lauzon* ».

dans cette dernière ville, chevalier de la Légion d'honneur, le 18 octobre 1876, à l'âge de 75 ans.

Denis Prieur était-il, comme on l'a dit (1), le troisième de dix-huit enfants, issus du mariage des époux Prieur-Besnard ? Nous ne sommes pas en état de nous prononcer sur ce point, n'ayant pu vérifier le fait, mais ce que nous pouvons affirmer c'est que, lorsque, suivant contrat retenu par Dalidet, notaire à Saintes, le 10 octobre 1770 (2), les enfants des conjoints Prieur procédèrent au partage des immeubles dépendant des successions de leurs parents, ils n'étaient plus qu'au nombre de dix, savoir : 1° Denis Prieur, dont s'agit ; 2° Charles-François Prieur, de Tonnay-Charente, aussi susnommé ; 3° Jean Prieur-Granville, négociant, de la paroisse de Vénérand, qui, le 18 janvier 1780, épousa, dans l'église de Saint-Vivien-lès-Saintes, Magdelaine Giraudau, fille de Jean Giraudau, bourgeois, et de « fue » Marie Rose Gourgue, et qui fut député de Saint-Pierre de Juicq aux Etats provinciaux et l'un des signataires du *Cahier des vœux et doléances* du Tiers-Etat de la sénéchaussée de Saint-Jean d'Angély, arrêté devant Jean-Joseph de Bonnegens, seigneur des Hermitans, conseiller du roi, lieutenant-général de cette sénéchaussée, président de l'assemblée des trois ordres de ce ressort (21 mars 1789) (3) ; 4° Jean-Baptiste Prieur, alors clerc minoré, du diocèse de Saintes, demeurant à Poitiers, paroisse de Saint-Savin, depuis curé de Coulonges-en-Pons, Chaniers, Taillebourg, Juicq, Le Douhet, Vénérand et La Clisse, où il mourut le 17 juin 1835, à 88 ans (4) ; 5° Anne Prieur, décédée, célibataire, à Juicq le 16 avril 1816 ; 6° Marthe Prieur, domiciliée en la paroisse de Vénérand ; 7° Marguerite Prieur, qui devint, le 8 janvier 1776, épouse d'Isaac Beaudouin, bourgeois, demeurant à Taillebourg, fils de Jean Beaudouin, négociant, et de feue « demoiselle » Marie Fourestier, de la paroisse du Douhet (5) ; 8° Marguerite-Jeanne Prieur, qui, devenue veuve de François Capmesure, fermier des terres et seigneuries du Douhet et Etrées, se remaria, le 16 août 1768, en l'église d'E-

---

(1) *Etudes et Documents sur Saintes*, page 82.

(2) Etude de M° Rouyer.

(3) *Etudes et Documents sur Saintes*, page 83 *Saint-Jean d'Angély sous la révolution*, p 58, cit. *infrà*.

(4) *Registres de l'état civil de la commune de la Clisse*. (Archives du greffe de Saintes).

(5) *Registres paroissiaux de La Chapelle-des-Pots*. (Mêmes archives).

coyeux, avec Jean Braud, praticien de cette paroisse, fils de
feu Me André Braud, huissier au Châtelet, et de Marie Simo-
net (1) ; 9° Catherine Prieur, qui, le 9 janvier 1765, devint
épouse de Pierre Ouzanneau (2), avocat et officier dans la connétablie, fils de feu Jean Ouzanneau et de Jeanne Loustallot (3),
de la ville de Saint-Jean d'Angély ; 10° et Louise Prieur, mariée
à Pierre (alias Pierre-Isaac) Beaudouin, sieur de Laudeberdrie,
de la paroisse du Douhet (4), frère germain d'Isaac Beaudouin,
qui précède. De l'union de Pierre Beaudouin, mort au Douhet,
adjoint au maire de cette commune, le 21 messidor an XII (10
juillet 1804) et de Louise Prieur, décédée au même lieu le 18
octobre 1851, à l'âge de 85 ans, est issu François-Etienne Beaudouin, né à Vénérand, le 20 septembre 1774, mort en 1855,
lequel fut médecin à Taillebourg, et épousa sa cousine, Julie
Beaudouin, fille d'Isaac et de Marguerite Prieur, dont il eut
une fille, Louise-Marguerite-Anastasie, née à Taillebourg vers
1801, décédée le 22 novembre 1883, en son domicile à La
Touche, commune de Crazannes, à l'âge de 82 ans, qui se
maria à François-Conrad Bron, médecin à Crazannes, et fut mère
de plusieurs enfants, dont l'un est M. Achille Bron, docteur en
médecine au dit lieu, conseiller général du canton de Saint-
Porchaire, chevalier de la Légion d'honneur. Ce dernier, de

---

(1) *Registres paroissiaux d'Ecoyeux.*

(2) *Registres paroissiaux du Douhet.* Les époux Ouzanneau-Prieur eurent,
de leur union, Denis Ouzanneau, qui fut notaire à Saint-Jean d'Angély
(1788-1818). Son étude, qu'il avait cédée à Thouvenin, a pour titulaire actuel
Me Hilleret.

(3) La mère de Pierre Ouzanneau devait certainement avoir des liens de
parenté avec Elysée Loustallot, fils de Elysée Loustallot, avocat à la cour,
maire de Saint-Jean d'Angély en 1792, et de la dame Marie-Marguerite-Louise
Caffin, lequel fut, du 11 juillet 1789 au commencement de septembre 1790, le
principal rédacteur du journal, les *Révolutions de Paris*, que l'imprimeur
Prudhomme venait de créer. (Voir sur le fameux publiciste, né à Saint-Jean
d'Angély en décembre 1761, mort à Paris le 19 septembre 1790, le livre de
M. Marcellin Pellet, *Elysée Loustallot et les Révolutions de Paris.* A. Le
Chevalier, Paris, 1872). Il est présumable que Pierre Ouzanneau devait
être, comme son parent maternel, un ardent partisan des idées nouvelles, car
il fut l'un de ceux qui établirent à Saint-Jean d'Angély la loge maçonnique
*l'Egalité* (19 mars 1764) et la *Société des Amis de la Constitution* (29 avril 1792).
(Lire à ce sujet *Saint-Jean d'Angély sous la Révolution et jusqu'à l'époque
contemporaine (1789-1909)* par M. Amédée Mesnard, Paris, H. Jouve).

(4) Pierre Beaudouin et Louise Prieur se marièrent canoniquement à
l'église de la paroisse de Saint-Seurin-les-Bordeaux, en 1771 ou 1772 (*Registres paroissiaux du Douhet*).

son mariage avec M^lle^ Rosalie Kreps, d'Anvers, a eu, lui-même, deux fils. L'un d'eux, M. le docteur Jean-Conrad-Edouard-Antoine Bron a épousé à Pons, le 3 août 1896, M^lle^ Charlotte-Coralie-Marie Combes, fille de M. Emile-Justin-Louis Combes, sénateur, président du Conseil général de la Charente-Inférieure, maire de Pons, ancien président du Conseil des ministres, et de M^me^ Marie-Angèle Dussaud.

Charles-François Prieur, de Tonnay-Charente, l'un des frères de Denis Prieur, avait eu de son mariage avec Françoise-Marguerite Banchaud, en outre de Marthe Prieur, épouse Jean Baudry, dont il a été parlé plus haut, deux fils, dont l'un, Pierre-Hector Prieur, fut receveur ambulant des droits réunis de l'arrondissement de Rochefort, puis contrôleur ambulant dans les contributions indirectes à Angoulême, enfin receveur principal des contributions indirectes à Saintes, où il mourut le 10 décembre 1827, à 45 ans, après avoir épousé Catherine-Suzanne Rousseau, fille de feu François-Denis Rousseau (1), notaire à Tonnay-Charente, et de Madeleine-Suzanne Charpentier. Il en eut une fille, Madeleine-Françoise-Victorine (*alias* Hectorine) Prieur, née le 7 mai 1814, qui, le 25 mai 1830, devint, à Tonnay-Charente, la femme du docteur René-Jean-Baptiste-Anne Briault, médecin en chef de l'hôpital de Saintes, lequel fut le fondateur et le premier président d'une société de médecins entre les trois arrondissements de Saintes, Jonzac et Marennes (29 décembre 1860), et mourut à Saintes le 28 janvier 1888, dans sa 84^e^ année. Le docteur Briault, né à Saintes le 22 messidor an XI (11 juillet 1802), était fils de Jean-Baptiste Briault, propriétaire, et de Marie-Rose Brudieu. Son père, qui lui-même était issu du mariage de René Briault (2), décédé à Saintes, président du

---

(1) François-Denis Rousseau, né le 24 mai 1754, était fils de Pierre Rousseau, notaire royal et procureur fiscal des ville et principauté de Tonnay-Charente, et de Marie Hardy, son épouse, laquelle était cousine germaine de Louis-Augustin Hardy, vicaire général de Saintes, principal du collège, archiprêtre de la cathédrale, né à Taillebourg en 1727, mort à Saintes le 9 août 1807, de Modeste Hardy, récollet, prieur de Montboyer, de Jacques Hardy, maire de Cognac (18 décembre 1772) et second juge au tribunal de Saintes (24 floréal an VIII), et de Charles-Augustin Hardy, en religion *P. Martial*, récollet, prédicateur en renom, né à Taillebourg en 1718, mort à Saint-Jean-d'Angély le 26 février 1757. (Voir *Documents sur Saintes*, p. 80. Cf. *Saint-Pierre de Saintes*, d'Audiat, p. 86, et *Biographie Saintongeaise*, de Rainguet, p. 303).

(2) René Briault était né à La Jard, vers 1744, de l'union de Jean-Baptiste

tribunal civil de cette ville, le 19 juin 1810, et d'Anne Serizier, se signala par l'acte suivant. Il était maire de La Jard quand, pendant les Cent-Jours, il reçut, comme les autres maires, les registres (1) pour l'inscription des votes concernant l'*Acte additionnel aux Constitutions de l'Empire* du 23 avril 1815, soumis à l'acceptation du peuple français. Fervent royaliste, Briault écrivit au bas du registre, déposé dans sa mairie : « Non, pour moi et pour toute ma commune » (2).

Pour en finir avec Denis Prieur, disons que, selon toute apparence, il devait exister des liens de parenté entre lui et ce Denis Prieur, procureur postulant, fils du lieutenant du vice-sénéchal de la maréchaussée de Saintes, qui, le 6 novembre 1670, aidé par son frère, Christophe Prieur, dit Fief-Blanc, et plusieurs archers, ses complices, tua de guet-à-pens, près du Château-Gaillard, commune de Juicq, Abraham Rocquemadour, sieur de Bon-Espoir, greffier du comté de Taillebourg, et obtint, le 4 août 1671, des lettres de grâce, rémission et pardon de cet homicide, moyennant une indemnité de 1.000 livres, allouée à la mère de la victime, Anne Boursicquot, veuve de Jacques Rocquemadour, ancien propriétaire du greffe de Taillebourg, décédé en 1665. M. Meschinet de Richemond, qui a raconté ce drame dans le *Bulletin de la Société de l'Histoire du protestantisme français* (numéro de septembre-octobre 1903), attribue le dénouement bénin de cette grave affaire à l'influence de la religion catholique, à laquelle appartenait le coupable, mais peut-être son opinion ne doit-elle être acceptée que sous certaines réserves ? (3)

---

Briault, notaire sous les sceaux de la sirerie de Pons (1758-1792), décédé audit lieu de La Jard, le 15 juillet 1793, et de Anne Brudieu. (Voir sur les Briault, *Documents sur Saintes*, pages 80 et 123).

(1) Le décret du 24 avril 1815 portait qu'il serait ouvert, au secrétariat de toutes les administrations et de toutes les municipalités, aux greffes de tous les tribunaux, chez tous les juges de paix, chez tous les notaires, des registres sur lesquels les citoyens seraient appelés à consigner leur vote, par *oui*, ou par *non*, sur l'acte additionnel aux constitutions. (*Bulletin des Lois*, XIX, n° 113, Duvergier ; *loc. cit.* tome XIX, page 411).

(2) *Journal du département de la Charente-Inférieure*, du 24 septembre 1816, n° XLIV, page 369. — A La Rochelle, chez Mareschal, imprimeur de la préfecture.

(3) Consulter sur les autres membres de la famille Prieur, *Etudes et Documents sur Saintes*, p. 81-83.

### Juges de paix nommés par le gouvernement

## A. — *Canton nord.*

### I. Brejon-Lamartinière.

Samuel-Alexandre Brejon-Lamartinière appartenait à une ancienne famille saintongeaise (1). Il était né à Saintes, le 15 novembre 1751 (2), paroisse Saint-Pierre, du mariage de Samuel-Alexandre Brejon-Lamartinière, seigneur du Petit Lauron, conseiller du roi et son premier avocat au sénéchal et siège présidial de Saintes, dont il sera parlé plus loin, et de Marie-Anne Brejon.

Elu assesseur du juge de paix du canton de Saintes (*extra-muros*), Brejon-Lamartinière fils fut, après la réorganisation des justices de paix de cette ville par l'arrêté sus-visé, du 27 brumaire an X, nommé suppléant du canton de Saintes, arrondissement du nord, ensuite juge de paix titulaire dudit canton en remplacement de Denis Prieur, décédé, par arrêté de Bonaparte, premier consul, en date du 3 ventôse an XII (23 février 1804). Il n'occupa ce siège que peu de temps, car il mourut, à son tour, sur son bien de campagne, au lieu de la Maisonneuve, commune de Chaniers, le 14 fructidor an XIII (1er septembre 1805), à l'âge de 54 ans (3).

Samuel-Alexandre Brejon-Lamartinière laissait une veuve, Marie-Anne-Adélaïde Grégoireau, née à Saintes, le 29 novem-

---

(1) La famille Brejon, qui compte, parmi ses membres, des notaires royaux, des magistrats, des avocats, est originaire des Epaux, commune de Meursac, où, dès 1540, un Brejon était notaire. Samuel-Alexandre Brejon-Lamartinière appartenait à la branche cadette de la famille . A un moment donné, pour se distinguer les uns des autres, les membres de cette branche ont ajouté au nom patronymique un surnom tel que « de la *Martinière, de la Vergnée, de Grandchamp, du Brizard* (Voir *Revue de Saintonge* du 1er septembre 1906, p. 286-288).

(2) Il fut baptisé le lendemain dans l'église de la paroisse de Saint-Pierre (*Registres paroissiaux*, Archives de la mairie de Saintes).

(3) *Registres de l'état civil de la commune de Chaniers* (Archives du greffe civil).

bre 1769, du mariage de Jacques Grégoireau (1), docteur en médecine, et de Jeanne Duffort, qu'après le décès d'une première femme, Jeanne-Angélique Lys, il avait épousée devant l'officier municipal de la commune de Chaniers, le 10 prairial an III (29 mai 1795) (2). Aucun enfant ne paraît être issu de cette union. Ce qui est certain, c'est que par son testament olographe, daté du 15 frimaire an XIII (6 décembre 1804), déposé pour minute en l'étude d'Huvet, notaire à Saintes, le 24 fructidor de la même année (11 septembre 1805), Brejon-Lamartinière institua Marie-Anne-Adélaïde Grégoireau, son épouse survivante, pour sa légataire universelle, et que, de son côté, celle-ci décéda à Saintes, en son domicile rue Saint-Michel, le 29 août 1808, âgée de 38 ans, laissant, elle-même, un testament olographe, en date du 10 mai 1808, suivi d'un codicile du 12 août de ladite année, déposé pour minute à Godet, notaire à Saintes, le 29 août, par lesquels elle léguait tous ses biens à ses neveu et nièce Alexandre-Théodore et Elisabeth de Valles (*alias* Devalles ou Deval) (3), enfants mineurs, issus du mariage de sa sœur germaine, feue Catherine Grégoireau, avec Bernard-Alexandre de Valles, officier du régiment de Dauphiné, émigré pendant la Révolution et présumé mort (4), lequel était fils d'Alexandre de Valles, écuyer, seigneur de Feusse, et de Marie-Anne Michel de la Morinerie, de la paroisse

---

(1) Jacques Grégoireau était décédé à Chaniers le 7 septembre 1792, âgé de 72 ans, après avoir testé devant Petit, notaire à Saintes, le 4 septembre 1792. Il était de la famille de Laurent Grégoireau, sieur de la Maisonneuve, avocat au présidial, maire de Saintes (1665-1666), et avait pour frère Henry Grégoireau, prêtre, docteur en théologie, curé de la paroisse d'Allas-Bocage, décédé en 1787 (Voir *Etudes et Documents*, p. 46, note 2, et 83).

(2) L'union des époux Brejon-Lamartinière fut précédée d'un contrat, en réglant les conditions civiles, reçu par Petit, notaire public à Saintes, le 5 prairial an III (24 mai 1795). (*Etude de M. Laferrière.*)

(3) Adélaïde Grégoireau, veuve Brejon-Lamartinière, avait désigné comme exécuteur testamentaire, Nicolas Guilleau de Sersé, ancien juge au tribunal de Marennes (31 octobre 1791), magistrat de sûreté à Saintes, substitut du procureur général impérial près la cour criminelle du département de la Charente-Inférieure, qui fit procéder à la vente des meubles, dépendant de la succession de ladite dame, par Godet et Huvet, notaires à Saintes, suivant procès-verbal en date du 22 octobre 1808 et jours suivants (*Etude de M⁰ Foubert*).

(4) Le contrat de mariage des époux de Valles-Grégoireau avait été passé devant M⁰ Petit, notaire, le 26 avril 1791.

de Saint-Sornin de Marennes (1), et neveu par alliance de Jean-Nicolas-Antoine de Bourdeille, ancien conseiller doyen au présidial de Saintes, né à Saintes, le 17 janvier 1740, mort en la même ville, le 15 nivôse an XII (6 janvier 1804), fils de Jean Bourdeille, conseiller au même présidial, et de Marie-Anne Chevreuil, et époux de Catherine Michel de la Morinerie (2).

Le père de Brejon-Lamartinière, fut un personnage qui mérite d'attirer l'attention.

Fils de Samuel Brejon-Lamartinière (3), avocat au parlement

---

(1) Le 22 octobre 1767, Maillet, notaire royal à Saintes, a reçu le contrat de mariage d'Alexandre de Valles, écuyer, chevalier, domicilié à Rochefort, paroisse Saint-Louis, fils de messire Bernard-Médéric de Valles, écuyer, seigneur de Tesson et autres lieux, chevalier de l'ordre royal et militaire de Saint-Louis, ancien lieutenant d'artillerie et des vaisseaux du roi, demeurant à Cognac, paroisse de Saint-Léger, et de feue dame Marie Jaquart, son épouse, et de Marie-Anne Michel de la Morinerie, demeurant paroisse Saint-Michel de Saintes, fille de Jean-Isaac Michel de la Morinerie, seigneur de Diconche « vivant noblement », et de dame Catherine Cotard, son épouse, domiciliés en la paroisse Saint-Eutrope de Saintes (*Etude de M⁰ Foubert*).

(2) La sœur de Nicolas Bourdeille, Marie-Thérèse, était épouse de Charles-Louis Poitevin, sieur de Moléon, procureur du roi en l'Election, maire de Saintes le 27 floréal, an XI (17 mai 1803), *Etudes et Documents*, p. 89. 90.

(3) Samuel Brejon-Lamartinière eut encore de son union avec Jeanne Ardouin: 1° *Anne-Ursule*, décédée à Saintes, à 80 ans, le 18 avril 1807, mariée à François Fourestier, médecin du roi et des hôpitaux de Saintes, qui eut d'elle, Magdeleine Fourestier, épouse de Vincent Guérinot, ingénieur des ponts et chaussées du département de la Charente-Inférieure et adjoint au maire de Saintes, laquelle mit au monde Marie-Julie Guérinot, femme de Georges-Charles-Denis Legall de Kerwen, commissaire de marine, dont une fille, Marguerite-Julienne-Georgette-Élise Legall de Kerwen, qui s'unit, en mariage, à Saintes, le 11 décembre 1837, avec Charles-Victor Vallein, propriétaire, le fondateur du journal *l'Indépendant de la Charente-Inférieure* ; 2° et *Jeanne*, épouse de Gallocheau, Pierre, conseiller du roi en l'Election (en remplacement de Paillot de Beauregard, dont il avait acquis l'office par contrat de Senné du 8 avril 1742), qui, après la mort de celle-ci (24 décembre 1751), se remaria avec Jeanne-Françoise Gaudriaud, sœur de Armand-Guillaume Gaudriaud, subdélégué de l'intendant, maire et colonel de Saintes. Il eut de cette deuxième union : *a*) Pierre-Barthélemy-Amable-Honoré Gallocheau, né à Saintes le 19 octobre 1755, lequel fut juge de paix du Port-d'Envaux (1795), élu député à la Chambre, dite des Cent-Jours, par le collège électoral de la Charente-Inférieure (11 mai 1815), fut après juge au tribunal civil de Saintes (1816-1826) et mourut le 26 août de cette dernière année à Saint-Saturnin-de-Séchaud, époux d'Élisabeth-Olive Goujaud-Bonpland, sœur du docteur Aimé-Jacques-Alexandre Goujaud, dit Bonpland (22 août 1773-4 mai 1858), naturaliste rochelais, le compagnon de voyages et l'ami du célèbre Alexandre de Humboldt ; *b*) Marie-Claire-Jeanne-Françoise-Guillaume Gaudriaud, mariée, le 9 juin 1777,

de Bordeaux, et de Jeanne Ardouin son épouse, fille de François Ardouin, procureur au présidial, Samuel-Alexandre Bréjon-Lamartinière fut baptisé à Saintes, en la paroisse Saint-Pierre, le 25 janvier 1723 (1). Après de sérieuses études en droit civil et canonique, il acheta, suivant acte de Senné, notaire royal, du 25 août 1750, l'office de « conseiller du roy et son premier avocat au Présidial de Saintes », dont Pierre Guenon, écuyer, seigneur de Brives, était pourvu, pour la somme de 8.000 livres, qu'il paya à sa veuve, Elisabeth Lucas, et à sa fille, aux termes d'une quittance, reçue par le même notaire le 31 juillet 1759 (2).

Quand le décret des 16-24 août 1790 eut créé une nouvelle organisation judiciaire en France, il fut, par lettres patentes, datées du 1ᵉʳ octobre de ladite année, nommé par Louis XVI, commissaire du roi près le tribunal du district de Saintes (3) et prononça, en cette qualité, le 6 décembre 1790, lors de l'installation des juges, composant ce tribunal, un discours que l'on eut « bien de la peine à entendre à cause de la foiblesse de son organe », dit un gazetier contemporain (4). Il cessa de remplir cette fonction dont il s'acquittait très dignement, à la suite de l'incident suivant : Le 31 août 1792, il refusa de se présenter à l'audience pour requérir l'enregistrement de lois récentes, votées par l'Assemblée Législative, parmi lesquelles se trouvait le décret du 10 du même mois, édictant « la suspension du pouvoir exécutif », c'est-à-dire proclamant la déchéance de Louis XVI, et ce malgré l'invitation réitérée de Briault, qui présidait provisoirement, en l'absence du président, Bernard des Jeuzines, retenu à Paris, par son mandat de législateur. Le tribunal, après en avoir délibéré sur le champ, « considérant que ce refus ne pouvait être envisagé que comme une démission volontaire de sa place, ou comme une répugnance à faire respecter

---

à Philippe-Ferdinand Rondeau, dont il sera question plus loin. (*Registres d'état civil, Revue de Saintonge* du 1ᵉʳ mai 1901, p. 250-252, et *Études et Documents*, p. 70.)

(1) *Tables des actes des registres paroissiaux de Saintes, dressées par M. Gustave Brejon, ancien chef du bureau de l'état civil de cette ville.*

(2) *Étude de M. Julien-Laferrière.*

(3) *Le Tribunal de Saintes,* p. 8, par Piet-Lataudrie. *op. cit. supr.*

(4) *Journal Patriotique de Saintes et de la Charente-Inférieure,* rédigé par F.-M. Bourignon, numéro du 12 décembre 1790. — Le discours de Brejon-Lamartinière a été reproduit dans le *Tribunal de Saintes, op. cit. supr.,* chap. VII, pièce n° 1, p. 133.

ces mêmes lois », décida que Joseph Dubois, l'un de ses membres remplirait, provisoirement, les fonctions de commissaire du gouvernement, l'homme de loi, Jean-Pierre Viaud (1), choisi d'abord à cet effet, ayant, à cause de ses infirmités, décliné cette mission, dont Dubois resta chargé jusqu'à l'installation de Jean-Baptiste Tapon-Dupinier, qui eut lieu à la fin de novembre 1792 (2). Le tribunal ayant envoyé une copie de sa délibération au ministre de la justice (Danton), Brejon-Lamartinière fut dénoncé, pour le fait y relaté, à l'Assemblée Législative, dans sa séance du 6 septembre 1792, par Bernard (de Saintes), qui l'accusa, en outre, d'avoir fait émigrer ses enfants. Sur la motion de ce représentant, l'Assemblée rendit aussitôt un décret ordonnant que Brejon, « commissaire du roi », serait traduit à la barre, dans le plus court délai possible, pour rendre compte de sa conduite (3). Ce décret fut-il exécuté ? L'absence de documents sur ce point ne nous a pas permis de savoir la suite qui lui fut donnée. Toutefois, Brejon-Lamartinière ne semble pas avoir été trop inquiété, car il resta comme homme de loi près le tribunal de Saintes et même, si l'on s'en rapporte au récit de l'un de ses contemporains, il aurait protesté, avec la plus grande énergie, lors de la condamnation de Louis XVI. On lit, en effet, dans les *Mémoires* manuscrits du comte Pierre de Brémond d'Ars, député de la noblesse de Saintonge aux Etats-Généraux de 1789, que « Bréjon-Lamartinière, avocat du roi à Saintes, malade et septuagénaire, se fit porter au palais

---

(1) Jean-Pierre Viaud, né à Montpellier de Médillan, vers 1722 ou 1723, décédé, à Saintes, le 10 floréal an IX (30 avril 1801), à 71 ans, était fils de Pierre Viaud, notaire royal, juge de la baronnie et châtellenie de Cozes, et de Marie-Magdeleine Cadoreau. Il avait épousé, le 15 juin 1761, à Saint-Vivien-lès-Saintes, Marie-Anne Aubruchet, fille de Pierre Aubruchet, capitaine de navires particuliers, et de Marie-Anne Salomon, de la paroisse de Rochefort. Il était beau-frère de Nicolas Guillau de Sersé, avocat, conseiller du roi et procureur au siège de l'élection de Saintes, père du président du même nom. Viaud, qui était un homme spirituel et original, disait, paraît-il, assez volontiers, en montrant les mascarons, décorant la façade de la maison, bâtie par lui, rue du Palais (n° 4 actuel), — laquelle appartient aujourd'hui à M. Abel Mestreau, et est louée à M. Alban Guyonnet, avoué et conseiller municipal, — qu'elle était construite *avec des têtes de sots;* il faisait ainsi allusion à la naïveté des plaideurs. (*Revue de Saintonge* d'avril 1882, p. 313; *Registres d'état civil.*)

(2) *Plumitif des audiences du tribunal du district de Saintes, du 18 mai au 14 juin 1792.* (Archives du greffe civil.)

(3) *Archives Parlementaires,* 1re série, t. XLIX, p. 392.

et, là, s'éleva publiquement contre l'acte de la Convention. »

Qu'y a-t-il de vrai dans ce récit, reproduit plusieurs fois depuis ? (1). Nous n'en savons rien, mais il nous semble pourtant étrange que cette manifestation courageuse n'ait pas attiré immédiatement les foudres révolutionnaires sur la tête de son auteur. Il est, cependant, indéniable que l'ex-commissaire du roi était véhémentement suspect et qu'il fut, à un moment donné, l'objet de mesures rigoureuses de la part du Comité de Salut Public, qui s'était formé à Saintes, quelques jours après la défection de Dumouriez, le 11 avril 1793 (2). Dans sa séance du 2 mai suivant, en effet, « après avoir entendu la lecture de lettres, interceptées à la poste, faisant violemment soupçonner le sieur Brejon, dit Lamartinière, d'envoyer des fonds à l'un de ses fils, émigré », cette assemblée, considérant « qu'indépendamment des motifs de suspicion qui existent contre ce particulier, la seule qualité de père d'émigré le met dans le cas d'être mis dans la maison de réclusion ; considérant aussi que la raison pour laquelle on s'est borné, jusqu'ici, à le laisser, chez lui, sous la garde de deux citoyens de la garde nationale, placés journellement auprès de lui par la municipalité, est insuffisante puisque l'espèce de maladie dont il est atteint peut également être traitée dans la maison de réclusion », décida qu'il y serait enfermé (3). Quelle fut la durée de son incarcération ? — Il ne nous est pas possible, vu le défaut de documents, de donner une réponse à cette question.

Les biens de Brejon-Lamartinière, après le départ pour l'émi-

---

(1) *Etudes et Documents sur Saintes*, p. 92 ; D. Rainguet, *Biographie Saintongeaise*, v⁰ *Lamartinière*, p. 339; Piet-Lataudrie, *op. cit.*, p. 16.

(2) Les membres de ce comité, nommés par voie de scrutin, furent J.-J. Brunet et Dravigny, du conseil général de la commune de Saintes ; Hillairet et Moreau, du conseil du district ; P. Hector Savary et Le Bouc, de celui du département. Les citoyens Louis Canolle, Goguet des Egaux, maître orfèvre, et Marcelat, furent élus suppléants. La délibération fut approuvée le lendemain, par les représentants du peuple, Bernard, de Saintes, et Guimberteau, commissaires de la Convention Nationale pour les départements des Deux-Charentes. Le 23 avril 1793, le comité de salut public s'adjoignit « pour l'aider dans ses travaux », trois membres de la *Société patriotique* de Saintes : Coëffé, Le Roux, substitut du procureur de la commune, et Bourignon, jeune, maître de pension.

(3) La délibération porte les signatures des citoyens Garesché, président, Ardouin, membre du conseil du département, Emond, secrétaire général. *Procès-verbaux du conseil général de la Charente-Inférieure* (Archives départementales).

gration de son fils François, ex-garde de corps du roi, compagnie de Noailles, avaient été séquestrés par la Nation, conformément à la loi (1), mais, plus tard, grâce à l'intervention du conventionnel Garnier (de Saintes), il obtint la mainlevée de ce séquestre, ainsi qu'il résulte de la délibération suivante, prise par le directoire du district de Saintes, dans sa séance du soir, le 3 brumaire an III (24 octobre 1794) : « Le directoire arrête que Brejon, ci-devant homme de loi, ayant obtenu mainlevée du séquestre pratiqué sur ses biens, à cause de la bonne conduite de ses autres enfants, qui combattent les ennemis, doit néanmoins être poursuivi par le receveur du district, en exécution de la loi du 2 septembre 1792 (2), pour le paiement de 1.679 livres 16 sols, somme que les pères et mères des émigrés doivent pour les contributions de 1792 et 1793 de leurs enfants, aux termes de l'arrêté du département du 13 thermidor an II » (3).

Brejon-Lamartinière père, mourut à Saintes, à l'âge de 77 ans, le 6 nivôse an VIII (27 décembre 1799). Il avait épousé d'abord Marianne Brejon, fille de Paul Brejon, sieur des Brandes et de Catherine Moré, du bourg de *Rétaud* (contrat de mariage devant Senné fils, du 3 juillet 1748).

Après le décès de Marianne Brejon, arrivé à Saintes le 11 février 1761 (4), Brejon-Lamartinière avait convolé en secondes noces le 31 mars 1762 (5), avec Catherine-Rose Garnier,

---

(1) Comme les biens et droits de Catherine-Rose Garnier, la seconde épouse de Brejon-Lamartinière père, se trouvaient placés sous le séquestre frappant ceux de son mari, elle eut recours au tribunal de famille pour obtenir sa séparation de biens, qui lui fut accordée par une sentence du 24 fructidor an II (10 septembre 1794). Un jugement du tribunal civil de Saintes, intervenu ultérieurement, à la date du 14 thermidor an IV (1er août 1796), condamna ledit Brejon-Lamartinière à rembourser à sa femme, le montant de sa dot, plus diverses autres sommes qu'elle lui avait avancées, notamment celle de 16.000 livres employée à l'acquisition, faite par lui, en 1771, du domaine du Petit-Lauron. (Archives du greffe civil.)

(2) *Collection générale des décrets rendus par l'Assemblée Nationale Législative (du 1er septembre 1792 au 20 du même mois, 2e partie, p 560. A Paris, chez Baudouin, imprimeur de la Convention nationale.*

(3) *Procès-verbaux des délibérations du directoire du district de Saintes* (Archives de la Charente-Inférieure.)

(4) *Registres de la paroisse de Saint-Michel.* (Archives de la mairie de Saintes.) La dame Brejon-Lamartinière a été prénommée « Marie-Catherine » dans son acte d'inhumation.

(5) *Registres de la paroisse de Saint-Maur.* (Archives de la mairie de Saintes.) Catherine-Rose Garnier avait une sœur, Catherine Garnier, décédée à Saintes.

fille de Antoine Garnier, négociant et ancien juge à la Bourse
capitaine de la milice bourgeoise de Saintes, et de « demoiselle » Jeanne Gillot.

Il avait eu, de sa première union :

1° Marie-Anne-Ursule Brejon-Lamartinière, née à Saintes, le
26 août 1749, décédée au même lieu, à 37 ans, le 21 juin 1785,
mariée le 12 février 1776, en l'église de Saint-Michel, avec Louis-
Nicolas Lemercier, avocat au parlement, fils de « feu Me Jean-
Elie Lemercier » conseiller du roi, lieutenant général criminel de
la sénéchaussée et siège présidial de Saintes, et de dame Anne
Le Cercler, de la paroisse de Saint-Pierre (1); 2° Samuel-Alexandre Brejon-Lamartinière, qui précède : 3° Pierre-Alexandre
Brejon-Lamartinière, dit des Brandes, né à Saintes, le 9 décembre 1752, chef d'escadron de chasseurs à cheval, commandant de la place de Saintes, ensuite de la compagnie des vété-

---

le 19 mai 1820, âgée de 92 ans, qui, de son mariage avec Jean-Baptiste Jouain
Daubonneau, bourgeois, négociant à La Rochelle, eut une fille, Catherine-
Eulalie Garnier, qui, épousa, le 21 janvier 1784, « messire » Jean-Baptiste
Garat, capitaine de cavalerie, garde du corps du roi, chevalier de l'ordre royal
et militaire de Saint-Louis, fils de feu Me Joseph Garat, conseiller du roi,
officier au bureau des finances de la généralité de Limoges, et de Elisabeth
Laplanche.

La même Catherine-Rose Garnier avait aussi pour oncle paternel, François
Garnier, avocat en parlement et au siège présidial de Saintes, époux de
Marie-Anne Arnaud, dont : a) Catherine-Julie Garnier, qui épousa, en l'église
Saint-Maur, le 9 février 1762, Pierre Maillet, notaire royal à Saintes, fils de
Pierre Maillet, maître en chirurgie, lieutenant de M. le premier chirurgien du
roi et son major à l'hôpital de la Charité de cette ville, et de « demoiselle »
Eustelle Fleuret, demeurant faubourg et paroisse de Saint-Eutrope ; b) et Mar-
the Garnier, qui épousa, en la même église Saint-Maur, le 9 février 1775, « messire » Etienne Garat, décédé à Saintes le 11 ventôse an III (1er mars 1795),
écuyer, capitaine de cavalerie, garde du corps du roi, compagnie du prince
de Beauvau, et qui de son union eut : Catherine-Eustelle Garat, épouse de Louis-
Xavier Dangibeaud, frère germain du juge de paix du canton sud de Saintes.

(1) Louis-Nicolas Lemercier (Saintes, 23 décembre 1755-Paris, 11 janvier
1810), fut successivement lieutenant criminel au présidial de Saintes, député
du tiers de la sénéchaussée de Saintonge aux Etats généraux, président du
tribunal criminel du département de la Charente-Inférieure, député au Conseil
des Anciens qu'il présida le 18 brumaire an VIII, membre du Sénat, conservateur. (Consulter sur lui, *Biographie universelle*, de Michaud, t. XXIV, p.
73, Paris, chez Mme Desplaces (1857) ; *Dictionnaire de la Révolution et de
l'Empire*, par le Dr Robinet, Ad. Robert et J. Le Chapelain, t. II, p. 402,
Paris, 1899 ; *Biographie de la Charente-Inférieure*, par H. Feuilleret et de
Richemond, t. II, p. 178 ; *Documents relatifs à la ville de Saintes*, p. 115,
*Revue de Saintonge*, 1898, t. XVIII, p. 25, etc.).

rans, décédé, célibataire, en son domicile, à Saintes, rue des Ballets, le 11 juillet 1856, à 54 ans ; 4° Louis Brejon-Lamartinière, né en la même ville, le 9 février 1754, chef du 2ᵉ bataillon de la 6ᵉ demi-brigade de formation de l'Ouest, parvenu plus tard au grade de lieutenant-colonel et que l'on trouve, en 1800, propriétaire à Rétaud, dont il fut maire de l'an X, au mois de septembre 1806, et où il est décédé le 6 octobre 1815, à l'âge de 61 ans, époux de Marie-Julie Maréchat ; 5° François Brejon-Lamartinière, né aussi à Saintes, le 21 octobre 1758, officier de cavalerie, émigré en 1791, qui, rentré en France en 1802, se maria successivement à Marguerite Brejon et à Jeanne-Eustelle Bergerat, fut maire de Soulignonnes et y mourut le 11 mai 1818, à 59 ans (1) ; 6° Anne (*aliàs* Marie-Anne) Brejon-Lamartinière, née à Saintes, le 3 février 1761 qui, le 7 août 1787, épousa Léonard-Joseph Queyroulet de La Combe « docteur ès lois », avocat au parlement de Bordeaux, fils d'Antoine Queyroulet de La Combe, docteur en médecine, et d'Elisabeth Latranche, de la ville de Saint-Yrieix.

De la seconde union de Samuel-Alexandre Brejon-Lamartinière avec Catherine-Rose Garnier, décédée à Saintes, le 6 mai 1813, à 70 ans, étaient nés plusieurs enfants, dont deux seulement survécurent à leur mère (2) : *a*) Jeanne-Rosalie Brejon-Lamartinière, née à Saintes, le 21 avril 1763, épouse de Jean-Baptiste de Jossey-Dubreuil, proviseur au lycée d'Angers ; *b*) et Daniel-Alexandre Brejon-Lamartinière, né à Montpellier-de-Médillan, vers 1765 ou 1766, propriétaire, maire de sa commune natale où il est mort, dans son domaine des Brandes, le 8 octobre 1843, âgé de 78 ans, époux de Marie-Anne-Esther du Seutre, dont postérité (3).

---

(1) Voir l'inventaire dressé après le décès de Marianne Brejon, la première femme de S.-A. Brejon-Lamartinière père, par Maillet, notaire royal à Saintes, le 12 mai 1762 (*Etude de Mᵉ Foubert*), et le traité entre ledit Brejon-Lamartinière et ses enfants du premier lit, reçu par Petit, notaire public à Saintes, le 28 floréal an IV (17 mai 1796) (*Etude de Mᵉ Laferrière*). Pour ce qui concerne spécialement la descendance de François Brejon-Lamartinière, lire *Etudes et Documents sur Saintes*, p. 93-94).

(2) Inventaire après le décès de Catherine-Rose Garnier, veuve Brejon-Lamartinière, dressé par Durivault, notaire à Saintes, le 8 juin 1813 (*Etude de Mᵉ Laferrière*).

(3) *Registres de l'état civil de la commune de Montpellier de Médillan* (Archives du greffe civil).

## II. Brejon.

Mathieu-Gabriel Brejon appartenait à la branche aînée des Brejon. Il était né à Saintes, le 21 octobre 1753 du mariage de Mathieu Brejon (1), procureur au présidial et greffier en chef de la juridiction consulaire de cette ville et de la séné-

---

(1) Mathieu Brejon, né à Meursac, le 19 mai 1721, d'Isaac (*alias* David-Isaac), Brejon, seigneur de Lavergnée, notaire royal aux Epaux, et de Suzanne Blanc (*alias* Leblanc), avait, suivant acte de Senné fils, notaire à Saintes, du 21 juin 1748, acquis, pour 2.100 livres, de Jeanne Adam, veuve de Jacques de Lataste, l'office de procureur au présidial de cette ville, dont celui-ci était mort titulaire. Il vendit lui-même sa charge à Jean-Abraham Roy, aux termes d'un contrat, retenu par Maillet, notaire, le 13 février 1765, après s'être rendu cessionnaire, moyennant 16.600 livres, de l'office de greffier en chef de la Bourse de Saintes, appartenant à Jacques Gougnon, vente qui lui fut consentie par Marguerite-Héloïse Dangibeaud, veuve de ce dernier, aux termes d'un acte au rapport de Pasquier, notaire royal à Saintes, du 5 juillet 1764. Il fut agréé, en cette qualité, par lettres patentes du roi, datées du 13 février 1765, enregistrées en la Chambre des comptes le 25 du même mois, et au greffe du bureau des finances et domaines de la généralité de La Rochelle le 16 mars de ladite année, ainsi qu'il appert d'un document dont nous devons la communication à M. Fernand Brejon, avocat, l'un de ses descendants. Pour compléter ces quelques notes, nous ajouterons que Mathieu Brejon avait trois sœurs germaines : *a*) Marie-Anne, épouse de Jean Erasble des Barrières, sieur d'Uffault, conseiller du roi, lieutenant général civil et criminel en l'élection de Cognac, qui, devenu veuf, se remaria avec Louise Pouzaud, dont il eut une fille, Victoire Esrable des Barrières, laquelle épousa Edouard Robin, dont deux fils : 1° Jean-Paul-Ambroise Robin, père de Paul-Auguste-Ernest Robin, maire de Lussac, canton de Jonzac, et de Jeanne-Amélie Robin, mariée à Pierre-Denis-Guillaume-Amédée Callandreau, notaire à Cognac ; 2° Victor-Alexandre Robin, maire de cette dernière ville de 1869 à 1872 ; *b*) Ursule, qui épousa, à Meursac, le 18 février 1765, Jean Bourreau, procureur au siège de Pons ; *c*) et Bénigne, qui épousa, audit lieu de Meursac, le 6 juillet 1751, Pierre Ligoure, notaire royal au Gua (1750-1781), « juge de la comté de Blénac », lequel, après le décès de ladite Bénigne Brejon, se remaria avec Marie-Dorothée Gilbert, fille de Gabriel-Ignace Gilbert, conseiller du roi, docteur en médecine à Saintes, et de Marie Arnaud, de la paroisse de Saint-Maur (*Contrat devant Pasquier, notaire, du 8 décembre 1757*) — Disons enfin que Mathieu Brejon était oncle, à la mode de Bretagne, de Marie-Louise Frère de La Pommeraye, fille de Jean-Jacques Frère, sieur de La Pommeraye, et de Suzanne Leblanc, qui, le 3 août 1778, épousa, en l'église de Saint-Vivien-lès-Saintes, André-Antoine Bernard des Jeuzines, fils d'André Bernard, notaire à Corme-Royal, et de Bénigne Garreau, lequel devint président du tribunal du district de Saintes, membre de l'Assemblée Législative, puis de la Convention, et s'acquit une assez triste célébrité sous le nom de *Pioche-Fer* Bernard. (*Registres de l'état civil, Etudes et Documents sur Saintes*, p. 88. *Revue de Saintonge*, de novembre 1892, p. 398-400.)

chaussée de Saintonge, et de Thérèse-Rosalie Charrier (1). Il fut baptisé le 25 du même mois à l'église paroissiale de Saint-Pierre et tenu sur les fonts par Mᵉ Gabriel Chasteauneuf, procureur au présidial, et « demoiselle » Suzanne Blanc, veuve de Mᵉ Isaac Brejon, notaire royal, son aïeule paternelle (2).

Après avoir été avocat en la cour du parlement de Bordeaux et en la sénéchaussée de Saintes, Mathieu-Gabriel Brejon succéda comme greffier en chef de la juridiction consulaire à son père, décédé le 1ᵉʳ mai 1780, et garda son office jusqu'à la loi du 16 août 1790, qui, faisant table rase des antiques institutions judiciaires de la France, abolit la vénalité de tous les offices de judicature et en ordonna la suppression (3). Brejon était alors homme de loi près le tribunal du district quand, par une délibération en date du 1ᵉʳ mars 1792, les membres du nouveau tribunal de commerce, créé à Saintes (4), pour remplacer la juridiction consulaire, en vertu de la loi précitée du 16 avril 1790 (titre XII, article 1ᵉʳ), lui confièrent la fonction de greffier. Pour satisfaire à l'article 9 de cette même loi, lequel prescrivait aux greffiers de tous les tribunaux de fournir un cautionnement de 12.000 livres en immeubles, qui serait reçu par les juges, il présenta comme « pleige caution et principal répondant », le sieur Prouteau, marchand apothicaire à Saintes, son beau-père (5).

---

(1) Thérèse-Rosalie Charrier, fille de Jean Charrier, avocat, et de Marie Chasteauneuf, s'était mariée avec Mathieu Brejon, à la paroisse de Saint-Pierre, le 21 décembre 1751 (*Contrat devant Senné le 14 du même mois*). Elle mourut à Saintes le 2 septembre 1786, après avoir procédé à un partage avec les deux enfants issus de son mariage : Mathieu-Gabriel, qui précède, et Marguerite-Rosalie Brejon, morte, sans alliance, le 13 juillet 1789, suivant acte de Bigot, notaire royal à Saintes, du 24 juin 1784. (*Registres de l'état civil, Etudes et Documents*, p. 100. *Minutes de Mᵉ Laferrière.*)

(2) *Registres paroissiaux de la ville de Saintes.*

(3) Le 14 novembre 1790, Mathieu Brejon, « homme de loix, de la paroisse de Saintes », par acte, devant Petit, notaire, donne procuration « au Bureau de la Correspondance Nationale et Etrangère de Paris, en la personne de M. Delpech, directeur général dudit bureau, rue Neuve-Saint-Augustin », aux fins de la liquidation de son office de greffier de juridiction consulaire, supprimé par l'Assemblée Constituante. (*Etude de Mᵉ Laferrière.*)

(4) Le tribunal de commerce de Saintes était alors composé de Pierre Charrier, président ; Etienne Apert, Jean Bouyer, Jean-François Mestayer, André Lebouc, juges, tous installés le 27 février 1792, comme l'établit un procès-verbal, inscrit en tête du plumitif de l'audience, dont M. Grange, greffier en chef de ce tribunal, nous a laissé fort obligeamment prendre communication.

(5) *Registres des délibérations du tribunal de commerce de Saintes.* Ces

Brejon semble avoir exercé sa fonction de greffier jusque dans le courant de novembre 1792. Nous disons *semble*, car les jugements, rendus, à cette époque, par le tribunal de commerce, ne portent pas le nom du greffier et ne sont pas signés par lui; mais il paraît résulter de l'écriture que Brejon a dû siéger, pour la dernière fois, en qualité de greffier, le 12 novembre 1792. D'autre part, il est indiqué, par exception, sur le plumitif, que le greffier, tenant la plume à l'audience du 26 de ce même mois, était Coëffé (1).

Une chose est certaine, c'est que Mathieu-Gabriel Brejon était homme de loi à Saintes lorsqu'il fut choisi, ainsi que René Briault (2), par les membres du tribunal du district de Saintes, pour remplacer deux de leurs collègues, Jean-Etienne Gobeau et Philippe-Auguste Vieuille, qui, atteints par les dispositions de l'article 4 du décret du 5^me jour complémentaire de l'an III (21 septembre 1795), avaient été forcés de donner leur démission. Il accepta cette fonction et fut installé le 6 vendémiaire an IV (28 septembre 1795) par la municipalité en la forme prescrite. (3).

Après la suppression du tribunal du district, il fut nommé, le 26 vendémiaire an IV (18 octobre 1795), le premier des huit juges suppléants du tribunal du département par la cinquième assemblée électorale de la Charente-Inférieure, réunie à Saintes, le 20 du même mois (4). Il le resta jusqu'au 18 floréal an VIII (8 mai 1800), date où, par décret de Bonaparte,

---

délibérations, très intéressantes, s'arrêtent malheureusement au 17 septembre 1792.

(1) Sans doute Pierre Coëffé, greffier de la justice de paix du canton de Saintes *extra-muros*, originaire de la paroisse de Vitré, diocèse de Rennes, et fils de Pierre Coëffé, marchand, et de Perrine Boguais. Coëffé épousa, à Saintes, en l'église de Saint-Pallais, le 28 août 1787, Catherine Dugué, fille de Mathieu Dugué, marchand et ancien juge de la juridiction consulaire de Saintes, et de Marguerite Collet, et mourut le 3 fructidor an XI (21 août 1803). Il fut en 1793 commandant en second de la garde nationale de Saintes et agent salpétrier de ce district pendant la Révolution.

(2) Briault fut président du tribunal civil de Saintes du 24 mai 1800 au 19 juin 1810, date de son décès. (Voir à son sujet un article publié dans le *Journal politique et littéraire de Saintes*, du 21 juin 1810.)

(3) Piet-Lataudrie, *op. cit.*, p. 21 ; *Les Etudes et Documents sur Saintes*, p. 100, énoncent par erreur que Mathieu-Gabriel Brejon fut commissaire du Roi près le tribunal du district de Saintes en 1790. L'auteur a confondu avec Samuel-Alexandre Brejon-Lamartinière père.

(4) Eschasseriaux, *Assemblées Electorales de la Charente-Inférieure*, p. 140.

Premier Consul, il fut nommé premier juge suppléant au tribunal criminel du département de la Charente-Inférieure. Il occupait encore ce poste lorsque, par décret de Napoléon 1er, rendu sur le rapport de Régnier, grand juge, ministre de la justice et daté du quartier impérial de Brannau en Haute-Autriche, il fut, le 10 brumaire an XIV (1er novembre 1805) (1), nommé juge de paix du canton de Saintes, premier arrondissement ou du Nord, en remplacement de Brejon-Lamartinière, décédé ; il prêta serment en cette qualité, devant le tribunal civil de Saintes, le 11 frimaire an XIV (2 décembre 1805) et fut installé, le lendemain même, dans son nouvel emploi (2).

Pendant la durée de la magistrature cantonale de Brejon, eut lieu, le 4 août 1808, le voyage à Saintes de Napoléon 1er et de l'impératrice Joséphine, à l'occasion duquel, il dressa, de sa propre main, sur la feuille d'audience, un procès-verbal, « pour en perpétuer la mémoire » (3).

Comme Brejon était, au fond du cœur, royaliste fervent, il fut, néanmoins, maintenu dans sa fonction après le retour des Bourbons, et le 19 juillet 1814, lors du rapide passage à Saintes du duc d'Angoulême, il fut décoré par ce prince du *Lys* (4), ainsi que Dangibeaud, son collègue du canton Sud, leurs suppléants, et Mathieu-Elisabeth Brejon, son fils, alors bachelier en droit. Les deux juges de paix furent si fiers et si heureux de cette distinction honorifique, qu'ils rédigèrent, en commun, pour conserver le souvenir de cet important événement, un procès-

(1) *Archives du ministère de la justice, 1re section, n° 9895.*

(2) Nous remercions M. F. Brejon fils, d'avoir bien voulu nous communiquer l'état des services de son ancêtre, certifié par Rousset, greffier en chef du tribunal civil de Saintes, à la date du 7 août 1823.

(3) *Archives de la justice de paix du canton nord de Saintes.* Nous avons publié ce procès-verbal dans notre étude, *Passage de Napoléon 1er à Saintes, Revue de Saintonge* du 1er février 1910, p. 7 à 20, et La Rochelle, imprimerie Noël Texier, 1910, in-8°, 16 pages.

(4) La décoration du *Lys,* créée, le 2 mars 1814, par le comte d'Artois, colonel des gardes nationales du royaume, consistait en une fleur de lis en argent suspendue à un ruban blanc moiré qu'on portait sur la poitrine. Le 15 avril 1816, une ordonnance royale transforma la décoration en ordre et remplaça la fleur par une croix émaillée de bleu et de blanc, à cinq pointes. Cette distinction honorifique, — chose bizarre, — était accordée en prix aux élèves des collèges. La Révolution de 1830 abolit l'ordre. (H. Gourdon de Genouillac, dans la *Grande Encyclopédie,* t. XII, p. 319 ; *Intermédiaire des Chercheurs et des Curieux,* du 29 avril 1905, p. 257).

verbal, conçu en termes lyriques et qui sera reproduit aux *pièces justificatives*.

A sa fonction judiciaire, Mathieu-Gabriel Brejon joignit, pendant plusieurs années (au moins depuis 1813 jusqu'en 1830),celle de conseiller municipal de Saintes ; — il fut, de plus, membre de la commission administrative de l'hospice de cette ville, à un moment donné (1).

Dans le courant de l'année 1823, il donna sa démission de juge de paix (2), vu son âge avancé, et le 23 juin 1830, il s'éteignit, à 76 ans, à Saintes, dans son hôtel de la rue Saint-Maur « au splendide escalier, orné de vieilles rampes de fer forgé et de portraits de magistrats et d'hommes de loi des XVII* et XVIIIᵉ siècles » (3).

Le 2 juillet 1782, Mathieu-Gabriel Brejon avait épousé à Saintes, en l'église Saint-Maur, Anne-Elisabeth Prouteau, fille de Jean-Louis Prouteau, marchand et maître apothicaire, fils lui-même de Marc François-Xavier Prouteau, notaire royal de 1726 à 1740 (4), et de Anne-Elisabeth Fourestier, son épouse, après avoir fait précéder cette union (5) d'un contrat passé devant Maillet, notaire, le 1ᵉʳ du même mois (6).

---

(1) *Annuaire du département de la Charente-Inférieure pour l'an X.* Saintes, Dupouy-Meaume.

(2) La dernière audience de Brejon est du 29 juillet 1823 (*Archives de la justice de paix du canton nord*).

(3) *Revue de Saintonge* du 1ᵉʳ septembre 1906, p. 286-288.

(4) Xavier Prouteau avait succédé à son père, notaire à Saintes. Leurs minutes sont déposées en l'étude de Mᵉ Foubert (*Tableau des notaires de l'arrondissement de Saintes et de ceux qui ont précédemment exercé en Saintonge*, p. 1, imprimerie d'Alexandre Hus, 1841). Xavier Prouteau avait deux fils, issus de son mariage avec Catherine Constantin, Jean-Louis Prouteau, qui précède, et Jean-Joseph Prouteau, lieutenant de grenadiers au régiment de Piémont-Infanterie (Voir la démission de biens par Xavier Prouteau en faveur de ses enfants devant Pasquier, notaire royal à Saintes, le 11 avril 1765).

(5) Anne-Elisabeth Fourestier était fille de Jacques Fourestier-Lacour, marchand et maître apothicaire, juge consulaire et ancien échevin de Saintes, et d'Elisabeth Loyer, et sœur de : 1° François Fourestier, médecin du roi et des hôpitaux de Saintes, qui épousa, le 19 août 1766, Anne-Ursule Brejon de Lamartinière, fille de Samuel-Alexandre Brejon de Lamartinière et de Jeanne Ardouin ; 2° et Laurent Fourestier, avocat au siège présidial, marié, le 6 juin 1775, à Marie-Rose Héard du Taillis, comme on l'a vu plus haut.

(6) L'un des signataires du contrat matrimonial de Mathieu-Gabriel Brejon, fut son oncle maternel, Jean-Baptiste Charrier, avocat au présidial, époux de Marie-Anne Brejon, fille d'André Brejon de Grandchamps, bourgeois, et de Anne Gautier de Boisinaut, de la paroisse de Saint-Sulpice-de-Mornac. Charrier

Anne-Elisabeth Prouteau survécut à son mari et mourut à Saintes, aussi rue Saint-Maur, le 25 avril 1835, à l'âge de 78 ans.

Les époux Mathieu-Gabriel Brejon avaient eu de leur union deux fils (1):

1° Laurent-Germain Brejon, né à Saintes le 13 avril 1783, qui, après avoir fait ses études de droit à Paris (2), fut successivement avocat (serment du 9 novembre 1807), substitut près le tribunal civil de Saintes (1811-1816), juge au même siège où il remplaça, le 7 février 1816, Pierre-Cosme Godet, admis à la retraite, et exerça cette dernière fonction jusqu'à son décès, survenu à Saintes le 13 novembre 1821 ; il n'avait que 38 ans. Il avait épousé, à la mairie de cette ville, le 27 avril 1808, Marie-Claire-Jeanne-Charlotte Rondeau, née à Saint-Saturnin de Séchaud, le 8 septembre 1782, morte à Poitiers le 7 février 1873, laquelle était fille de Philippe-Joachim-Ferdinand Rondeau (3), homme de loi, ancien président du directoire du département de la Charente-Inférieure (1790), ancien président du tribunal cri-

étant décédé le 29 novembre 1791, il y eut un partage de sa succession entre sa veuve, sa sœur, Françoise-Eulalie Charrier, veuve de Pierre Réveillaud, sieur de Champgrelou, et mère du chanoine Pierre-François-Etienne Réveillaud, curé de Saint-Pierre de Saintes, mort le 23 mars 1855, et ledit Mathieu-Gabriel Brejon (*Acte de Petit* du 19 mai 1792).

(1) *Inventaire après le décès de Mathieu-Gabriel Brejon*, dressé par Genet, notaire à Saintes, les 7 et 8 septembre 1830 (*Etude de M⁰ Bourcy*).

(2) Il résulte d'un document dont nous devons la communication à M. Gay de La Chartrie, qu'en 1807, Laurent-Germain Brejon était premier secrétaire de la *Société de Jurisprudence*, de Paris, qui avait alors pour président B. Lassalle, pour conservateur, Janson (du Rhône) et pour archiviste, le baron Augustin-Jean-Marie de Schonen, qui fut député du Vᵉ arrondissement de Paris (1827-1834), pair de France (3 octobre 1837) et mourut à Paris le 4 décembre 1849 (*Dictionnaire des Parlementaires Français*, t. V, p. 288).

(3) Fils de Philippe Rondeau de Daviotières, lieutenant général au baillage de Rochefort, et de dame Marie-Aimée Loche, Philippe-Joachim Rondeau, né à Rochefort, le 27 septembre 1748, mort à l'Anglaiserie, commune de Tonnay-Charente, le 18 juillet 1818, fut le premier président de la *Société d'Agriculture, Arts et Commerce de Saintes*, créée le 6 floréal an XIII (26 avril 1805). Veuf en premières noces de Catherine-Charlotte Babault de l'Epine, qu'il avait épousée le 14 juin 1773, il s'était remarié dans l'église de Saint-Pierre de Saintes. le 9 juin 1777, à Marie-Claire-Jeanne-Françoise Arnaud-Guillaume Gallocheau, fille de Pierre Gallocheau, conseiller du roi, doyen de l'élection en chef et lieutenant du maire de Saintes, et de Jeanne-Françoise Gaudriaud. Il eut un fils, né de sa seconde union, Amable-Eustelle Rondeau, et un petit-fils, Philippe Rondeau, qui tous les deux furent conseillers à la cour de Poitiers, après avoir été l'un et l'autre substituts à Saintes (*Etudes et Documents sur Saintes*, p. 94 ; Piet-Lataudrie, *Le tribunal de Saintes*, p. 98 et 100).

minel de la Charente-Inférieure (1791-1792), président du conseil général de ce département (1804-1814), et de Marie-Claire Jeanne-Françoise-Arnaud-Guillaume Gallocheau, décédée à Saintes, le 8 février 1821.— Il en eut une fille, Anne-Elisabeth-Claire Brejon, morte à Saintes, à 30 ans, le 8 février 1830, après avoir épousé en cette ville, le 9 septembre 1816, Antoine-Constantin de Prévost (1), veuf de Catherine-Rose Levaillant, alors lieutenant-colonel du 14ᵉ régiment de chasseurs à cheval, chevalier de Saint-Louis, de la Légion d'honneur et de la Croix d'or de deuxième classe de l'ordre royal et militaire espagnol de Saint-Ferdinand ;

2° Mathieu-Elisabeth Brejon, né le 26 juin 1792, licencié en droit (2 septembre 1814), admis au stage comme avocat, le 27 novembre 1815, époux en premier mariage de Magdeleine Levescot, et en secondes noces de Jeanne (*aliàs* Joséphine) Laisné, mort à Paris, le 12 juin 1857, qui, de sa première union eût :

A. — Pierre-Mathieu-Gabriel-Gustave Brejon, né le 18 novembre 1823, marié, le 29 juin 1852, à Louise-Alphonsine-Eustelle-Léontine Gaillard (2), lequel, après avoir été banquier, fut, pendant de longues années, secrétaire de l'état-civil et du bureau militaire à la mairie de Saintes (1864-1899), et est décédé en cette ville, dans la maison paternelle, rue Saint-Maur, à 82 ans, le 1ᵉʳ juin 1906, laissant deux fils : 1° Louis-Mathieu-Eugène-Fernand Brejon, né le 19 juillet 1854, décédé le 15 mai 1884, médecin de marine de première classe, époux de Laure-

---

(1) Né à Lieuvilliers (Oise) le 17 juillet 1788, décédé à Paris le 22 août 1857, Constantin de Prévost était fils de Jean-Jacques-Hubert Prévost, docteur en médecine à Paris, et de Marie-Anne Boulanger. Il devint général de division (7 décembre 1848) et sénateur de l'Empire (9 juin 1854). Il avait été anobli par lettres-patentes du 10 février 1824, mais sans concession de titres (*Dictionnaire des Parlementaires Français*, t. V. p. 46; Borel d'Hauterive, *Annuaire de la Noblesse de France*, p. 401, Paris, 1855).

(2) Mᵐᵉ Gustave Brejon, décédée, à Saintes, le 31 décembre 1902, à 76 ans, était née, à Marennes, d'Eustache Gaillard, chevalier de la Légion d'honneur, trésorier des Invalides de la marine, et de Françoise-Héloïse Doret. Eustache Gaillard, d'un premier mariage avec Appolonie Druineau, avait eu deux autres filles: 1° Honorine, décédée, à Saintes, le 30 novembre 1900, à 88 ans ; 2° et Laure Gaillard, morte, à Sarpourenx, près Orthez, le 12 juillet 1910, qui devinrent épouses: l'une de M. Jean Dulcissime Vacherie, avocat, maire de Saintes (1849-1870), chevalier de la Légion d'honneur ; l'autre, de M. Alfred d'Abadie, inspecteur des douanes.

Marie-Marguerite Bona-Christave (1), dont: *a*) Marthe, restée célibataire; *b*) et Fernand Brejon, avocat à Saintes, marié à M^lle Henriette Decharme, fille de M. Alfred Decharme, directeur de la succursale de la Banque de France, à Poitiers, et de M^me Louise-Marie-Suzanne Romieux, décédée en cette même ville le 25 décembre 1910 ; 2° Alphonse-Eustache-Jules-Henri Brejon, né le 12 janvier 1858, inspecteur des contributions indirectes à Versailles, qui a épousé à Bordeaux, le 18 janvier 1887, Mlle Jeanne-Suzanne-Odette Deforge, fille de M. François Deforge, ancien notaire à Angoulême, et de M^me Madeleine-Zélie Deforge ;

B.— André-Ernest Brejon, né à Saintes, le 24 avril 1828, docteur en médecine, mort en ladite ville le 3 octobre 1867, à 38 ans, époux de Marguerite-Amaryllis-Gabrielle Claviez (2), fille de Pierre-Hilaire Claviez, négociant, juge au tribunal de commerce, adjoint au maire de Saintes, décédé en ladite ville le 25 mars 1880, à 75 ans, et de Pauline-Zélia Mathé, dont : 1° Louis-Mathieu-Alexandre-Eugène Brejon, né le 27 mars 1856, avocat à la cour d'appel de Bordeaux, ancien bâtonnier de l'ordre, veuf de M^me Claire Passemard, dont une fille ; 2° et Berthe-Marie-Anne-Valérie Brejon, née le 16 juin 1856, mariée à Gaston Gérain, fils de Barthélemy-Amédée Gérain, ancien percepteur à Saintes, décédé en cette ville le 14 novembre 1900, et de Ursule-Marie Gautier, lui-même percepteur à Dompierre-sur-Mer, près La Rochelle, dont Marie-Pauline-Andrée, qui a épousé M. Pierre Goguet, agent transitaire à Tonnay-Charente, fils de M. Fernand Goguet, maire de Tonnay-Charente, chevalier de la Légion d'honneur (3).

---

(1) Le frère de M^me Louis-Mathieu-Eugène-Fernand Brejon, M. Raoul Bona-Christave, né à Rochefort-sur-Mer, le 5 novembre 1848, après avoir débuté dans la magistrature comme juge suppléant, chargé de l'instruction à Saint-Jean d'Angély (14 novembre 1874), devint président du tribunal civil de Bourges (23 février 1884), conseiller à Bordeaux (15 février 1896) et est décédé président à Rouen en août 1902.

(2) Une sœur de M^me Ernest Brejon, M^lle Louise-Pauline Claviez, a épousé, à Saintes, 22 août 1854, M. Alphonse Fontant, fils de M. Alexis Fontant, pharmacien à Melle, et de M^lle Joséphine Cassin, qui, après avoir été notaire, juge de paix à Saint-Maixent, puis juge suppléant à Niort, fut juge à Bressuire (4 décembre 1880), à Saintes (14 mai 1881), ensuite président audit tribunal de Saintes (23 septembre 1883) et fut nommé, le 6 février 1886, président au tribunal civil de Poitiers, où il est resté jusqu'au 23 septembre 1910, date de sa mise à la retraite.

(3) *Revue de Saintonge* du 1^er septembre 1905, page 296 et du 1^er septembre 1906, p. 286-288.

### III. Voix.

Louis-Mathieu-Isaac Voix, était né à Sigogne, canton de Jarnac (Charente), le 28 novembre 1783, du mariage de Mathieu-Isaac Voix, dit Milord, propriétaire et homme de loi, décédé en son domaine de Hautmont, commune de Fontcouverte, le 8 juin 1814, et d'Elisabeth Levesquot, décédée à Saintes, le 27 mars 1817 (1).

Son père appartenait à une famille originaire de l'Angoumois (2) et était fils d'Isaac Voix, élu, en 1758, juge à la Bourse consulaire de Saintes (3) et de Marie-Suzanne Mesnard (4).

Sa mère était fille de Louis Levesquot, négociant au bourg et paroisse de Saint-Saturnin-de-Séchaud, qui, le 1er juillet 1790, fut élu l'un des administrateurs du district de Saintes, pour le canton de Port-d'Envaux, par les électeurs, assemblés sous la présidence de M. de la Rigaudière, chevalier de l'ordre royal et militaire de Saint-Louis, dans la salle synodiale

---

(1) Le mariage des époux Voix-Levesquot fut précédé d'un contrat en réglant les conditions civiles, reçu par Gaillard, notaire royal à Saint-Saturnin-de-Séchaud, le 4 septembre 1782, contrôlé à Taillebourg.

(2) Les membres de la famille Voix se livraient depuis longtemps au négoce. Le 11 octobre 1634, un sieur Jean Voix, marchand au village de Saint-Onge, paroisse de Saint-Mesme, obtient de faire informer contre Jacob Quentin, notaire royal, convaincu de faux et concussion. (Voir *Registres criminels des Grands Jours du Poitou*, publiés par M. Hugues Imbert, dans les *Mémoires de la Société de Statistique, Sciences, Belles-lettres et Arts du département des Deux-Sèvres*, 2e série, tome XVI, 1878, page 241.) — Le 8 mars 1666, Isaac Voix, marchand à Saint-Mesme, en Angoumois, vend 60 gabarres de pierres à Jacques Guérinet, maître architecte, demeurant à Saint-Vivien-lès-Saintes, chargé de la réfection des ponts de cette ville aux termes d'un marché fait le 19 juillet 1664 avec Pierre de Chertemps, seigneur du Seuil. (*Minutes de Cassoulet*, Etude de Me Bourcy. — Voir le *Vieux Pont de Saintes*, par M. Ch. Dangibeaud, *Recueil des Arts et Monuments de la Charente-Inférieure*, tome XV, 1893-1901, page 241.).

(3) Le nom d'Isaac Voix « troisième consul », figure dans la délibération du 23 mars 1762, concernant l'achat fait par les juges-consuls de l'édifice de la juridiction consulaire, par acte de Maillet, précité.

(4) Isaac Voix, fils de Pierre et de Louise Hiner, de la paroisse de Sigogne, avait épousé, le 24 février 1756, Marie-Suzanne Mesnard, fille de Eutrope Mesnard, marchand, et de Catherine Tamisier, de la paroisse de Saint-Michel. (*Registres paroissiaux de Saintes*).

de l'évêché (1), et mourut à Saint-Saturnin-de-Séchaud, le 14 vendémiaire an XII (7 octobre 1803), et de Magdeleine Chaudron, décédée en la même localité le 2 décembre 1813 (2).

Louis-Mathieu-Isaac Voix, après avoir suivi les cours de l'École Centrale de Saintes (3), fut d'abord employé dans les bureaux de la mairie vers 1808 ou 1809, puis commis-greffier assermenté au tribunal civil de Saintes, emploi qu'il occupa de 1812 à la fin de septembre 1815. Par ordonnance de Louis XVIII, en date du 7 février 1816, il fut choisi comme titulaire d'un office d'avoué, récemment créé près ledit tribunal (4), devant lequel il prêta le serment d'usage à l'audience du 11 mars suivant, — et, par une autre ordonnance royale du 28 juillet 1819, il fut nommé suppléant du canton nord de Saintes, en remplacement de Briault, démissionnaire, et, comme tel, prêta serment le 19 août suivant. — Il resta avoué jusqu'à la fin de juillet 1823 (5).

Quelque temps auparavant Mathieu-Gabriel Brejon, juge de paix de Saintes, (arrondissement du Nord), avait — nous l'avons déjà dit — donné sa démission de cette fonction, probablement avec l'espérance de voir son fils, Mathieu-Elisabeth Brejon, avocat à Saintes, lui succéder au siège qu'il abandonnait, mais Voix, alors premier suppléant de la justice de paix

---

(1) *Registres du directoire du district de Saintes.* C. f., *Journal du chanoine Legrix,* publié dans le *Recueil des actes de la Commission des Arts et Monuments de la Charente-Inférieure,* tome II, page 43, 1887.

(2) Une autre fille des époux Levesquot, Marie-Marguerite-Magdeleine, épousa, le 11 juillet 1785, Laurent Prouteau, beau-frère de Mathieu-Gabriel Brejon, juge de paix. (*Registres de la paroisse de Saint-Sorlin-de-Séchaud.*) Lire, au sujet de la famille Levesquot, l'article de M. G. Tortat : *La municipalité de Saint-Saturnin-de-Séchaud pendant la période révolutionnaire,* dans la *Revue de Saintonge* de septembre 1906, pages 328-329, note).

(3) Le nom de Mathieu Voix figure sur une liste d'élèves ayant suivi son cours, écrite de la main de Meaume, professeur de physique et chimie (*Revue de Saintonge,* tome VI, 1886, page 164).

(4) Ce qui démontre cette création nouvelle, c'est que, d'une part, l'ordonnance de nomination n'indique pas le nom du prédécesseur de Voix, et d'autre part, que le nombre des études d'avoués à Saintes, qui n'était que de neuf en 1815, s'est élevé à onze en 1816. (Voir *Almanach Royal* pour 1814, 1815 et 1816. — Paris, Testu et Cⁱᵉ.)

(5) Il eut pour successeur François Guichard. Ce dernier fut remplacé à son tour par Étienne-Lazare Mareschal (7 avril 1837) qui céda sa charge à M. Raymond-Pierre-Georges Dumontet (8 mai 1858), lequel l'a transmise lui-même à son fils, M. Paul-Albert Dumontet (26 novembre 1904).

dont s'agit, fit d'actives démarches pour obtenir ce poste (1) et réussit à s'y faire nommer par ordonnance en date aux Tuileries du 16 juillet 1823 (2). Il prêta serment en cette qualité devant le tribunal civil, le 6 août de la même année et exerça cette fonction judiciaire jusqu'à sa mort, survenue à Saintes, rue du Palais (3), le 29 octobre 1834 ; il n'était âgé que de 51 ans.

Voix avait, en outre, été conseiller municipal à Saintes (1830-1831), membre du bureau de bienfaisance (1826 à son décès), ainsi que du conseil supérieur de l'instruction primaire de l'arrondissement de Saintes (1833-1834).

Le 19 août 1813, Louis-Mathieu-Isaac Voix s'était marié à Saintes, avec Marie-Thérèse Viauld (4), fille de Jean-Baptiste Viauld aîné (5), marchand drapier à Saintes, ancien membre

------

(1) Une lettre de Voix à M. Gouillard, avocat à Cognac, que M. J. de la Chartrie a bien voulu nous communiquer et dont on trouvera le texte dans les *Pièces justificatives*, donne de curieux détails à ce sujet.

(2) Cette ordonnance, qui a été transcrite sur la feuille d'audience du tribunal, porte, par une erreur du copiste vraisemblablement, que Voix était suppléant du canton sud de Saintes.

(3) Voix avait acquis cette maison (n° 7 actuel de la rue de l'Ancien-Palais) de Pierre-Gabriel Perruchon, notaire à Saujon, et de la dame Marie Soulard, son épouse, suivant acte de Genet, notaire à Saintes, du 7 mars 1826 (*Etude de Mᵉ Bourcy*). Cet immeuble fut attribué à son fils Louis-Charles-Alexis Voix, aux termes d'un partage sous signatures privées, fait le 8 novembre 1839 avec l'épouse Arnauld, sa sœur. Voix fils le vendit le 12 décembre 1843, à Pierre-Jean-Baptiste Gaudin, ancien notaire, demeurant à Pizany. Il appartint ensuite, successivement, à ses deux fils et seuls héritiers, Phédora Gaudin, avocat à Saintes, et Célestin Gaudin, ancien chirurgien de marine ; à ce dernier seul après le décès de son frère (30 avril 1873), puis à la dame Anne-Virginie Ravonneau, épouse divorcée de Jean-Victor Mangin, ancien pilote-lamaneur et est aujourd'hui la propriété de Mᵐᵉ Marie-Marguerite Imbaud, veuve de M. Eugène Falguerolles, ingénieur aux chemins de fer de l'Etat, chevalier de la Légion d'honneur, en vertu de l'acquisition qu'elle en a faite, par acte de Mᵉ Babinot, notaire à Saintes, en date du 4 mars 1887, de l'épouse Mangin, laquelle était légataire universelle dudit M. Célestin Gaudin, décédé à Saint-Georges-de-Didonne, le 9 avril 1879, aux termes du testament olographe de celui-ci, du 25 mai 1873, déposé pour minute à Mᵉ Biseuil, notaire à Royan, le 10 avril 1879.

(4) *Registres de l'état civil de la ville de Saintes.* — Le contrat de mariage des époux Louis-Mathieu-Isaac Voix fut passé devant Mouchet, notaire, le 11 août 1813 (*Etude de Mᵉ Laferrière*).

(5) Le beau-père de Voix était né à Saintes, paroisse Saint-Pierre, le 18 avril 1739, du mariage de Jean Viauld, marchand, ancien juge consul, et de Catherine Sorin. Il avait pour frère germain, Jacques-Philippe Viauld jeune, surnommé *Marais*, né à Saintes le 1ᵉʳ avril 1748, marchand épicier, qui fut

du bureau de conciliation, président du tribunal de commerce, et de Marie Gourdin, son épouse, décédés l'un et l'autre en cette ville, le mari le 6 germinal an IX (27 mars 1801) et la femme le 15 décembre 1813.

Le 14 juin 1814, la succession de la veuve Viauld, née Gourdin, fut l'objet d'un partage devant Mouchet, notaire, à Saintes, entre ses quatre enfants : 1° Jean-Baptiste Viauld, docteur-médecin (1) ; 2° Jacques-Philippe-Ambroise Viauld, marchand drapier, résidant tous les deux à Saintes; 3° Marie-Barthélemy Geneviève Viauld, épouse de Jean Brunet, propriétaire au Treuil commune de Chérac ; 4° et Marie-Thérèse Viauld, épouse Voix, qui précède. Celle-ci se vit attribuer un domaine situé à la Ransannerie, commune de Saintes, que, par acte sous signatures privées, en date du 12 décembre 1829, déposé pour minute à Drilhon jeune, notaire en cette ville, le 7 mars 1830, elle vendit, avec le concours de son mari, moyennant le prix de 36.000 francs à Joseph-Charles-Victor de Montalembert de Cers, contrôleur des Contributions directes à Saintes; et à madame Florence-Honorine Bidé de Maurville, son épouse (2).

---

capitaine du second bataillon des volontaires de la Charente-Inférieure, et qui, lors de son décès à Saintes (30 frimaire an VII — 20 décembre 1798). était commandant de la garde nationale de cette ville et mari d'Anne Arnault, qu'il avait épousée après la mort de sa première femme Louise Duplais (fille de Antoine Duplais, notaire royal et seigneur du fief des Touches, en Nieul, et « demoiselle » Léontine Pinard) avec laquelle il s'était marié à St-Vivien, le 9 février 1773.

(1) Jean-Baptiste-Lambert Viauld, né à Saintes le 11 juin 1771, mort en cette ville le 16 décembre 1851, âgé de plus de 80 ans, médecin de la prison, du collège, membre du Conseil d'administration de cet établissement, fut, sans contredit, l'un des hommes les plus distingués de son époque. (Lire la notice que lui a consacrée le Dr Mathieu Fleury, ancien préfet des Landes, dans l'*Indépendant de la Charente-Inférieure* du 20 décembre 1851.)

(2) *Etude de Me Foubert.* — Charles-Victor de Montalembert de Cers était fils de Nicolas-Prosper, chevau-léger de la Garde de Louis XVI, émigré en Allemagne en 1791, devenu prêtre, chanoine, ensuite supérieur du séminaire de La Rochelle, et de Jeanne-Charlotte de Laulanié, son épouse. De son union. célébrée en 1811, avec Honorine Bidé de Maurville, nièce de Bidé de Maurville, commandant de la marine à Rochefort, il eut neuf enfants, dont l'un, Casimir-Stanislas, né à Saintes le 28 septembre 1817, décédé au même lieu le 2 mars 1895, fut receveur principal des douanes, secrétaire de la société des *Archives*, épousa, le 21 avril 1841, Marie-Antoinette-Florence Le Gardeur de Tilly, fille d'Alexandre, capitaine de frégate, et d'Angélique-Hélène Turpin de Jouhé. Quoique d'une branche différente, les Montalembert de Cers sont de la même maison que Charles, comte de Montalembert, pair de France, le célèbre orateur mort à Paris le 13 mars 1870, et le marquis Marc-René de Montalem-

Marie-Thérèse Viauld, femme Voix, mourut à Saintes le
21 janvier 1830, après avoir mis au monde deux enfants : 1°
Marie-Elisabeth ; 2° et Alexis-Louis-Charles Voix, encore mineurs lors du décès de leur père, qui confia leur tutelle à
Pierre-François-Denis Charrier, avoué à Saintes, « son intime
ami », aux termes de son testament olographe en date du
15 février 1830, déposé en l'étude de Duret, notaire à Saintes,
le 3 novembre 1834 (1).

Marie-Elisabeth Voix, née à Saintes, le 7 septembre 1814,
où elle est décédée le 22 mai 1871, s'unit en mariage au même
lieu le 25 janvier 1836, avec Pierre-Marc Arnauld, avocat,
puis banquier à Saintes, né en cette ville le 17 février 1810,
mort à Arcachon le 13 août 1881, fils de Marc-Pierre-Philippe
Arnauld, avoué, et de Catherine-Rose-Herminie Heard. — Ce
fut lui qui, nommé maire de Saintes par ordonnance du 20
novembre 1847, planta dans cette ville, après la Révolution de
février 1848, trois arbres de la liberté dont un seul subsiste,
le peuplier de la place des Monards (2). Il est aussi l'auteur
de l'ouvrage suivant : *Dissertation sur le droit de commission,
qui peut être dû à l'occasion du prêt, et réflexions prélimi-
naires sur la monnaie* (3). — Du mariage des époux Marc
Arnauld naquirent trois fils : *a)* Marie-Emmanuel Arnauld,
ingénieur au chemin de fer des Charentes, qui dirigea, paraît-
il, les travaux de construction de la gare de Saintes et y mourut à 33 ans, le 6 avril 1872, laissant de son mariage avec la
dame Marie Durand, décédée le 28 février 1870, un fils Marie-
Marc-Léon-Joseph Arnauld, sous-lieutenant au 42° de ligne
à Montpellier, mort des suites d'une fluxion de poitrine le
7 septembre 1893, à l'hôpital de Rochefort-sur-Mer où il était
en traitement (4); *b)* Pierre-Louis-Joseph Arnauld, sous-diacre.

---

bert (Angoulême, 16 juillet 1714. —Paris, 29 mars 1800), membre de l'Académie des Sciences, lieutenant général du gouvernement de Saintonge et
d'Angoumois, général de division, le créateur, en 1750, de la célèbre fonderie
de canons de Ruelle (*Revue de Saintonge* de mai 1895, p. 160. — Cf. Cour-
celles, *Histoire généalogique et héraldique des pairs de France*, XII, *Montalembert*, pages 22, 27 et 30-35, Paris, 1833).

(1) Consulter à ce sujet l'*inventaire après le décès de Voix* du 11 novembre 1834, reçu par Duret (*Etude Rouyer*), et *la délibération du conseil de
famille des mineurs Voix* du 9 dudit mois (*Minutes de la justice de paix du
canton Sud de Saintes*).

(2) *Indépendant de la Charente-Inférieure* du 18 mars 1850.

(3) La Rochelle, Imprimerie de Frédéric Boutet, 1847, in-8°, 164 pages.

(4) *Revue de Saintonge* de novembre 1893, p. 432.

décédé à Saintes le 13 mars 1867, âgé de 25 ans; c) Eutrope-Alphonse Arnauld, avocat, docteur en droit, mort célibataire, en ladite localité, à 24 ans, le 9 septembre 1870.

Alexis-Louis-Charles Voix, né également à Saintes le 23 juin 1818, après avoir obtenu le diplôme de docteur en droit devant la faculté de Poitiers, fut d'abord secrétaire en chef de la mairie de sa cité natale (1849-1852). Il acheta ensuite l'office de Guichard, avoué à Rochefort, et fut nommé à cette fonction par décret du 8 mars 1852 (1), et suppléant de la justice de paix du canton sud de Rochefort (13 avril 1853) (2). Après avoir été adjoint au maire de Rochefort (26 août 1865-27 décembre 1867) (3), il céda sa charge à Duplais en 1868, et fut nommé juge de paix du canton de Surgères (18 novembre 1868) (4), puis du canton nord de Rochefort (15 juillet 1875) (5). Son état de santé l'obligea à donner sa démission en 1883 (6) et il mourut à Rochefort le 23 août 1884, laissant la réputation d'un magistrat « à l'esprit net, indépendant et libéral, et qui offrait, de l'aveu de tout le monde, les plus sérieuses garanties aux justiciables » (7). Il s'était marié le 23 novembre 1847 avec Marie-Anne Savary, fille de Pierre-Honoré Savary, capitaine en retraite, chevalier de la Légion d'honneur (8), et d'Antoi-

---

(1) *Indépendant de la Charente-Inférieure*, du 21 mars 1852.

(2) *Moniteur Universel* du 14 avril 1853.

(3) *Moniteur Universel* du 31 août 1865.

(4) *Moniteur Universel* du 20 novembre 1868.

(5) *Journal Officiel* du 16 juillet 1875.

(6) Son successeur fut Chauvet, juge de paix de Marennes. (Décret du 30 novembre 1883.)

(7) *Tablettes des Deux-Charentes de Rochefort*, du 5 décembre 1883.

(8) Pierre-Honoré Savary, né à Saintes le 9 avril 1790, paroisse Saint-Pierre, du mariage de Pierre Savary, marchand, et de Victorine Lacoste-Dulac, était frère germain d'Augustin Savary, président du tribunal civil de Saintes (1830-1839), mari de Jeanne-Eustelle Baudry, dont le fils, Pierre-Auguste-Eugène Savary, né à Saintes le 15 novembre 1815, mort à Taillebourg le 21 septembre 1881, époux de Laure-Antoinette-Léonide de Beaucorps, fut conseiller à la cour d'appel de Poitiers (1856-1871) et dont les filles deviennent épouses : 1° Marie-Clotilde-Clara, de David-François-Émile-Lovely Lambert, notaire à Saintes et adjoint au maire de cette ville, décédé le 19 mai 1860, dont Marie-Isabelle Lambert qui, le 6 mai 1863, se maria à Saintes, avec M. Amédée-Jacques-Joseph Oudet, ancien secrétaire général de la préfecture de la Corrèze, maire d'Écurat, président de la *Société des Archives historiques de Saintonge et d'Aunis* ; 2° Louise-Clotilde-Joséphine Savary, d'Eugène Arnoux, capitaine de frégate à Rochefort. (*Registres de l'état civil de Saintes, Études et documents sur Saintes*, pages 112, 121, 124, 126.)

nette-Elisabeth Brunet, décédés à Saintes, le mari, le 27 décembre 1845, et la femme, le 4 juin 1847 (1). Il en eût une fille, Marie-Noëmie Voix, qui devint épouse d'Edme-Henri Duplais (de la famille des Duplais des Touches) (2), avocat au barreau de Rochefort, ensuite avoué près le tribunal de première instance de cet arrondissement, dont vinrent : *a*. Louis-Gabriel-Alexandre-Henri Duplais, aussi avoué à Rochefort, qui s'est marié à Saintes, le 21 septembre 1897, avec M^lle Anne-Marie-Alix Dumontet, fille de M. Raymond-Pierre-Georges Dumontet, avoué honoraire, et de feue M^me Julie-Clorine Morin ; *b*. et Louise-Marie-Lucie Duplais, qui a épousé, à Rochefort, le 6 juillet 1891, M. Victor-Emile Fontorbe, chevalier de la Légion d'honneur, capitaine de frégate, fils de Jean-Baptiste-Victor Fontorbe, en son vivant architecte de la ville de Saintes, y décédé le 13 novembre 1875, et de M^me Marie-Madeleine-Agnès-Célestine Routier, décédée à Saintes le 7 juin 1903, laquelle était sœur de M. Louis-Emile Routier, percepteur des contributions directes en retraite, mort aussi à Saintes le 3 novembre 1895, père de M^me Marie-Madeleine Routier, mariée le 10 mai 1887 avec M. Pierre-Ferdinand Babinot, ancien notaire, avocat et adjoint au maire de Saintes (3).

(1) Les époux Pierre-Honoré Savary avaient quatre autres filles : 1° Marie-Elisabeth Savary, épouse de François Poirier, avoué à Saintes, plus tard greffier en chef du tribunal de première instance de cette ville (fils de François Poirier, percepteur à Châteauneuf-sur-Charente, et de Louise-Pauline Valleteau de Montboulard) ; 2° Marie-Joséphine Savary, épouse de Pierre-Emmanuel Poirier, percepteur des contributions directes à Gensac, canton de Segonzac, ensuite à Hiersac, frère du précédent et père de M. François-Emmanuel Poirier, notaire à Préguillac, mari de M^me Elisabeth-Marthe Allotte et dont la fille, M^lle Anne-Marie Poirier, a épousé, le 26 juillet 1904, M. Joseph-Marie Thirion, alors avocat à la cour d'appel de Paris, aujourd'hui directeur politique du *Nouvelliste* de Bordeaux ; 3° Marie-Marguerite-Emmanuel Savary, épouse de Pierre-Nicolas-Eliacin Chevreux, ancien procureur du roi près la cour de Fort-Royal (*Fort de France*), à la Martinique (1844), chevalier de la Légion d'honneur (1847), décédé à Saintes le 16 août 1864, laissant un fils, E. Chevreux, qui fut propriétaire-rédacteur en chef de l'*Eclaireur Charentais*, journal « conservateur, libéral et indépendant », imprimé à Saintes par H. Chassériaud (13 avril 1890-27 mars 1892) ; 4° et Marie-Clara-Lovely Savary, épouse de M. André-Pierre-Napoléon-Anacharsis Chasteauneuf, propriétaire à Saint-Thomas de Cosnac, canton de Mirambeau. (*Registres de l'état civil.* — Pour ce qui concerne particulièrement M. Chevreux, voir *Grand Almanach de Saintes* de 1887, page 36, imprimerie Hus.)

(2) Consulter sur cette famille l'ouvrage de M. Antoine Duplais-Destouches : *Les Duplais-Destouches*, in-8, 33 pages, La Rochelle, Noël Texier, 1896.

(3) *Revue de Saintonge* de septembre 1891, tome XI, page 306, et du 1^er septembre 1903, tome XXIII, page 302.

Louis-Mathieu-Isaac Voix avait quatre sœurs germaines (1) :

1° Marie-Elisabeth-Magdeleine Voix, née à Sigogne le 1er mars 1785, décédée à Niort le 2 avril 1853, qui épousa le 15 février 1809, Pierre-Louis-Honoré Chapparre (2), pharmacien à Saintes, rue Saint-Pierre, décédé au Chaillot, commune de Saintes, le 15 juin 1843. De leur union sont nés : a. Pierre-Louis Chapparre, aussi pharmacien à Saintes, y décédé le 5 juin 1861, époux de Julienne-Alix Lebeau, dont postérité ; b. Pierre, dit Henri, Chapparre, décédé célibataire à Saint-Fort-sur-Gironde le 25 septembre 1858 qui, après avoir été clerc de notaire, devint administrateur et rédacteur de l'*Union Républicaine* de Saintes, et eut, au mois de janvier 1850, à la suite d'une vive polémique de presse, à la Guiardie, près de Saintes, un duel au pistolet, sans effusion de sang, avec Charles-Victor Vallein, fondateur et rédacteur en chef de l'*Indépendant de la Charente-Inférieure* (3) ; c. Lise-Marie-Elisabeth Chapparre, qui se maria le 4 mai 1841 avec Léopold-Frédéric-Gilbert-Eutrope Hardy, négociant à Saint-Jean d'Angély ; d. et Marie—Adelaïde Chapparre, qui épousa le 25 janvier 1845

---

(1) Voir le partage des successions de Mathieu Voix et d'Elisabeth Levesquot, son épouse, entre leurs enfants, devant Baudry, notaire à Saintes, le 26 février 1830 (*Etudes de Mᵉ Rouyer*).

(2) Pierre-Louis Chapparre, fils de Louis Chapparre, notaire à Courant, canton de Loulay (1776-1804), et de Suzanne Arsonneau, était veuf en premières noces de Louise-Euphrosine Doussin, fille du chirurgien Jacques-Louis Doussin, et de Marguerite-Catherine Cheron. De cette union, célébrée à Saintes le 2 fructidor an XII (20 août 1804), il avait eu Marguerite-Honoré Chapparre, qui s'établit comme médecin à Saint-Fort-sur-Gironde, canton de Saint-Genis-de-Saintonge. (Voir partage Chapparre devant Lambert, notaire à Saintes, du 29 octobre 1873. *Etude de Mᵉ Bourcy*.)

(3) Le ministère public de Saintes, sur l'ordre de M. Damay, procureur général à Poitiers, poursuivit les duellistes et leurs témoins, MM. Chevreux et Dʳ Briault, pour Vallein ; P. Gaudin et Poirier, pour Chapparre, après instruction devant le tribunal correctionnel de Saintes, qui déclara qu'il n'y avait lieu à suivre. En appel, la chambre des mises en accusation de Poitiers confirma ce jugement. Mais à la suite d'un pourvoi du procureur général, la cour de cassation, par arrêt du 12 avril 1850, renvoya les parties devant la chambre des mises en accusation de Bordeaux qui, le 17 juillet de la même année, rendit aussi un arrêt de non-lieu. (Voir les phases de cette affaire, dans l'*Indépendant* des 4 mai et 19 juillet 1850). — En 1848, Vallein avait eu un autre duel avec Louis Chapparre, le frère de son adversaire. Les témoins, dans cette circonstance, avaient été les Dʳˢ Briault et Menudier, pour le premier, et de Jaubert, colonel de la garde nationale, et Dʳ Bargignac pour le second. (*Union Républicaine* de Saintes, du 10 septembre 1848, n° 342).

Charles-Auguste Mathé, négociant à Niort, beau-frère de M. Claviez, adjoint au maire de la ville de Saintes.

2° Marie-Marguerite-Joséphine Voix, née à Sigogne le 1er septembre 1788, qui contracta mariage le 29 novembre 1813 avec Pierre Amaudry, marchand épicier à Saintes. — Les époux Amaudry, décédés aux Pierrières de la Croix, commune de Saintes, la femme le 23 janvier 1870, et le mari le 2 octobre 1871, ourent deux fils : a. Louis-Pierre Amaudry, qui continua le commerce de son père ; b. et Paul Amaudry, successivement marchand de bonneterie à Saintes, rue Porte-Aiguière, et imprimeur, rue de la Comédie, qui fut administrateur de l'*Indépendant de la Charente-Inférieure*, auquel il prêta ses presses du 6 janvier 1866 au 31 décembre 1874, époque où ce journal devint la propriété de MM. A. Gay et Cie et qui, devenu clerc d'avoué à Bordeaux, y est décédé subitement, à l'âge de 66 ans, le 10 décembre 1889.

3° Anne-Caroline Voix, née à Sigogne vers 1790 ou 1791, décédée sans alliance, à Saintes, le 8 mars 1840, à l'âge de 50 ans ;

4° Porcie Voix, née à Sigogne, le 4 novembre 1793, décédée à Saintes, rue Saint-Pierre, le 11 décembre 1879, à 86 ans, qui, le 11 août 1815, épousa Eutrope Niox, né à Saintes le 13 avril 1786, fils de Nicolas Niox, menuisier, et de Marie-Thérèse Luraxe, lequel, après avoir été lieutenant au 12e léger (5 janvier 1804-5 janvier 1815) (1), devint marchand quincailler, puis fabricant d'ornements d'églises, juge au tribunal de commerce et mourut à Saintes, rue Saint-Michel, le 30 mai 1856. Il avait reçu trois blessures au cours de huit campagnes, en Portugal, en Espagne et dans le midi de la France (1807-1814), savoir : un coup de baïonnette à la bataille de Victoria (21 juin 1813), un coup de feu dans le bas-ventre sur les hauteurs de Pampelune (23 juin 1813), et un autre coup de feu dans la jambe droite, à la bataille d'Orthez (27 février 1814) (2). Il fut nommé chevalier de la Légion d'honneur par décret du 15 mai 1851 (3). — De l'union de Porcie Voix avec Eutrope Niox sont nés douze enfants dont l'un, le dernier, M. Etienne-Amédée-Nicolas

---

(1) Renseignements dus à M. J.-M. Daniel Niox, à qui nous adressons nos remerciements.

(2) D'après une note de M. Daniel Niox, la balle reçue, à cette époque, par son aïeul, Eutrope Niox, aurait été retrouvée le 13 décembre 1879, jour de son exhumation.

(3) *Indépendant de la Charente-Inférieure* du 14 juin 1851, n° 404.

Niox (1), après avoir été élève à l'Ecole navale de Rochefort, ensuite négociant, est décédé à Saintes le 3 avril 1900, époux de Lucile Barlus, fille de Jean Barlus, dit Bessières (2), maître d'hôtel, et de Marie-Anne Cosset; — il eut sept enfants de cette union, parmi lesquels M. Joseph-Marie-Daniel Niox, négociant, ancien président de *l'Association de défense des intérêts du commerce saintais.*

Un dernier renseignement au sujet d'Eutrope Niox. — Il était frère consanguin d'Eutrope-Léon Niox, né à Saintes le 13 février 1809, du second mariage que Nicolas Niox avait contracté le 3 messidor an II (21 juin 1794), avec Marie Chaillou, après le décès de Thérèse Luraxe, sa première femme, survenu à Saintes le 9 mai 1793. Eutrope-Léon Niox, officier de cavalerie, fut chef d'escadron au 4ᵉ chasseurs d'Afrique, lieutenant-colonel au 6ᵉ dragons (31 janvier 1855), et mourut du typhus pendant la guerre de Crimée, devant Sébastopol, le 28 juillet suivant (3).

Il avait épousé, le 7 août 1838, à Pont-à-Mousson (Meurthe-et-Moselle), Caroline-Elisabeth- Desrayaud, dont il eut, étant lieutenant au 10ᵉ cuirassiers, à Provins, un fils, Gustave-Léon Niox, né dans cette ville le 2 août 1840 (4). Ce dernier, admis à l'école militaire de Saint-Cyr avec le n° 1 (22 octobre 1856), dont il sortit dans le corps d'état-major en 1858, fut promu capitaine en 1863, chef d'escadron en 1879, lieutenant-colonel en 1884, colonel en 1888, général de brigade en 1893, général de division en 1899, et prit part à la campagne du Mexique et à la guerre de 1870, à l'armée de Metz. Après avoir été successivement professeur de cosmographie à l'Ecole d'application d'état-major, puis à l'Ecole supérieure de guerre et à

---

(1) Voir sur M. Amédée Niox, *Revue de Saintonge* de mai 1900, tome XX, page 177. — Cf. *Moniteur de la Saintonge* du 7 juin 1896.

(2) Barlus, dit Bessières, tenait, à Saintes, l'hôtel du *Bateau à vapeur*, le meilleur de la ville, qu'il exploitait dans un immeuble, situé quai des Frères, en face de l'escale de ce bateau faisant chaque jour le service de Saintes à Rochefort, et inversement. Cet immeuble, qui porte le n° 6, et qui fut habité de 1863 à 1879 par M. Régnault, vice-président du tribunal civil, appartient à M. Pierre Niox, propriétaire à Montils, pour l'avoir recueilli dans la succession de ses père et mère, les époux Amédée Niox, et en avoir été attributaire en vertu d'un partage reçu par Mᵉ Laferrière, le 14 mars 1900.

(3) L'acte de décès d'Eutrope-Léon Niox a été transcrit à la date du 30 mai 1856, sur les registres des actes de l'état civil de la ville de Saintes.

(4) *Registres d'état civil de la ville de Provins.* — Renseignements dus à l'amabilité de notre collègue, M. Rollet.

l'Ecole des sciences politiques, inspecteur général des services de la télégraphie militaire, membre du comité technique d'état-major, directeur du service géographique de l'armée, commandant supérieur de la défense du camp retranché de Paris, commandant la place de Paris, président du comité technique de l'infanterie (12 janvier 1905), le général Niox, passé au cadre de réserve le 2 août 1905, est actuellement directeur du Musée de l'Armée et gouverneur de l'hôtel des Invalides. Outre quelques brochures relatives à l'art militaire, il a publié *Expédition du Mexique* (1861-1867), Paris, Dumaine, 1874, in-8° 770 pages, et atlas in-folio ; — *Géographie Militaire* (1877-1890), 7 vol. in-8°, ouvrage fort estimé ; — *l'Algérie, géographie physique* (1884, in-8°, avec cartes), ouvrage capital sur la matière ; la *Guerre de 1870*, simple récit, Paris, Delagrave, 1897, in-8° auquel l'Académie des Sciences Morales et Politiques a décerné un prix en 1898 (1).

Le général Niox a épousé sa cousine, Marie-Mauricette-Henriette Niox, née à Saint-Denis (île de la Réunion), de Henri-Nicolas Niox (2), docteur en médecine, chirurgien major de la marine, et de M^me née Irma d'Hotman.

### IV. — Gabeloteau.

Jean-Etienne Gabeloteau, né à Burie, le 6 janvier 1784 (3), était fils de Jean-Baptiste Gabeloteau, huissier audiencier au siège royal de l'élection de Cognac, et de « demoiselle » Anne Garnaud, son épouse, décédés l'un et l'autre à Burie, le mari, le 28 thermidor an VIII (12 août 1800), et la femme, le 2 mai 1818 (4).

---

(1) Vapereau, *Dictionnaire Universel des Contemporains*, page 1172, Paris, Hachette et C^ie, 6^e édition, 1893 ; *La Grande Encyclopédie*, tome XXIV, p. 1126, Paris, s. d. ; *Dictionnaire Larousse Illustré*, tome VI, p. 381 ; *Journal Officiel* du 2 août 1905, n° 207, page 4734.

(2) Henri-Nicolas Niox, était né à Saintes le 21 messidor an VII (9 juillet 1799) du second mariage de Nicolas Niox avec Marie Chaillou.

(3) Il fut baptisé, le lendemain, à Burie par Defoix, vicaire, et eût pour parrain, Jean-Etienne Gabeloteau du Plantis, procureur, et pour marraine, « demoiselle » Marie Foucaud (*Registres paroissiaux de Burie*). Ces renseignements nous ont été donnés par M. Poitevin, maire et conseiller général, auquel nous adressons ici l'expression de notre sincère gratitude.

(4) Les époux Gabeloteau-Garnaud avaient contracté mariage à Burie le 28 janvier 1782 (*Mêmes registres*). Quoique ni dans cet acte de mariage, ni dans l'acte de son propre décès, les noms des père et mère de Jean-Baptiste Gabeloteau ne soient énoncés, nous avons tout lieu de présumer qu'il était

Nommé, par ordonnance du 23 août 1814, notaire à la résidence de Saint-Romain de Benêt, en remplacement de Louis-Pierre Botton, décédé le 22 février 1813, avec droit d'exercice dans le ressort du canton de Saujon, il prêta serment en cette

né à Burie, le 15 décembre 1756, de l'union de Jean-Etienne Gabeloteau, huissier audiencier à Cognac, et procureur en la juridiction de Burie, et de Suzanne Bourreau, son épouse, demeurant chez Brandon, paroisse de Saint-Sulpice. Ce Jean-Etienne Gabeloteau était lui-même fils d'autre Jean-Etienne Gabeloteau, juge du chapitre et de Migron et procureur d'office de Vaujompe, et de Françoise Brandy, décédés à Burie, le mari, le 19 janvier 1754, à 64 ans, et la femme, le 27 janvier 1764, à 68 ans, laissant deux autres fils : a) François Gabeloteau, notaire royal ; b) et Etienne Gabeloteau, premier huissier royal en l'élection de Cognac, époux de Catherine Garnaud. François Gabeloteau, l'un d'eux, inhumé à Burie, le 21 mai 1777, eut de son mariage avec Marie Durandeau, morte au même lieu le 2 juin 1776 : 1° Pierre-François Gabeloteau, géomètre, puis notaire à Burie, qui va suivre ; 2° Jean-Etienne Gabeloteau *Duplantis*, né à Burie, le 11 février 1757, qui fut notaire, de 1779 à 1810, à Burie, ensuite à Cognac, où il eut pour successeur Babin (aujourd'hui étude de M° Constant); il avait épousé Angélique Prouhet, fille de Michel, maître chirurgien, décédé, à Thors, canton de Matha, le 6 mai 1779, et de Marguerite-Henriette Duvergier (contrat de mariage devant Imbaud, notaire à Cognac, le 19 mai 1785), et mourut à Cognac, sans enfants, le 22 septembre 1811, après avoir institué son épouse pour légataire universelle par testament reçu par M° Fournier, notaire à Cognac, le 15 août 1811 ; 3° Françoise Gabeloteau, mariée, le 8 février 1779, à Jean Angevin, marchand, à Burie ; 4° Louise Gabeloteau, mariée, le 5 juin 1781, en la paroisse de Marestay, près Matha, à Joseph Bonnarme, marchand, fils de Jean et de Marie-Anne Lemoyne, de la paroisse de Loiré. Pierre-François Gabeloteau, ci-dessus nommé, né à Burie vers 1754, décédé en ce bourg le 26 floréal an IX (16 mai 1801), qui fut l'un des députés de Burie à l'assemblée préliminaire du tiers état de la ville et sénéchaussée de Cognac du 7 mars 1789 (*Histoire politique et parlementaire des départements de la Charente et de la Charente-Inférieure, de 1789 à 1830*, par M. Eugène Réveillaud, député. Saint-Jean d'Angély, A. Rogé, 1911), et maire de Burie en 1790, épousa, le 15 avril 1782, Marie-Louise Pallon, fille de Jean Pallon, maître en chirurgie, et de Louise Giraud, et, après le décès de sa femme (8 décembre 1792), convola en secondes noces, le 18 février 1793, avec Marie Pontois, décédée le 18 brumaire an IX (9 novembre 1800), fille de Jean Pontois, boucher à Burie, et de Marguerite Pellerin. Il eut des enfants de ces deux unions. L'un de ses fils du premier lit, Pierre-Alexis-Michel Gabeloteau, né à Burie le 18 juillet 1785, d'abord marchand à Saintes, puis employé surveillant de l'octroi de cette ville (13 octobre 1830), y est décédé le 22 juin 1852, après s'être marié trois fois : 1° le 6 septembre 1808, avec Catherine-Octavie Duchaine, décédée le 20 mai 1817, fille de Nicolas Duchaine jeune, marchand, et de Marie Fabvre, et nièce de Pierre Sarrazin, maire de la commune de Chaniers, assesseur du juge de paix en 1790, dont vinrent plusieurs enfants ; 2° le 10 janvier 1818, avec Charlotte-Marguerite Murasse, décédée le 14 septembre 1822, dont notamment Etienne-Rémy-Henry Gabeloteau, né à Saintes le 31 décembre 1818, époux de Catherine-Evelina Gautret, pharmacien à Burie, qualité devant le tribunal civil de Saintes (1) et demeura à Saint-Romain jusqu'à la fin de novembre 1814, époque où le siège de son étude fut transféré à Corme-Royal (2). Il y résida jusqu'au commencement de mars 1824, et après avoir cédé son office à Jean Manseau, il alla, dans le courant de ce même mois, succéder à Gautier, comme notaire, à Burie (3), où il exerça sa profession jusqu'au 9 mai 1832, date où il fut remplacé par François Reddon, en faveur duquel il avait donné sa démission. André Foucaud jeune, ancien notaire et maire de Saint-Bris des Bois, suppléant de la justice du paix du canton de Burie, étant décédé audit Saint-Bris le 8 septembre 1833, Gabeloteau fut choisi à sa place pour remplir cette dernière fonction par ordonnance royale du 28 octobre suivant, et prêta serment, devant le tribunal de première instance de l'arrondissement, le 11 novembre de la même année (4). Après la mort de Voix, il fut l'un des trois candidats (5) à son poste, devenu vacant, présentés

que l'on trouve établi à Paris en 1860 ; 3° le 27 mars 1824, avec Anne-Elisabeth Pellisson, fille de François Pellisson, marchand, à Saintes, et de Anne-Marie Gout (sœur de Claude-Antoine Gout, maire de cette ville en 1791), dont il eut, entr'autres enfants, Anne-Elisabeth Gabeloteau, née à Saintes le 19 novembre 1828, décédée à Rochefort, le 18 février 1903, qui épousa, à Saintes, le 18 mars 1857, Pierre-Henri-Jules Guédon, fils de Pierre Guédon, huissier, et de Pauline Minguet, lequel, après avoir été un avocat fort distingué et l'un des rédacteurs-gérants du journal l'*Union Républicaine*, de Saintes (4 mai 1848-26 janvier 1851), fut sous-préfet de Rochefort-sur-mer, depuis le 25 mars 1879 jusqu'à son décès, arrivé dans cette dernière ville le 21 octobre 1880. Jules Guédon était frère germain de : a) Joseph-Camille Guédon, avoué à Saintes, où il est mort le 5 janvier 1872, qui, le 30 mai 1854, se maria avec Marguerite Laure Gastineau, petite-fille, par sa mère, Marguerite-Eustelle Mestreau, épouse Jules Gastineau, de Jean-Frédéric Mestreau, banquier, à Saintes, père de l'ancien sénateur de ce nom ; b) et de Magdeleine-Clara-Elisée-Ida Guédon, qui épousa, à Saintes, le 3 février 1851, Mathieu-Alfred Meunier, alors avoué à Saint-Jean d'Angély.

(1) *Feuille d'audience du tribunal civil de Saintes* (Archives du greffe).

(2) Gabeloteau a reçu son dernier acte à Saint-Romain-de-Benêt le 23 novembre 1814, et comme résidant à Corme-Royal, son premier acte le 27 de ce même mois, et son dernier le 9 mars 1824 (*Renseignements donnés par M° Soulard, notaire à Corme-Royal*).

(3) Le premier acte de Gabeloteau, reçu à Burie, est en date du 19 mars 1824 (*Renseignements dus à M° Aramy, notaire à Burie*).

(4) *Feuille d'audience du tribunal civil de Saintes* (Archives du greffe).

(5) Les deux autres candidats étaient Charrier et Giraudias, avoués. Un troisième avoué, de Saintes, Pierre-Bernard Thibeaudeau, avait, de son côté, adressé une demande à la chancellerie pour solliciter le siège de Voix (*Ar-*

par le procureur général près la cour d'appel de Poitiers, et, bien que, venant en troisième ligne seulement, grâce aux excellentes notes fournies sur son compte, grâce, peut-être, surtout à la puissante recommandation d'un cousin germain de sa femme, Desmortiers (1), procureur du roi près le tribunal de

---

chives Nationales, BB8 550. — Renseignements dus à la gracieuseté de M. Dejean, directeur des Archives).

(1) Louis-Henri Desmortiers, né à Marestay, près Matha, le 5 novembre 1782, était fils de François-Henri Desmortiers, décédé à Thors, à 80 ans, le 20 décembre 1835, — dont il sera parlé ci-après, — et de Catherine Duvergier, décédée au même lieu, à 69 ans, le 5 janvier 1829, laquelle était tante de la femme de Gabeloteau. Après avoir été avocat au barreau de Paris (1805), président du tribunal civil d'Arcis-sur-Aube (21 février 1816), de celui de Corbeil (1818), juge au tribunal de la Seine (1820), juge d'instruction au même siège (1821), conseiller à la cour de Paris (28 septembre 1830), Louis-Henri Desmortiers fut nommé procureur du roi à Paris le 8 mars 1831 et le demeura jusqu'à son admission à la retraite (7 août 1843). Officier de la Légion d'honneur (1833), il fut élu, le 21 juin 1834, député par le troisième collège électoral de la Charente-Inférieure (Saint-Jean d'Angély), réélu en 1839, 1842 et 1846, et se retira ensuite dans la propriété de son épouse, Zoé Gourlay, sise dans la commune de Besnay, près Savenay (Loire-Inférieure), où il mourut en janvier 1869. Il avait trois frères : 1º Benjamin-Louis Desmortiers, né le 28 août 1789, qui, après avoir été professeur et sous-principal au collège de Saint-Jean d'Angély et vicaire de Saint-Eutrope de Saintes, fut chanoine honoraire et curé de La Tremblade, de 1817 à 1870, où il est décédé le 22 novembre de ladite année, laissant une mémoire vénérée comme celle d'un saint ; 2º Eugène Desmortiers, né à Thors, le 13 janvier 1792, propriétaire et maire de sa commune natale de 1826 à 1835, marié successivement à Marguerite-Estelle Amy et à Caroline-Victorine Bacouillard, dite Mariette ; 3º Louis-Déterville Desmortiers, né à Thors, le 30 avril 1799 (par un étrange oubli, Déterville Desmortiers n'a été inscrit sur les registres de l'état civil, ni à sa naissance, ni à sa mort. L'acte de naissance a été remplacé par un acte de notoriété homologué par un jugement du tribunal de Corbeil en date du 15 avril 1825 ; et l'acte de décès, par un jugement du tribunal de Pontoise du 20 septembre 1871, Revue de Saintonge, 1888, loc. cit., p. 130, note 2), époux de Juliette Campi, lequel, après avoir été avoué à Saintes, en remplacement de Corbinaud (19 mai 1825), céda, le 25 janvier 1832, à Dussourd, son office, dont le titulaire actuel est Mᵉ Paul Brunaud, entra ensuite dans la magistrature et fit toute sa carrière au tribunal de première instance de la Seine, où il fut juge suppléant (9 avril 1832), substitut (8 février 1836), juge (27 janvier 1840), finalement juge d'instruction (8 février 1840). Admis à la retraite en 1869, et nommé juge honoraire, il fut, le 1ᵉʳ octobre 1870, fusillé par les Prussiens pour avoir coopéré avec d'autres francs-tireurs à la défense de Parmain, au passage de l'Oise. Le 16 octobre 1887, on a élevé à ce courageux patriote, ainsi qu'au jeune Édouard Maître, tombé en même temps que lui sous les balles allemandes, un monument à Persan, commune de Jouy-le-Comte, arrondissement de Pontoise, lieu de leur exécution, et, le 15 novembre 1894, la ville de

première instance de la Seine, il fut nommé juge de paix du canton nord de Saintes, par ordonnance de Louis-Philippe Ier, en date du 29 novembre 1834 (1), et prêta le serment, exigé par la loi, à l'audience du tribunal civil du 16 décembre suivant (2).

Cependant Gabeloteau regrettait son pays d'origine car, le 13 juillet 1835, il adressa une supplique au garde des sceaux en vue de permuter avec son collègue de Burie, Etienne-Joseph Peyremol, mais, malgré ses instances, à la suite d'un rapport du procureur général de Poitiers (M. Gilbert-Boucher), daté du 28 août 1835, et concluant au rejet de la demande de Gabeloteau pour des motifs qui ne nous sont pas connus, le ministre de la justice (M. Persil) lui fit savoir que la permutation, qu'il désirait, ne pouvait pas être autorisée (3).

Gabeloteau, déçu dans son espoir, dut se résigner à continuer à être juge de paix de Saintes-nord, fonction qu'il conserva jusqu'à son décès survenu le 16 avril 1843, dans sa chère petite cité natale, où il devait, sans doute, habiter le plus souvent possible ; il était âgé de 59 ans.

Il est vraisemblable que, pendant la durée de sa magistrature cantonale, Gabeloteau, par la façon dont il en accomplissait les devoirs, fut toujours digne des appréciations élogieuses, émises sur lui par ses chefs hiérarchiques avant sa nomination et qu'il nous paraît intéressant de mettre sous les yeux du lecteur : « Il a exercé avec distinction, pendant dix-neuf ans, les fonctions de notaire à Burie, où il jouit d'une considération mé-

---

Saintes a donné le nom de Desmortiers à l'une de ses voies publiques, la rue de Ballanche (*Annales Municipales de la ville de Saintes*, 1895, p. 330). Les frères Desmortiers avaient quatre sœurs, dont l'une, Catherine, née le 23 thermidor an II (10 août 1794), a épousé, à Thors, le 24 octobre 1825, Jacques Sorin, fils de Josué-Jean-Baptiste, et de Bellet Marie, de Blanzac, canton de Matha, d'où notamment une fille, Catherine-Victoire, née le 7 février 1829, qui s'est mariée, à Blanzac, le 21 avril 1846, avec son cousin-germain, Alcime-Jean-Baptiste Sorin-Dessources, né le 13 avril 1820, à Blanzac, fils de Pierre et de Eulalie-Esther-Désirée Mallat, lequel fut procureur impérial à Saintes (17 mai 1863), puis président du tribunal de Saint-Jean d'Angély du 4 juin 1870 au 23 septembre 1883, date de sa mise à la retraite (*Registres d'état civil.* — Cf. *Un héros Saintongeais*, par M. Philippe Rondeau, dans la *Revue de Saintonge* de mars 1888, p. 126 et suiv. Pour ce qui concerne spécialement Louis-Henri Desmortiers, voir le *Dictionnaire des Parlementaires Français*, t. II, p. 360).

(1) *Moniteur Universel*, du 30 novembre 1834.

(2) *Feuilles d'audience du tribunal civil de Saintes* (Archives du greffe).

(3) *Archives Nationales*, BB[8] 550.

ritée. Comme suppléant de la justice de paix, il a fait preuve de capacité. Sa longue expérience des affaires, un jugement d'une justesse remarquable, une conduite irréprochable, une honorable position de fortune et des principes politiques sûrs recommandent particulièrement ce candidat à la confiance du gouvernement et à celle des justiciables (1) ».

Jean-Etienne Gabeloteau, étant encore aspirant au notariat, avait, en un lieu et à une date que nos recherches n'ont pas réussi à nous faire découvrir, contracté mariage avec Marie-Lucie Duvergier, née à Saint-Jean d'Angély, le 3 août 1779 (2), fille de « feu M. Mᵉ Eutrope Duvergier (3), procureur au sénéchal de

---

(1) *Archives Nationales*, BB⁸ 550.

(2) *Archives de Saint-Jean d'Angély, Registre G. G.*, nº *162* (Communication de notre confrère, M. C.-L. Saudau, archiviste-bibliothécaire de cette ville, à qui nous adressons nos vifs remerciements).

(3) Les Duvergier, dont la famille était originaire des environs de Saint-Jean d'Angély, étaient nombreux. L'un d'eux, Isaac, notaire royal à Thors (1739-1782), et juge de plusieurs juridictions, décédé, à l'âge de 69 ans, en la dite paroisse le 6 août 1782, se maria deux fois : 1° avec Elisabeth Corneau, décédée à une date inconnue, mais antérieure à 1757 : 2° avec Marie Avard, décédée à Thors, le 19 septembre 1783, âgée de 71 ans. Du premier lit, il eut notamment : *a)* Henri Duvergier, bourgeois, décédé à 85 ans, le 24 floréal an XII (14 mai 1804), qui fut commandant de la garde nationale de Thors en 1789, l'un des cinq délégués militaires du canton de Matha à la fête de la Fédération à Paris, du 14 juillet 1790, et, sans doute, celui à qui fut confiée la bannière fédérative de la Charente-Inférieure, avec mission de la remettre à Saintes, au directoire du département, séant en cette ville (Voir *Saint-Jean d'Angély sous la Révolution*, par A. Mesnard, p. 90, et *Registres des délibérations du Directoire de la Charente-Inférieure*, séance du 31 juillet 1790). Ce même Henry Duvergier, marié à Elisabeth Epagniou ou Espaniou-Dezille, en eut notamment Elisabeth Duvergier, décédée le 8 avril 1845, qui, le 29 août 1785, épousa Louis Feniou, notaire à Thors (1784 à 1815), dont François Feniou, également notaire à Matha (1825-1837) ; *b)* Marguerite Duvergier qui, le 10 mai 1757, se maria aussi à Thors avec « messire » Mathieu Chevalier, écuyer, sieur du Chausset, fils de Mathieu Chevalier, aussi écuyer, et de « demoiselle » Elisabeth Rullier. De sa deuxième union, Isaac Duvergier, eut, entre autres enfants : *a)* Elisabeth Duvergier, mariée, à Thors, le 7 mai 1764, avec Charles-Joseph Charreron, procureur, fils de Mᵉ Charles Charreron, et de feue dame Texandier, de la paroisse d'Aujac ; *b)* Louise Duvergier, mariée, le 15 novembre 1762, à Pierre Fouquet, et, après le décès de ce dernier, le 8 janvier 1766, à Jacques Bequet, chirurgien ; *c)* Eutrope Duvergier, procureur au siège de Saint-Jean d'Angély, qui, le 18 août 1777, épousa, à Thors, Marie-Thérèse Barbaud, fille de feu Simon Barbaud, procureur audit siège de Saint-Jean d'Angély, et de Marie-Thérèse Drouhet, dont notamment Marie-Lucie Duvergier, épouse Jean-Etienne Gabeloteau, qui précède ; *d)* Catherine Duvergier, qui, le 15 octobre 1782, épousa François-Henri Desmortiers, alors employé

cette ville, et Marie-Thérèse Barbaud *(aliàs* Barbaux), décédés à Saint-Jean d'Angély, le mari, le 3 septembre 1783, et la femme, le 30 septembre de la dite année (1). Il eut de son union avec Marie-Lucie Duvergier, morte à Burie, le 10 mars 1852 : *a)* Marie-Louise Gabeloteau, née à Burie, le 21 août 1811, décédée, célibataire, le 16 octobre 1828, âgée de 17 ans ; *b)* et Etienne-Henri

---

dans les fermes du roi du département de Matha, y demeurant paroisse de Marestay, plus tard receveur dans les droits réunis, lequel était originaire de la paroisse de Saint-Hilaire de Verrue, diocèse de Poitiers, où il avait été baptisé en 1755, fils de « vénérable homme » François Desmortiers, et de Louise Duport, et veuf de Marie-Anne Cuirblanc, inhumée dans le cimetière de Marestay ; *e)* et deux fils, dont l'un fut avoué près le tribunal de première instance de la Seine (1800-1829), et l'autre, établi à Paris, sous le règne de Louis XVI, fit fortune dans le commerce des diamants, et fut père de plusieurs enfants, dont une fille, qui donna le jour à Auguste Barbier, l'auteur des *Iambes*, lequel a célébré la fin héroïque de Louis-Deterville Desmortiers, son grand-oncle, dans une pièce de vers, le *Drame de Parmain*, publiée dans le recueil des *Poésies posthumes* de ce poète (Paris. Lemerre, 1884). Se rattachent encore à cette même famille : 1° Isaac-Benjamin Duvergier, qui fut prêtre desservant de Saint-Coutant, puis curé de Thors de 1773 à 1789 au moins ; 2° Victor Duvergier, né à Roquelaure (Gers), et fils de Pierre-Victor et d'Henriette Espaniou-Dezilles, lequel, après avoir été homme de loi et officier municipal à Saint-Jean d'Angély, puis commissaire national près le tribunal de ce district en 1793, fut nommé, le 24 floréal an VIII (14 mai 1800), juge au tribunal civil de cet arrondissement, siège qu'il occupa jusqu'en 1833 ; il était époux de Marie-Geneviève Drouhet, et mourut juge honoraire à Saint-Jean d'Angély le 26 mai 1838 ; 3° Henriette Duvergier, épouse de Michel Prouhet, chirurgien, dont une fille, Angélique Prouhet, se maria à Gabeloteau-Duplantis, notaire à Cognac, qui précède, et une autre, Henriette Prouhet, épousa, le 22 novembre 1787, Jean Perdriau, sergent royal, fils de Jean Perdriau, ancien sergent royal, et de Anne Longueteau, de la paroisse de Courbillac. Existait-il aussi, comme on nous l'a assuré, des liens de parenté entre ces mêmes Duvergier et le jurisconsulte bien connu, Jean-Baptiste-Marie Duvergier (Bordeaux, 25 août 1792-1ᵉʳ novembre 1877) qui fut sénateur du second Empire et ministre de la justice (11 juillet-27 septembre 1869)? Nous ne le pensons pas, sans pouvoir toutefois l'affirmer.

(1) Dans l'acte de mariage d'Eutrope Duvergier et de Marie-Thérèse Barbaud, inscrit sur les registres paroissiaux de Thors. le père de l'époux a été prénommé, par erreur, probablement, « Pierre » au lieu d'Isaac, mais il ne peut y avoir de doute sur son identité, car sa femme est bien indiquée être Marie Avard. A ce sujet, on peut se demander si Marie Avard n'était pas parente de Magdeleine Avard, épouse de Simon Garnier, procureur à Saintes, dont elle eut : 1° Jacques Garnier, le futur membre de la Convention ; 2° et Marguerite Garnier, qui, le 3 septembre 1776, se maria avec Jacques-François Moufflet, avocat en la cour et présidial de Saintes, depuis président du tribunal civil de Jonzac (an VIII-1822). Nous posons la question sans pouvoir la résoudre.

Gabeloteau, né au même bourg le 30 mars 1813, lequel se maria, à la fin d'octobre 1838, avec Marie-Louise-Clémentine Lerade, fille d'un employé à la sous-préfecture de Sceaux (1), et devint, avons-nous tout lieu de le croire, commissaire de police à Montrouge (Seine), en 1841, puis à Belleville, près Paris, de 1845 à 1851 (2).

Gabeloteau, le juge de paix, eut deux frères et cinq sœurs germains, tous venus au monde à Burie, savoir :

1° Jean-Louis-Hildebert, né le 19 décembre 1782, décédé le 19 octobre 1783 ;

2° Jean-Etienne-Léon, né le 14 avril 1785, mort à Burie, le 9 septembre 1835, receveur des droits réunis, qui, de son épouse, Marguerite Robert, eut : a) Jean-Baptiste Gabeloteau, receveur de l'enregistrement et des domaines à Dun (Creuse), Tonnay-Charente, Surgères et Angoulême, lequel, après sa mise à la retraite, vint se fixer à Saintes, où il mourut, rue du Hâ, le 27 mars 1872. Il avait épousé, à la mairie de cette dernière ville, le 24 septembre 1839, Anne-Victoire-Laure Boucheron, fille de Pierre et de Marie-Magdeleine-Désirée Garnier, décédée le 17 octobre 1871 (3), dont un fils, Emile Gabeloteau ; b) Claire Gabe-

---

(1) Les époux Gabeloteau-Duvergier ont donné leur consentement au mariage de leur fils, aux termes d'un acte reçu par Mᵉ Lambert, notaire à Saintes, le 22 octobre 1838 (Etude de Mᵉ Bourcy).

(2) Voir *Almanach Royal*, puis *National* de 1841 à 1851, Paris, chez A. Guyot et Scribe, éditeurs.

(3) Le 25 avril 1810, Pierre Boucheron de la Pinellerie, propriétaire à Saintes, fils de Mathieu et de Marie Baudry, avait épousé, devant Thomas Boyer, adjoint au maire de cette ville, Marie-Magdeleine-Désirée Garnier, née à Pons, paroisse de Saint-Martin, le 14 mai 1789, décédée à Saintes le 24 octobre 1869, fille de l'ancien conventionnel Jacques Garnier, alors président de la cour de justice criminelle du département de la Charente-Inférieure, chevalier de l'Empire, membre de la Légion d'honneur, et d'Elisabeth-Suzanne Renaud. Les époux Boucheron eurent deux enfants : a) Laure, épouse de Jean-Baptiste Gabeloteau, qui précède ; b) Victoire-Clorine Boucheron, épouse de Jean-Joseph-Justin Bourgeois, dont : 1° Pierre-Athanase Bourgeois, qui fut receveur des postes et télégraphes à Saintes de 1888 à 1892, époque où il fut retraité, et mourut à Meschers le 19 mai 1899 ; il était époux de Victoire-Zélia Huteau, l'une des filles de Antoine-Augustin Huteau, vérificateur des poids et mesures à Saintes, dont il eut un fils, Henri, et une fille, Marie-Madeleine-Victoire-Charlotte-Hélène Bourgeois, mariée à M. Auguste-Isidore Mothe, professeur au collège de Saintes ; 2° et Justine-Lidy Bourgeois, décédée à Saintes, le 15 janvier 1909, qui épousa, le 15 juin 1854, Charles Longueteau, avoué à Saintes (23 juillet 1853), juge suppléant du tribunal civil de cet arrondissement (17 octobre 1870), décédé en la dite ville le 20 mars 1888, dont :

loteau, dite Léonie, épouse de Pierre Blin, commerçant de toi-
les, dont Pierre-Ferdinand Blin, élève de l'école centrale, ingénieur des arts et manufactures, décédé, à Etampes, le 17 mai
1894, qui, de son mariage avec M<sup>lle</sup> Marie-Louise-Magdeleine
Tarnaud, fille d'un conservateur des hypothèques de Bordeaux,
et cousine-germaine de M. Léon Bouyer, avocat à Saintes, a eu :
1° Pierre-Emmanuel, employé à la succursale de la banque de
France, à Tours ; 2° et Josèphe-Marie-Madeleine ; c) Louise-
Amélie Gabeloteau, épouse de Jacques Callandreau, marchand
mercier et juge au tribunal de commerce, à Saintes, dont le
père Jean-Félix Callandreau, médaillé de Sainte-Hélène, décédé
à Saintes, le 13 janvier 1879, à 89 ans, fut vérificateur de l'octroi de la ville de Poitiers. Du mariage des époux Jacques Callandreau, décédés, le mari, le 25 février 1892, et la femme, le
16 janvier 1890, était issu un fils, Amédée, rentier, mort célibataire à Saintes, le 25 mai 1907, lequel était cousin à un
degré éloigné de MM. Pierre-Guillaume-Denis Callandreau,
notaire à Cognac, et Pierre-Jean-Octave Callandreau, astro-
nome titulaire à l'Observatoire de Paris, professeur de méca-
nique céleste à l'Ecole Polytechnique, élu, en février 1892,
membre de l'Académie des Sciences pour la section d'astro-
nomie (1).

---

1° Marie-Madeleine-Clorine-Charlotte Longueteau, mariée, le 18 mai 1886, avec
M. François-Olivier Martelière, décoré de la médaille militaire, chevalier de
la Légion d'honneur, chef de bataillou d'infanterie de marine, commissaire
du gouvernement près le conseil de guerre de Rochefort, après sa mise à
la retraite en 1896, lequel est décédé à Saintes le 27 septembre 1903 ; 2° Marie-
Marguerite-Renée Longueteau. mariée, le 4 juin 1889, à M. Eugène-Gustave
Thionville, capitaine d'artillerie, officier d'ordonnance du général commandant l'artillerie du 18° corps d'armée, en garnison à Tarbes. (Registres d'état
civil de la ville de Saintes, *Revue de Saintonge* de juillet 1888, p. 254, juillet
1899, p 227 et novembre 1903. p. 366).

(1) L'auteur commun des diverses branches de la famille Callandreau est
Léonard Callandreau, receveur de la Commanderie de Vouthon, marié, vers
1705, à Marie Bessaud, dont il eût deux fils, Pierre et Félix. Pierre, l'aîné,
qui eût la charge de son père, et fut en outre procureur d'office de Vouthon,
Malleyrand et Saint-Sornin, épousa, en 1750, Marie, fille de Jérôme Guerry,
sieur de Ruelle, de Vindelle et de Champneuf, juge-sénéchal de la baronnie
des Montheresses. Son fils aîné, Léonard Callandreau, notaire royal hérédi-
taire, réservé à Angoulême, eut, de son union avec Anne Bourguet, Pierre
Callandreau, né à Angoulême le 14 décembre 1772, y décédé le 23 avril 1845,
conseiller honoraire à la Cour de Bordeaux, après avoir été, à partir de 1811,
procureur impérial à Confolens, puis procureur du roi à Angoulême (13 mars
1816-1838), et avoir été élu le 14 mai 1815, représentant à la Chambre des

3° Marie, dite Rose, née à Burie le 9 août 1786, décédée audit bourg le 29 mai 1866, à 82 ans, qui se maria, le 18 novembre 1818, à Michel Litoux, géomètre, né à Romazières, canton d'Aulnay, le 21 février 1786, décédé aussi à Burie le 25 septembre 1856, fils de Michel Litoux, percepteur, et de Louise Coudray, dont deux fils ;

4° Elisabeth-Louise, née le 18 novembre 1787 ;

5° Louise-Angélique, née vers 1788 ou 1789, décédée, sans alliance, à Burie, le 19 mars 1850 ;

6° Eléonore, née le 11 décembre 1790 ;

7° Marie-Victoire, née le 27 juin 1793, décédée audit Burie, le 5 février 1827, à 33 ans, qui, le 16 janvier 1821, s'unit en mariage avec Pierre-Louis Château, marchand, né en cette localité, le 9 vendémiaire an VII (30 septembre 1798), dont postérité.

Marie-Lucie Duvergier, épouse de Jean-Etienne Gabeloteau, avait une sœur aînée, Marie-Elisabeth Duvergier, et un frère cadet, Jacques-Charles-Gabriel Duvergier, tous les deux nés, comme elle, à Saint-Jean d'Angély, du mariage des époux Eu-

---

Cent Jours par le collège électoral de la Charente ; il était époux de Marie-Marthe David, dont il eut Léonard, en famille Amédée Callandreau (Angoulême, 5 mars 1803-8 mai 1886), juge au tribunal civil de cette ville, marié, en décembre 1838, à Antoinette-Rosalie-Adèle Pigeot, fille de Jean-Baptiste Pigeot, directeur des contributions indirectes du département de la Charente et de Adelaïde-Guillemette-Marguerite Collardeau de Chardouville, dont : a) Pierre-Guillaume-Denis-Amédée Callandreau, né le 3 octobre 1840, à Angoulême, qui précède ; b) et Pierre-Jean-Octave Callandreau, aussi susnommé, né également à Angoulême, le 18 septembre 1852, décédé à Paris, le 15 février 1904, époux de Marie-Sophie de Loynes, fille de Victor-Hippolyte-Joseph de Loynes, professeur de chimie au Conservatoire des Arts et Métiers, directeur du service scientifique des douanes, officier de la Légion d'honneur et d'Antonie-Justine Huard. Octave Callandreau a eu, de ce mariage, trois fils et quatre filles, dont l'une, Adèle-Marie-Emilie, a épousé, à Paris, en juin 1910, Jean Sebaux, fils de Henri Sebaux, conseiller à la cour de Rennes, et petit-neveu de M. Alexandre-Léopold Sebaux, ancien évêque d'Angoulême.

Félix, le fils cadet de Léonard Callandreau, fut maître chirurgien et se maria, en 1748, à Mornac, avec Catherine, fille de Guy Gauvry de la Chevalerie, conseiller du roi et son garde-maître des eaux et forêts en Angoumois, dont Joseph, procureur au siège présidial d'Angoulême, époux de Marie Seguineau, et père de Jean-Félix Callandreau, qui précède, né à Angoulême, le 15 septembre 1784. Ce dernier, de son mariage avec Marie Degorce, eût Jacques Callandreau, époux d'Amélie Gabeloteau, de qui il a été parlé plus haut (*Communication de M. Callandreau, de Cognac*).

trope Duvergier-Barbaud, la première, le 20 juillet 1778, et le second, le 29 mars 1783.

Marie-Elisabeth Duvergier, qui vint à décès à Burie le 5 avril 1857, fut épouse de Pierre Chotard, fils de Pierre et de Marie Béquet, ancien chirurgien militaire, officier de santé à Burie, maire de cette commune de novembre 1815 à la fin de décembre 1830, y décédé le 14 janvier 1856, à 83 ans, dont : a) Charles-Lucien Chotard (16 avril 1804-13 octobre 1826), étudiant en médecine, célibataire ; b) Lucie-Elisabeth Chotard (11 septembre 1808-24 novembre 1890), épouse de Gabriel Delamothe, propriétaire à Cherves, près Cognac, dont un fils Jean-Camille Delamothe, qui fut notaire à Montfort en Chalosse, arrondissement de Dax ; c) Marie-Louise Chotard (2 mai 1813-22 février 1896), épouse de Jean-Julien Pochebonne, docteur en médecine à Burie, dont le frère Jean-Jules Pochebonne fut notaire à Burie (1834-1863), puis juge de paix au même lieu (23 juillet 1863-5 octobre 1870) ; d) Pierre-Charles Chotard (26 mai 1816-4 septembre 1904), receveur d'enregistrement à Saintes, qui, de son mariage avec Catherine-Elisa Bouyer, fille de Jacques Bouyer, notaire à Chérac, et de Geneviève Bardon, eut notamment deux filles : 1° Marie-Anastasie-Catherine-Laure Chotard, qui épousa, à Saintes, le 5 novembre 1868, Louis-Emilien Lesné, receveur d'enregistrement à Niort ; 2° et Marie-Lucienne-Emma Chotard, qui se maria également, à Saintes, le 7 novembre 1871, avec Albert-Louis Candelot, capitaine d'artillerie, chevalier de la Légion d'honneur, depuis directeur de la fonderie de Ruelle (Charente), fils de Jean-Noël Candelot, sous-directeur de la marine en retraite, et de M<sup>me</sup> née Célina-Pauline Forey.

Jacques-Charles-Gabriel Duvergier (1), successivement juge suppléant au tribunal civil de Cognac (1812-1819), et avocat à Saintes (1820-1825), fut nommé, par ordonnance du 9 avril 1831, en remplacement de M. Camille Normand, juge de paix de Matha (2), et est décédé, le 16 septembre de la même année, à Mons, en ce canton, à l'âge de 49 ans (3). Il s'était marié à Epar-

---

(1) Le 19 juin 1789, Jacques-Charles-Gabriel Duvergier fut parrain de la la nouvelle cloche de la paroisse de Sainte-Marie-Magdeleine de Thors, fondue par Nicolas Boulanger, du lieu de Breuvannes en Lorraine (*Registres paroissiaux de Thors*).

(2) *Moniteur* du 12 avril 1831.

(3) *Registres d'état civil de la commune de Mons* (Archives du greffe civil de Saint-Jean-d'Angély). Nous sommes heureux de remercier ici M. Courtois,

gnes, canton de Cozes, le 21 février 1814, avec Geneviève-Euphrasie Amiet, fille de Louis-François Amiet, propriétaire à la Tublerie, dite commune d'Epargnes, et de Marie-Elisabeth Barbaux, son épouse. De son union avec Geneviève-Euphrasie Amiet, née à Epargnes, le 14 juin 1792, décédée à Saintes, rue Saint-Maur, le 10 janvier 1820, naquirent, à Saintes, trois fils, Louis-Charles, le 28 septembre 1816, Ernest-Amédée, le 9 août 1818, décédé le 30 août 1819 et Ernest-Victor-Amédée, né le 5 novembre 1819.

## V. Charrier

Pierre-François-Denis Charrier appartenait à une honorable famille de bourgeois de notre vieille cité. Il était né à Saintes, paroisse Saint-Pierre, le 9 octobre 1793 du mariage de Pierre-Jérôme Charier aîné (1), marchand, qui fut le premier président

---

greffier en chef de ce tribunal, des renseignements qu'il nous a donnés et de sa complaisance à faciliter nos recherches.

(1) Pierre-Jérôme Charrier, fils de Pierre Charrier, marchand, juge à la Bourse, membre de la confrérie des *Pénitents de la Croix*, décédé à Saintes, le 17 vendémiaire an X (9 octobre 1801), et de Marie Sicard, morte au même lieu le 27 novembre 1780, avait épousé, le 2 juin 1778, en l'église Saint-Maur de Saintes, Marguerite Mareschal, fille de Jean Mareschal aîné, marchand, ancien juge-consul, et de Marie Jeudi, de la paroisse de Saint-Vivien « faubourg de la Bertonnière ». Il était frère germain de : I. Guillaume Charrier, libraire, juge-consul à Saintes, qui, de son union, célébrée en cette ville le 9 juin 1790, avec Marie-Félicité Emond, eut, entr'autres enfants, une fille Rose-Clotilde Charier, laquelle, le 20 octobre 1818, épousa à Saintes, Jean-Henri de Latour, fils de Jean de Latour, demeurant au château de Geay, en cette commune, et de Madeleine-Thérèse Tizon, dont : a) Antoine-Gaston de Latour, négociant à Saintes, marié à Marie-Eléonore Tercinier. d'où : 1° Suzanne ; 2° Marie-Etiennette, qui, le 30 janvier 1890, épousa M. Jean-Baptiste Poulnot, alors chef de bataillon, puis colonel au 3ᵉ régiment d'infanterie de marine : 3° Pierre-Henri-Jéhan de Latour, colonel de dragons à Lure, époux de Mlle Célestine-Sophie-Madeleine-Appoline Huet (d'Etampes), en premier mariage (1885) et de Mlle Eléonore de Neufville, en secondes noces (Paris, 7 octobre 1902) ; b) Guillaume-Gabriel ; c) et Michel-Amable de Latour. — II. Françoise Charrier, religieuse aux Dames de l'*Union Chrétienne* à Pons. — III. Marie-Angélique Charrier, mariée, le 2 juillet 1771, à Jean Duchaine, fils de Claude Duchaine (*alias* Duchesne), marchand à Saintes, et d'Elisabeth Guérinaud, et frère germain de René Duchaine, avocat en parlement du siège de Saintes, depuis juge du tribunal du district de Saintes (1790) et du tribunal du département de la Charente-Inférieure (20 vendémiaire an IV — 12 octobre 1795), décédé en cette ville le 13 floréal an V (2 mai 1797), lequel épousa, le 23 janvier 1777, en l'église de Saint-Vivien de Saintes, « demoiselle » Marie-Henriette d'Averhoult de Martimont, décédée le 31 octobre 1784, fille de « mes-

du tribunal de commerce de cette ville (10 janvier 1792), et de Marguerite Mareschal, décédés tous les deux à Saintes, le mari, le 10 avril 1823, à 72 ans, et la femme, le 28 mars 1809, âgée de 55 ans.

Après avoir obtenu le diplôme de licencié en droit, il fut admis au stage comme avocat le 10 octobre 1815 et prêta serment devant la Cour de Poitiers le 7 novembre suivant, fut ensuite nommé avoué à Saintes, le 2 juin 1819, en remplacement de Marc Arnauld (1) et prêta serment en cette dernière qualité devant le tribunal de première instance du ressort, le 5 juillet de la même année. Huvet, l'un des suppléants de la justice de paix du canton nord, ayant donné sa démission, Charrier fut choisi à sa place par ordonnance du 27 juillet 1825, et il prêta le serment d'usage le 17 août suivant (2). Aux termes d'une ordonnance en date du 17 mai 1834, il remplaça comme juge suppléant au tribunal civil de Saintes Charles-Alexis Bergerat, appelé à remplir les fonctions de commis-saire du roi près le conseil de guerre maritime de Rochefort, prêta serment le 20 juillet de ladite année et fut installé dans sa nouvelle fonction le 30 dudit mois (3). Le 12 janvier 1836,

---

sire » Charles-Ignace d'Averhoult de Martimont, capitaine dé grenadiers, au régiment de Flandre, et de Anne-Henriette de Pont du Chambeau, de la paroisse de Sainte-Marie, près Chalais. — IV. Marie-Barbe-Julienne Charrier, qui, le 21 juillet 1777, se maria, en l'église Sainte-Colombe de Saintes, à François Belenfant de la Solivière, receveur des fermes du roi, domicilié à Saint-Marcelin de Nouaillé, diocèse de La Rochelle, fils de René, et de « demoiselle » Anne Trosseau, habitant Saint-Pierre de Bueil, diocèse de Tours. — V. Rosalie-Clotilde Charrier, mariée aussi à Sainte-Colombe, le 27 janvier 1784, avec Pierre-Marc Arnauld, procureur au présidial de Saintes, agent national pendant la Révolution, puis avoué et juge suppléant au tribunal civil de cette ville où il est décédé le 19 avril 1835, à 80 ans ; lequel Marc Arnauld était issu du mariage, célébré à Rioux, le 16 janvier 1748, de Marc-Michel Arnauld, notaire à Rétaud, de 1745 à 1785, inhumé en ce bourg le 11 octobre de cette dernière année (fils lui-même de Marc Arnauld, procureur au présidial, et Jeanne Arnauld) et de Catherine Cornillier, inhumée audit lieu de Rétaud le 30 octobre 1788 (fille de Pierre Cornillier, maître-chirurgien, et de Catherine Jousset). — Voir *Registres d'état civil et partage testamentaire, par Pierre Charrier père, entre ses enfants devant Huvet, le 22 novembre 1790.*

(1) Le procès-verbal de prestation de serment de Charrier comme avoué, que nous avons retrouvé au greffe du tribunal, n'indique pas le nom de son prédécesseur, mais les énonciations de l'*Almanach Royal* pour l'année 1820, nous font présumer qu'il a dû succéder à Arnauld.

(2) *Archives du greffe du tribunal civil de Saintes.*

(3) Une ordonnance du 20 juin 1834 avait accordé à Charrier les dispenses

il céda sa charge d'avoué à Hilaire-Cléopha Morin (1). Contemporain et ami des Brung, des Drilhon, des Limal, « ces maîtres vénérés du barreau saintais », Charrier reprit la toge d'avocat le 28 de ce même mois et fut bâtonnier de l'ordre de 1841 à 1842.

Après la mort de Gabeloteau, il réussit à obtenir son poste, grâce au chaleureux appui du vicomte Jean-Baptiste Lemercier, député du 3e collège électoral de la Charente (Cognac) et aux notes, très favorables, fournies sur son compte par le procureur du roi (M. Tortat) (2). — Nommé par ordon-

---

qui lui étaient nécessaires à raison de sa parenté, au degré prohibé, avec Pierre-Marc Arnauld, son oncle. Celui-ci, après son décès, fut remplacé, le 11 août 1835, par M. Jacques-Nicolas-Eliacin Oudet, ancien officier, avocat à Saintes, époux de Mlle Victoire-Sélima Boubée de Lespin (dont le père, Louis Boubée de Lespin, fut recteur des Académies d'Anvers, de Metz et d'Orléans) décédée à Saintes, le 10 décembre 1901, à l'âge de 91 ans. M. Eliacin Oudet, qui fut ensuite, de 1840 à sa mort, juge de paix de Saint-Porchaire, conseiller général de ce canton, président du comice agricole de l'arrondissement de Saintes, et chevalier de la Légion d'honneur, est décédé à La Rochelle, le 6 septembre 1866. — Il était fils du colonel Joseph Oudet (né à Maynal, arrondissement de Lons-le-Saunier, le 18 octobre 1773, tué à Wagram le 6 juillet 1809), et de Anne-Elisabeth Guillobé (remariée à Jean-Michel-Amédée Jouanneau, juge au tribunal civil de Saintes, du 8 février au 5 octobre 1833), décédée à Crazannes le 18 août 1838. M. Eliacin Oudet a laissé deux enfants : 1° M. le baron Amédée Oudet, dont il a été parlé plus haut dans la notice consacrée à Voix ; 2° et Mlle Marie-Louise-Elisabeth Oudet, épouse de M. Marie-Gabriel Denys Joly d'Aussy (fils d'Alexandre-Guillaume-Hippolyte d'Aussy, l'auteur des *Chroniques Saintongeaises et Aunisiennes* et du *Résumé impartial de l'Histoire de Napoléon*, et de dame Adélaïde du Tertre), ancien receveur de l'enregistrement, ancien juge de paix et ancien conseiller général du canton de Saint-Porchaire (1867-1883), vice-président de la Société des *Archives historiques de la Saintonge et de l'Aunis*, décédé à Crazannes le 5 juin 1895. (*Revue de Saintonge* de juillet 1895, page 240, juillet 1891, page 251 et janvier 1902, p. 28. — Voir aussi le *Colonel Oudet* par M. Denys d'Aussy, dans la *Revue de la Révolution*, du 5 mars 1889 ; et par M. Charles Thuriot, président du tribunal civil de Saint-Claude, Besançon, Jacquin, 1901).

(1) Morin fut remplacé, le 26 août 1857, par Julien Brunaud, dit Brunaud jeune, gendre de M. Vacherie. Après Brunaud, cet office a eu pour titulaires successifs : Julien Péronneaud (2 avril 1881) ; Gabriel-Julien Florimond Martin (26 avril 1902) et Me Maixent-Charles-Hippolyte Labarre (18 juin 1904).

(2) Ces notes, données le 17 mai 1843 sont ainsi conçues : Il (Charrier) s'est acquis des droits à la considération générale, soit comme avoué pendant plus de seize ans, soit comme avocat depuis 1836 : il en a constamment exercé les fonctions avec distinction, délicatesse et dévouement ... Juge suppléant

nance du 25 juillet 1843, il conserva jusqu'à son décès, cette délicate fonction, qu'il exerça toujours avec une grande lucidité d'esprit et une absolue impartialité.

Charrier fut, en outre, membre du comité consultatif de l'arrondissement de Saintes, pendant environ 20 ans, jusqu'à sa nomination comme juge de paix ; membre du comité de charité de cette ville, jusqu'au 2 avril 1831, époque de la suppression desdits conseils ; conseiller municipal de cette ville pendant plus de 20 ans (8 avril 1830 à 1843, puis du 21 août 1852 jusqu'aux élections des 19 et 26 août 1860, où il ne fut par réélu) ; membre de la commission d'examen des instituteurs (de 1833 à 1850, date de la suppression de cette commission à Saintes), membre de la fabrique de Saint-Pierre (22 avril 1838), membre de la commission administrative de l'hospice (16 mai 1843) dont il fut vice-président du 7 décembre 1845 au 23 juin 1861, époque où il donna sa démission ; membre du bureau d'administration du collège de Saintes (5 février 1849) ; administrateur, à plusieurs reprises, de la caisse d'Epargne ; membre de la commission de l'œuvre de l'extinction de la mendicité à Saintes depuis sa fondation : président de la commission de la statistique agricole du canton nord de Saintes (1). « Chrétien convaincu, il prit une grande part à la fondation de l'établissement des Frères des Ecoles Chrétiennes, de la rue des Ballets » (2), dont il présida plusieurs fois les distributions de prix, et qu'il « soutint de ses deniers, de son influence et de ses conseils ».

Après avoir été un modèle de vertus civiques, Charrier mourut subitement dans sa maison de la rue du Palais, n° 19 (3),

---

au tribunal depuis 1831, il en a souvent rempli les fonctions avec zèle et talent, même au Parquet de la cour d'assises. Il est célibataire, de mœurs douces, conciliantes et irréprochables sous tous les rapports. La nomination de ce candidat, hautement souhaitée par la magistrature locale, serait accueillie par l'opinion publique comme l'acte d'une bonne et intelligente justice... » (*Archives Nationales*, BB8, 695).

(1) *Notice individuelle* (Archives du Parquet de Saintes).

(2) *Grand Almanach de Saintes* pour l'année 1887, pages 35-36, A. Hus, imprimeur.

(3) Cette maison avait été acquise par Charrier et ses trois sœurs, Rosalie, Marie-Hiéronide et Catherine-Victorine, indivisément et chacune pour un quart, d'Alexandre-Marie Delâge et de Françoise-Gabrielle Robillard, époux, de Château-Gaillard, commune de Juicq, suivant contrat, passé devant Mᵉ Genet, notaire à Saintes, le 2 novembre 1829, Rosalie et Marie-Hiéronide dé-

le 12 janvier 1870, à l'âge de 76 ans, laissant derrière lui de sympathiques regrets et dans la mémoire de tous ses concitoyens le souvenir de l'homme de bien et du bon juge de paix.

Ses obsèques eurent lieu le samedi 15 janvier, au milieu d'une assistance recueillie « qui proclamait hautement l'estime de la cité, que lui avaient acquise son caractère et ses nombreux services. » Les coins du poële furent tenus par MM. Vacherie, avocat, maire de Saintes, Tortat, juge au tribunal civil, Quéré, avoué, et Luraxe, juge de paix du canton sud de Saintes. Au cimetière, M. Vacherie, se faisant l'interprète de tous les amis de Charrier, prononça l'éloge de celui dont « l'existence entière, toute d'intérieur et de cabinet, a été consacrée à l'étude et à l'accomplissement de ses devoirs, dont il était l'esclave » (1).

Charrier était décédé célibataire, et laissait pour sa seule héritière sa sœur germaine, Catherine-Victorine Charrier, morte elle-même, sans alliance, à Saintes, le 19 septembre 1873. La succession de Mlle Charrier a été recueillie par Mlle Rose Seguin, sa fille adoptive en vertu d'un acte reçu par le juge de paix du canton sud de Saintes, le 2 avril 1870, dûment homologué (2). Cette dernière est décédée également à Saintes, le 27 novembre 1897, après avoir institué pour sa légataire universelle Mlle Marie Fraud, sa nièce, aux termes de son testament olographe du 26 octobre de la même année, déposé pour minute à Me Julien-Laferrière, père, notaire à Saintes, le 29 novembre 1897.

---

cédèrent à Saintes, célibataires, la première, le 17 mars 1861, la seconde, le 20 juin 1868, laissant pour seuls héritiers leur frère et leur sœur survivants. Cet immeuble, qui appartient aujourd'hui à Mlle Fraud, a été occupé, à titre de location, par M. le docteur Daniel Cornet, puis par M. Arfeuillières, receveur d'enregistrement des actes judiciaires de Saintes.

(1) Le discours de M. Vacherie a été reproduit dans le *Courrier des Deux-Charentes* du 16 janvier 1870, qui donne aussi le compte rendu de la cérémonie funèbre.

(2) *Acte de notoriété* devant Me Julien Laferrière père, du 24 juillet 1896.

### VI. — Chandelier.

Ernest Chandelier, naquit à Argentan (Orne), le 15 mars 1814, du mariage de Jacques-François-André Chandelier (1), et d'Adélaïde-Noëlle-Jeanne-Gabrielle Riout (2).

Nommé juge de paix du canton de Mesle-sur-Sarthe, arrondissement d'Alençon, par arrêté du gouvernement provisoire de la République, en date du 30 mars 1848, il exerça ensuite les mêmes fonctions à Bény-le-Bocage, arrondissement de Vire (Calvados), décret du 25 juin 1851 ; de Parentis-en-Born, arrondissement de Mont-de-Marsan (Landes), décret du 3 juillet 1852 ; dé Châtillon-sur-Sèvre, arrondissement de Bressuire (Deux-Sèvres), décret du 31 décembre 1852 ; et de Jonzac, décret du 16 juin 1866. Après le décès de Charrier, il lui succéda sur le siège de juge de paix du canton nord de Saintes, en vertu d'un décret du 2 mars 1870. Installé dans cette dernière fonction, le 1er avril 1870 (3), il l'exerça jusqu'au mois de novembre suivant, époque où il eut pour successeur Huon de Kermadec.

Depuis son départ de notre ville, Chandelier a été successivement juge de paix de Confolens (sud), décret du 16 avril 1871, puis de Neufchâtel-en-Bray (Seine-Inférieure), décret du 18 juin 1871, où il résida jusqu'au jour où il fut admis à faire valoir ses droits à la retraite (décret du 14 juillet 1877). On perd ensuite sa trace.

### VII. — Huon de Kermadec.

Félix-Cazimir-Marie Huon de Kermadec était né à Brest, le 13 février 1813 ; il était fils de Cazimir Huon de Kermadec, sous-inspecteur dans les bureaux de la marine, à Paris, et de Marie-Alexandrine-Aimée Le Maraut de Boissauveur (4), qui s'étaient unis en mariage, aussi à Brest, le 21 octobre 1807 (5).

---

(1) Chandelier père devint juge de paix de Trun (Orne), du 6 juin 1837 au 26 octobre 1849.

(2) Renseignements dus à l'obligeance de M. le greffier en chef du tribunal d'Argentan.

(3) *Indépendant de la Charente-Inférieure*, 5 avril 1870.

(4) Son père, Guillaume-Marie Le Maraut de Boissauveur, était capitaine de vaisseau, officier de la Légion d'honneur.

(5) Huon de Kermadec était vraisemblablement parent de Huon de Kerma-

Après avoir été retraité comme commissaire de marine, par décret du 8 avril 1857, Huon de Kermadec entra dans la magistrature cantonale. Il débuta à Saint-Amant, rive gauche de la Scarpe (Nord), le 23 juillet 1861, alla ensuite à Montreuil (Pas-de-Calais), le 20 novembre 1864, et fut nommé à Saintes (canton nord), en remplacement de Chandelier (décret du 9 novembre 1870) (1). Il y resta jusqu'au 24 janvier 1874, date où il fut nommé juge de paix du canton est de Cambrai (Nord), mais il ne résida pas longtemps dans cette ville, d'où il fut, par décret du 24 mars 1874, envoyé, sur sa demande, à Valenciennes, canton sud. Remplacé dans ce dernier poste par M. Vandermesch, juge de paix de Séclin (Nord), le 14 janvier 1877, il fut, le 18 septembre de la même année, nommé à Cordes (Tarn), puis le 9 janvier 1878, à Beauvais (canton nord est). A la date du 12 avril 1884, Huon de Kermadec fut nommé juge de paix du canton nord de Boulogne (Pas-de-Calais), en remplacement de M. Picard, mais ce dernier, ayant réussi à être maintenu sur place, il fut, par autre décret du 3 mai suivant, nommé juge de paix du canton est du Havre, où il demeura jusqu'à son admission à la retraite (5 avril 1887) (2). Qu'est-il devenu postérieurement ? Nous n'avons pas pu le savoir, cependant, sur la foi d'un renseignement qui nous a été donné par Me Rondelaud, avocat à Saintes, il se serait retiré dans son pays d'origine.

Huon de Kermadec était chevalier de la Légion d'honneur et avait, sans doute, obtenu cette distinction au titre de la marine (3).

Il était célibataire, d'après ce qui nous a été assuré, et demeurait à Saintes dans une maison située ruelle de l'Hospice.

---

dec, ancien juge d'instruction de Quimperlé (1813-1815), qui, devenu, en 1816, conseiller à la cour royale de Rennes, fut, par ordonnance du 8 octobre 1830, et conformément à l'article 2 de la loi du 31 août de la même année, déclaré démissionnaire pour refus de serment au gouvernement de Juillet. (Renseignements fournis par M. le directeur des Archives nationales).

(1) Le décret ne semble pas avoir été inséré au *Journal officiel*. Huon de Kermadec prêta serment le 5 décembre 1870 et fut installé le 9 du même mois. (*Courrier des Deux-Charentes* du 15 décembre 1870).

(2) *Journal officiel* du 6 avril 1887.

(3) Renseignements donnés par M. le directeur des Archives nationales.

### VIII. — Alliot.

Alfred - Louis - Paul - Emile - Grégoire  Alliot. né à Loches
(Indre-et-Loire), le 9 décembre 1834, était fils de Jean-Louis
Alliot (1), ancien notaire, avocat, et de Sophie-Emilie Franque-
lin, son épouse, demeurant en cette même ville, rue Saint-
Ours (2).

Après avoir soutenu avec succès sa thèse de licence en droit
devant la faculté de Poitiers, le 26 avril 1858 (3), Alfred Alliot fut
avoué près le tribunal civil de Loches pendant 3 ans (de décembre 1859 au 20 novembre 1862), se fit inscrire au tableau de l'ordre
des avocats, puis ne tarda pas à entrer dans la magistrature
cantonale, où il occupa successivement, dans le Loir-et-Cher,
les postes de Bracieux (24 décembre 1864), Vendôme (21 septembre 1870), Ouzoüer-le-Marché (12 avril 1871), et dans l'Indre,
celui de La Châtre (8 janvier 1872). Il fut ensuite nommé juge
de paix du canton nord de Saintes, en remplacement de Huon
de Kermadec, par décret du maréchal de Mac-Mahon, président
de la République, en date à Versailles, du 21 février 1874 (4) et
prêta serment, en cette qualité, devant le tribunal de première
instance, le 4 mars suivant. Il exerça cette fonction jusqu'au
8 avril 1879, date où il fut nommé juge au tribunal civil de Mamers (Sarthe) ; puis il occupa le siège de président au tribunal
de Romorantin (Loir-et-Cher), décret du 4 décembre 1880,
et, après, celui de conseiller à la cour d'appel de Bourges
(28 novembre 1884). Il conserva cette dernière fonction jusqu'à

---

(1) Alliot père, après avoir été suppléant de la justice de paix du canton de
Loches, fut nommé juge de paix de ce même canton, le 7 septembre 1849, et
par décret du 24 décembre 1864, il fut remplacé dans ce poste, dont il s'était
démis volontairement, par M. de Chazelles, juge de paix de Bracieux, auquel
succéda Alliot fils.

(2) Renseignements fournis par M. Albaric, juge de paix de Loches.

(3) La thèse d'Alfred Alliot, qui se trouve déposée à la bibliothèque municipale de Saintes, a pour sujets : *De donationibus inter virum et uxorem*, en
droit romain, et des *Actes sous seings privés*, en droit français. La commis
sion d'examen était composée de MM. Bourbeau (le futur ministre de l'instruction publique dans le cabinet Forcade de la Roquette, du 17 juillet
1869), professeur, président ; Ragon, professeur ; Lepetit (qui fut représentant de la Vienne en 1874 et sénateur inamovible de 1875 à 1877) et Ducrocq,
suppléants, suffragants.

(4) *Journal officiel*, du 22 février 1874.

sa mise à la retraite à la limite d'âge et fut nommé conseiller honoraire, par décret du 12 avril 1903 (1).

Alliot était veuf, avec deux enfants, de Marie-Laure-Charlotte Guyot, quand il vint s'installer à Saintes, après sa nomination comme juge de paix (2).

Il est décédé à Nantes, en son domicile, rue de Coulmiers, le 22 juillet 1903, âgé de 68 ans (3).

Il était chevalier de la Légion d'honneur.

### IX. — Poitiers

Eutrope Poitiers naquit à Saintes, Grande Rue, le 20 septembre 1811, du mariage de Pierre-François Poitiers jeune (4), armurier, et de Jeanne-Victoire Fruchou (4), son épouse, décé-

---

(1) *Journal officiel* du 18 avril 1903.

(2) D'après des renseignements qui nous ont été données par M. Brunaud, avoué, Alliot, pendant son séjour à Saintes, s'occupait assez activement de botanique et habitait la maison, rue Saint-Macoult, n° 33, occupée actuelle- par M. le commandant Deruelle, laquelle appartient aujourd'hui à M^me Juliette-Mélanie Puet, veuve de M. Eutrope-Achille Massiou, et qui, aupara- vant, a eu pour propriétaires successifs, notamment les époux Pierre Boucheron-Garnier, François Decrugy, ancien grand vicaire, décédé à Saintes, le 2 juin 1843 et Constantin Pauly de Jaubert, mari de Lovely Saulnier de Beaupine, commandant de la Garde nationale de Saintes, en 1848.

(3) Renseignements dus à M. Linyer, juge de paix du 1er arrondissement de Nantes.

(4) François Poitiers (dont le nom patronymique est écrit *Potier* dans son acte baptistaire) était fils de Guillaume Poitiers, fournier, et de Françoise Drahonnet et né le 21 novembre 1777, à Ternant, canton de Saint-Jean d'Angély. Il avait épousé, le 8 floréal an XI (28 avril 1803), Jeanne-Victoire Fruchou, née à Rochefort-sur-Mer, le 26 novembre 1783, fille de Claude et de Marie Joyaux. — Claude Fruchou, né à Montmoreau (Charente) en 1760, de Pierre Fruchou et de Marie Moreau de Labatut, avait eu de Marie Joyaux, qu'il avait épousée à Rochefort le 1er août 1781, trois enfants, tous nés dans cette ville : 1° Jeanne-Victoire, qui précède ; 2° Charles, né le 17 novembre 1784, décédé le 22 décembre 1834, marié, le 18 janvier 1816, à Rochefort, à Anne Baudelon La Motte, d'où : Madeleine-Louise-Félicité, décédée à 26 ans, le 25 août 1851, sœur de Saint-Vincent de Paule, économe de l'hôpital maritime de Rochefort ; 3° Adélaïde, née le 11 décembre 1790, décédée le 10 mai 1853, épouse de François Baudelon La Motte, officier du commissariat de la marine, d'où : Marie-Jeanne-Victoire-Emilie Baudelon La Motte, née le 16 mai 1822, mariée à Rochefort, sa ville natale, le 9 août 1842, à Théophile Simon, architecte, conducteur en chef des ponts et chaussées à Marennes, fils de l'officier de marine Vincent Simon, chevalier de la Légion d'honneur, médaillé de Sainte-Hélène, qui, après avoir fait la campagne de Crimée, fut officier de port au Château d'Oleron, de 1858 jusqu'à sa retraite, mourut à 82

dés en la même ville, le mari, le 24 mars 1858, à 80 ans, et la femme, le 11 mars 1870, à 86 ans.

Il suivit les cours de la faculté de droit de Poitiers. et, y étant encore étudiant, il se maria, en cette ville, le 21 octobre 1831, à Marie-Eugénie Courcelle, fille de Pierre Courcelle, avocat, et de Clotilde-Eugénie Audidier (1). Après avoir obtenu, le 11 novembre 1834, le diplôme de licencié en droit, il se fit inscrire, le 14 novembre 1837, au barreau de Poitiers, où il demeura jusqu'en 1844, puis à celui de Saintes (de 1844 à 1879), dont il fut bâtonnier, notamment en 1874. « Doué d'une très grande mémoire et d'une très rare facilité, sachant s'émouvoir et émouvoir, il produisait souvent de l'effet sur les jurés, parfois sur les juges de police correctionnelle, et plaida plusieurs procès politiques, qui eurent un certain retentissement (2), entr'autres celui du charron Foléa, de Tonnay-Charente, qui, traduit devant la Cour d'assises de la Charente-Inférieure, le 21 novembre 1850, sous l'inculpation de propos séditieux et offensants envers la personne du Prince-Président, fut acquitté grâce aux efforts de son défenseur.

Poitiers s'était fait connaître par son attachement aux principes démocratiques quand éclata la Révolution de 1848, aussi, au mois de mai de cette même année, fut-il, par un arrêté de Bargignac, sous-commissaire du gouvernement provisoire dans l'arrondissement de Saintes, nommé rapporteur, avec

---

ans, en août 1871, et a laissé des mémoires manuscrits, inachevés pour une cause inconnue, où il raconte une partie de sa vie et de celle de son père, Barthélemy Simon, lieutenant de vaisseau, qui se distingua, en 1799, à bord du navire *le Sphinx*, en rade de l'île d'Aix, dans un combat contre les Anglais. Du mariage des époux Théophile Simon sont issus : a) Angèle-Marie-Rosalie, née à Marennes le 9 octobre 1843 et mariée, en cette ville, le 28 août 1865 à Jean-Léon Perrier, officier du commissariat de la marine, d'où Georges-Louis-Barthélemy Perrier des Brousses (qui a relevé le nom de ses ancêtres). pharmacien à Saint-Savinien ; b) Marie Louise-Suzanne Simon, née à Marennes en 1849, décédée à Crazannes le 11 octobre 1910, qui a épousé M. Georges Bures, propriétaire, fils de Louis Bures, professeur de philosophie au collège de Saint-Jean-d'Angély, officier de l'instruction publique, et de Augustine Gaillard (dont les ancêtres ont été notaires royaux à La Touche de Crazannes pendant deux siècles), d'où M. Maurice Bures, docteur en droit, avocat, bâtonnier du barreau de Saintes, vice-président de la Société des *Archives historiques de Saintonge et d'Aunis* (Communication de M. Georges Perrier des Brousses, de Saint-Savinien).

(1) *Registres des mariages de la ville de Poitiers.*

(2) *Revue de Saintonge* du 1ᵉʳ janvier 1898, p. 32.

rang de capitaine, du conseil de discipline de la garde nationale de cette ville (1). dont le colonel, de Jaubert, était, comme
lui, un partisan convaincu des idées nouvelles. Très militant,
Poitiers, aussitôt après la proclamation de la République,
s'était jeté dans l'arène politique et avait créé, avec son confrère Phœdora Gaudin, commissaire adjoint du gouvernement
provisoire dans notre département (2), Charles-Victor Vallein,
rédacteur de l'*Union*, le futur fondateur du journal l'*Indépendant de la Charente-Inférieure*, Jules Duret, notaire à Saintes,
Beaurepaire Vanderquand, les frères Henri et Louis Chapparre,
le docteur Arnaud-Dargenteuil, etc., et sous le nom de *Comité
central des Amis de la Constitution*, une association des
citoyens de Saintes et de toutes les autres villes du département, chargée d'arrêter la liste du parti républicain aux élections législatives du 23 avril 1848, et dont il fut nommé le
secrétaire (3).

Démocrate avancé, Poitiers combattit avec énergie et finalement fit rejeter par ce comité la candidature de l'ancien ministre de Louis-Philippe, Jules Dufaure, qui, appuyée par Vacherie, Vallein, les docteurs Menudier, de Saintes, et Jousseaume,
d'Arthenac, membre du conseil d'arrondissement de Jonzac,
avait d'abord été agréée (4). Plus tard, le 8 juin 1849, dans une

---

(1) *Union Républicaine* de Saintes du 18 mai 1848.

(2) Pierre-Antoine-Phœdora Gaudin, né à Marennes le 14 juin 1816, mort
à Saint-Georges-de-Didonne. le 30 avril 1873. fils de Jean-Pierre Gaudin,
notaire à Marennes (1816-1827) et de Madeleine Dutard, avocat à Saintes,
rédacteur de l'*Echo du Peuple* de Poitiers. fondateur en 1844 du journal
l'*Union*. publié à Saintes. fut le principal organisateur du banquet réformiste,
donné dans cette dernière ville, le 12 décembre 1847, sous la présidence de
M. Adolphe Crémieux, député d'Indre-et-Loire, et fut nommé représentant
du peuple à l'Assemblée Constituante le 23 avril 1848 par les électeurs de la
Charente-Inférieure, par 78.538 suffrages, sur 111.907 votants et 136.016
inscrits.

(3) *Union Républicaine* des 16 et 22 mars 1848.

(4) A la suite du rejet de cette candidature. il y eut scission dans le *Comité
Central*. Plusieurs de ses adhérents: Vacherie, Vallein, Menudier, Jousseaume,
Saucon. pharmacien à Saintes, Huguet, ancien président, et Bourgeon, président
de la Société de secours mutuels de cette ville, donnèrent leurs démissions.
(*Union Républicaine* du 30 mai 1848). M. Dufaure fut quand même élu représentant du peuple à l'Assemblée Constituante par 68.197 voix sur 136.016 inscrits
et 111.907 votants. Les candidatures. adoptées par le *Comité Central* le 20 mai
1848, furent celles de: 1° Pierre-François Audry de Puyravault. ancien député
sous la Restauration et le gouvernement de Juillet (28 janvier 1822 - 30 octobre
1837), lequel, le 29 juillet 1830, avait installé, à l'Hôtel de Ville, Lafayette comme

réunion de ce même comité, tenue à Saintes, salle du Wauxhall,
il s'opposa à l'adoption de la candidature de Lamartine à l'élection partielle du 8 juillet de cette même année, mais, malgré ses
efforts, le grand poète fut choisi, avec Dupont de Bussac, comme
candidat du parti républicain dans la Charente-Inférieure (1), où
le démission du Prince Jérôme Napoléon Bonaparte (2) et la mort
du maréchal Bugeaud, élus représentants de ce département à

---

général de la garde nationale; 2° Louis-Vincent-Casimir Renou de Ballon,
ancien député de Saint-Jean-d'Angély (4 novembre 1837-2 mars 1839), ami de
Ledru-Rollin qui l'avait nommé commissaire du gouvernement provisoire dans
notre département; 3° Eugène Bethmont, brillant avocat de cour d'assises,
ancien député de La Rochelle (1er août 1846,) devenu ministre des cultes le 11
mai 1848; 4° Pierre-Jules Baroche, ex-député de Rochefort (27 novembre 1847),
adversaire du ministre Guizot, dont il avait signé, le 23 février 1848, la mise
en accusation et qui, après avoir adhéré à la République, se rallia à la politique
du président, lequel l'en récompensa par le grade de procureur général près la
Cour de Paris, puis par le ministère de l'intérieur (1850-1851); 5° Jean-René
Coutanceau, minotier, ensuite agriculteur à Saint-Julien de l'Escap; 6° Phœdora Gaudin, qui précède; 7° Arnaud Dargenteuil, médecin à Saintes; 8° le
docteur Pierre-Lucien Brard, de Jonzac; 9° Jacques-François Dupont, dit
Dupont de Bussac, ancien avocat à Paris, le défenseur de Barbès et Blanqui,
sous-commissaire du gouvernement provisoire à Jonzac ; 10° Joseph-Léon
Target, contre-maître au port de Rochefort; 11° Léon Debain, chef d'institution à Paris, précédemment ouvrier dans les chantiers de Rochefort-sur-Mer;
12° Jacques-Léonard-Clément Thomas, rédacteur du Journal *Le National*, de
Paris, qui, devenu plus tard commandant supérieur des gardes nationales de
la Seine, fut fusillé à Paris, pendant la Commune, le 18 mars 1871, au fond
d'un jardin de la rue des Rosiers, avec le général Lecomte. Tous furent élus
sauf Clément Thomas.

(1) *Union Républicaine* du 30 juin 1849. — L'élection du 8 juillet 1849 n'ayant
pas donné la majorité exigée par la loi, Lamartine qui, d'ailleurs, avait été élu
le même jour par la Saône-et-Loire, son département d'origine, se retira et fut
remplacé au scrutin de ballotage comme candidat républicain par l'ex-repré-
sentant Target, lequel fut battu, le 22 juillet 1849, par le baron René-François-
Eugène Eschassériaux, le porte-drapeau des « modérés », qui obtint 27.120
suffrages contre 4.975, sur 53.106 votants et 135.385 inscrits. M. Delajus, propriétaire, maire de la commune de Saint-Simon-de-Bordes, canton de Jonzac,
candidat monarchiste, fut élu le même jour par 20.197 voix contre 6.483, recueillies par Dupont de Bussac.

(2) Le prince Joseph-Charles-Paul Bonaparte, dit Jérôme Napoléon, second
fils de l'ex-roi de Westphalie, Jérôme, le plus jeune frère de Napoléon Ier, et
de la princesse Frédérique-Catherine de Wurtemberg, avait, le sixième sur 10,
réuni sur son nom, dans la Charente-Inférieure, 42 695 suffrages (112.041 inscrits,
90.799 votants). Il opta pour la Sarthe où il avait été élu par 59.622 voix (*Biographie des 750 représentants à l'Assemblée Législative par deux journalistes.
Paris, Pagnerre, 1849. Dictionnaire des Parlementaires Français*, t. I, page 377).

l'Assemblée Législative, lors des élections générales du 13 mai 1849, avaient produit deux vacances.

Ce n'est pas seulement par la parole, mais par la plume, que Poitiers défendait les idées qui lui étaient chères. Dans ce but il devint le collaborateur de plusieurs feuilles démocratiques, notamment de l'*Union Républicaine*, de Saintes. Après l'avènement de Louis Bonaparte à la présidence de la République, il mena une campagne fort vive contre la politique de l'Élysee et combattit âprement la prorogation des pouvoirs conférés à ce Prince, daus une série d'articles parus dans ce journal, et même, dans l'un deux, rappelant l'amendement Jules Grévy du 6 octobre 1848, portant que le pouvoir exécutif serait délégué au conseil des ministres, il concluait nettement à la suppression de la présidence de la République (1).

Poitiers, qui, après le coup d'État, d'après un récit qui nous a été fait par un membre de la famille, avait été sur le point d'être arrêté, s'était lié avec certains hommes en vue de l'opposition démocratique : P. Gaudin, Jules Castagnary, Eugène Pelletant, qui lui fit don de tous ses ouvrages et lui fit faire la connaissance de la petite-fille du maréchal Maurice de Saxe, Aurore Dupin, baronne Dudevant, célèbre sous le nom de George Sand ; il échangea même des lettres avec elle (2). Il était devenu aussi l'ami de Jules Dufaure, rapproché sans doute de cet éminent personnage par leur haine commune du régime impérial. Il connut, en outre, intimement Gustave Courbet, durant son séjour en Saintonge, et posa même pour quelques-uns des tableaux du fameux peintre réaliste (3).

« Homme d'esprit, contant bien, lisant beaucoup, sa causerie

---

(1) *Union Républicaine* des 3 avril et 11 mai 1851.

(2) Il résulte des renseignements qu'a bien voulu nous donner M. Pineau, de Beauvais-sur-Matha, petit-fils de M. Poitiers, que la fille de ce dernier, M^me Veuve Pineau, possède les lettres, toutes intimes et familiales en quelque sorte, que son père avait reçues de Pelletant, Castagnary, Dufaure, Courbet, de même que celles de George Sand, que Poitiers refusa toujours de communiquer.

(3) Ainsi Courbet a donné les traits de Poitiers à l'un des personnages — le petit abbé tenant l'âne par la bride — de son tableau d'orageuse mémoire, le *Retour de la Conférence*, qu'il avait peint en 1862, à Saintes. chez M. Maillart, directeur du haras,et qui fut, on le sait, refusé au Salon de l'année suivante (Voir l'article de M. Dangibeaud, les *Salons de Castagnary*, paru dans la *Revue de Saintonge* de janvier 1893, page 43. Cf. Vapereau, *Dictionnaire des Contemporains* (5e édition, page 479, Paris, Hachette, 1880.)

était agréable. Il se plaisait à la littérature et à sa bibliothèque (1) qu'il mettait volontiers à la disposition de tout le monde » (2).

Il fut même, le 8 janvier 1870, nommé président de la *Société des Arts, Sciences et Belles-Lettres* de Saintes, qui cessa d'exister au cours de cette même année (3).

Lorsque, par le décret du 5 septembre 1870, Frédéric Mestreau, alors négociant en eaux-de-vie à Saintes, fut mis à la tête de la préfecture du département de la Charente-Inférieure, il tint tout particulièrement à s'adjoindre Poitiers «pour mener à bien l'œuvre nationale et républicaine de la défense de la patrie et du relèvement moral des Français» (4). L'avocat saintais accepta de quitter ses dossiers et d'accompagner à La Rochelle le représentant du gouvernement comme secrétaire général, à la condition qu'aucun traitement ne lui serait alloué. «Il rendit les plus grands services au préfet, et par suite à la République, par sa connaissance des hommes et des choses de la région, et son nom reste attaché, dans cette période, à celui de M. Mestreau » (4).

Quand il considéra que son rôle était terminé, il revint à son cabinet d'avocat. Il aurait pu aspirer aux plus hauts emplois, ses amis étaient tout puissants, il préféra retourner à la barre.

Voulant être utile à ses concitoyens, il sollicita bientôt le mandat de conseiller municipal qu'il n'avait pu obtenir aux élections du 30 juillet 1848 (5), ni à celles des 6 et 7 août 1870 (6). Plus

---

(1) M. Poitiers, après sa mise à la retraite, a vendu une partie de sa bibliothèque (ouvrages de droit et de jurisprudence) à M. O. Lauraine, avocat, depuis député de la 1re circonscription de Saintes. — Par suite d'un don, fait par la famille depuis le décès de M. Poitiers, une autre partie de sa bibliothèque est actuellement annexée à celle du tribunal civil de Saintes.

(2) *Revue de Saintonge* du 1er janvier 1898, page 32.

(3) Cette société, créée le 12 février 1867, fut approuvée par un arrêté préfectoral du 19 avril suivant. Son premier bureau comprenait : P. Gaudin, président ; Henri Dessalles, juge au tribunal, vice-président ; Gaston Laverny, avocat, secrétaire ; Marc Arnauld, trésorier. Dessalles étant décédé peu de temps après la fondation (8 avril 1867), fut remplacé, le 6 juin de la même année, par Louis Audiat, licencié ès-lettres, professeur de rhétorique au collège et bibliothécaire de la ville. Le second président fut M. Jules Dufaure, de l'Académie Française ; le troisième et dernier fut Poitiers, à qui l'on avait adjoint le comte Jules de Clervaux, comme vice-président (8 janvier 1870) *(Annuaire de la Société des Arts, Sciences et Belles-Lettres de Saintes.* Orliaguet, 1869. *Indépendant de la Charente-Inférieure* du 11 janvier 1870).

(4) *Indépendant de la Charente-Inférieure* du 22 septembre 1891.

(5) *Union Républicaine* de Saintes du 3 août 1848.

(6) *Indépendant de la Charente-Inférieure* du 9 août 1870.

heureux cette fois, il fut nommé membre de l'Assemblée communale le 7 mai 1871, au deuxième tour de scrutin, par 714 voix. Il fut successivement réélu les 22 novembre 1874 (1.139 suffrages) et 6 janvier 1878 (1.561 voix). Il fut même pendant un certain temps (juillet 1876-août 1879) adjoint de M. le comte Lemercier, alors maire, avec le docteur Louis-Charles-Auguste Bargignac (1). Il fit aussi partie de la commission du collège et de celle de la bibliothèque de la ville, ainsi que du conseil d'administration de l'hospice de Saintes (5 décembre 1879 - 4 novembre 1891) dont il fut vice-président de 1881 à 1891 (2). Rappelons également, pour être complet, que, pendant les dernières années du règne de Louis-Philippe, il fut secrétaire du comité de surveillance, pour notre arrondissement, de la Société d'assurances mutuelles sur la vie, la *Caisse des Écoles et des Familles*, fondée par M. Léon de Jouvencel, député de Brive (Corrèze) (3).

---

(1) Le docteur Bargignac, né à Épargnes le 12 mars 1815, mort à Saintes le 12 octobre 1882, était l'aîné des six enfants de Jacques-Louis Bargignac, maire d'Épargnes (1812-1819), juge de paix du canton de Cozes (1826-1831), décédé à Saintes, rue des Herbes, à 78 ans, le 2 novembre 1857 (fils lui-même de Louis Bargignac, bourgeois, contrôleur des actes à Cozes, et de Marie-Eustelle Granier), et de Anne-Marie-Rose Vigoureux de la Roche, décédée aussi à Saintes, à 74 ans, le 24 mai 1861 (fille de Joseph-Dominique Vigoureux de la Roche, écuyer, et de Marie-Françoise Dubreuil de Guittaud, du bourg de Grézac; Auguste Bargignac avait épousé à Cognac, le 2 juin 1840, Claire-Henriette Albert du Gallois, fille de Jean-Pierre Albert du Gallois, président du tribunal civil de Cognac (15 février 1830) puis, sur sa demande, juge à Saintes du 14 avril 1845, à son décès (29 janvier 1856), et de Suzanne-Claire Adélaïde Moufflet.

Le 23 septembre 1870, Bargignac fut, avec MM. Geay-Besse, ancien marchand, Martineau, banquier, Guenon des Mesnards, propriétaire, et Lejeune, chef de l'exploitation des chemins de fer des Charentes, membre de la commission municipale et administrative, nommée par le Préfet, M. F. Mestreau, et qui exista jusqu'au 8 avril 1870 (Voir *Revue de Saintonge* de janvier 1883, page 8, et *Documents relatifs à la ville de Saintes*, page 124, note 1.)

(2) *Registre des délibérations de la Commisssion de l'hospice de Saintes*. (Communications de M. Boisnard, aide-économe de cet établissement.

(3) Cette société qui prit d'abord le titre de *Banque des Écoles*, fut autorisée par ordonnance royale du 23 août 1841. Elle avait des ramifications dans toute la France. Son directeur pour l'arrondissement de Saintes, était Pierre Gérard, officier retraité, agent général de la compagnie *le Soleil* (incendie). MM. Jean-Baptiste François Descombes, président du tribunal de commerce, et Jules Emmanuel Duret, notaire à Saintes, étaient président et vice-président du comité de surveillance pour ce même arrondissement, lequel comité comprenait, parmi ses membres, MM. le chanoine Réveillaud, curé de Saint-Pierre, Stanislas Moufflet, principal du collège, Bernard Sarrazin, adjoint au maire, Charbonnel, juge au tribunal civil, P. de Montalembert, propriétaire, Hya-

Quoique fervent républicain, Poitiers aimait ce qui rappelait le passé de sa cité natale. En voici une preuve. Le 31 janvier 1879, à la suite de la lecture, donnée par l'un de ses collègues du conseil municipal, M. Fournat (1), du rapport de la commission, chargée de la revision des noms des rues de Saintes, Poitiers déclara catégoriquement que, pour son compte, il n'était pas partisan du remplacement du nom de la rue Porte-Aiguière, qui rappelait « un vieux souvenir historique, *Porta Aquaria* » et que, du reste, il n'approuvait pas « que les rues changent trop facilement de noms à la suite des révolutions » (2).

« Poitiers avait assez lutté, travaillé, parlé. Las, usé, il aspirait au repos » (3). Il avait refusé la robe rouge de conseiller à la Cour d'appel, que M. Dufaure, étant ministre de la justice, lui avait maintes fois offerte, sur le conseil de son ami, Jules Castagnary, il finit par accepter la modeste robe noire de juge de paix ; et quand Alliot fut envoyé comme juge à Mamers, il fut par le même décret (8 avril 1879), appelé à lui succéder à la justice de paix du canton nord de Saintes. Il prêta serment,

cinthe Gout. négociant et conseiller municipal, Lesbros, lieutenant-colonel en retraite, Bourgoin, avocat, Dussourd. médecin, Auguste Beket, propriétaire, membre du conseil municipal, et de Beaupré. officier retraité (*Journal Littéraire d'affiches, d'annonces et d'avis divers de Saintes* du 21 mai 1846).

(1) Emile-Alexandre Fournat, né à Surgères, le 8 octobre 1838, d'Alexandre Fournat, avoué à Rochefort-sur-mer, et de Catherine Sagot, après avoir été avocat, succéda à Philippe Brudieu, avoué à Saintes (2 février 1864), céda sa charge à M. Amable Guimaron (7 février 1879), et alla ensuite, paraît-il, occuper le poste de directeur de la succursale du Crédit Foncier à Orléans. Il avait épousé. à Cognac, le 22 septembre 1870, la dame Virginie Dupuy, ancien professeur de musique à Saintes, veuve de Frédéric-Louis Vignaud. Fournat, qui écrivait dans des feuilles locales (le *Courrier de La Rochele*, l'*Ere Nouvelle* de Cognac, etc ), rimait avec facilité et assez d'élégance. Il eut, pendant quelque temps, comme clerc, M Théodore Girard, né à Montils, canton de Pons, le 11 janvier 1831 qui. après avoir été avoué et maire à Melle, est actuellement sénateur des Deux-Sèvres depuis le 14 janvier 1895, et a été garde des sceaux, ministre de la justice dans le second cabinet Briand (3 novembre 1910). M. Girard, durant son séjour à Saintes, a parfois collaboré, sous le pseudonyme d'*Arthur Lanlair*, à l'*Union Républicaine de la Charente-Inférieure*, imprimée dans cette ville par P. Amaudry, rue de la Comédie, 5, et dont E. Bruand fut rédacteur en chef de janvier 1875 à juin 1876.

(2) *Annales municipales de la ville de Saintes*, année 1879, page 10. Saintes, Loychon et Ribéreau (1880).

(3) *Revue de Saintonge* de janvier 1898, page 32.

en cette qualité, le 23 du dit mois d'avril et fut installé, à l'audience du 25 du même mois, dans cette fonction (1), dont il se démit en 1892 ; il avait 80 ans. Son successeur fut M. Thublier, juge de paix de Jonzac.

*L'Indépendant de la Charente-Inférieure*, dont Poitiers avait été le collaborateur, exprima les regrets que lui causait le départ de l'ancien magistrat, « son coreligionnaire et son ami » (2).

Poitiers, après sa démission, alla habiter à la Garde, commune de Beauvais-sur-Matha, chez M^me veuve Pineau, sa fille, où il est décédé le 5 novembre 1897, à l'âge de 86 ans. A ses obsèques, qui furent purement civiles, les cordons du poêle étaient tenus par MM. Poitevin, maire et conseiller général de Burie ; Eugène Jean, juge de paix du canton de Matha ; Pierre Sebilleau propriétaire aux Rivières-de-Saint-Ouen-la-Thène, allié de la famille, et Denis Félix, représentant la loge la *Sincérité* de Saintes. M. Poitevin, dont le père avait été l'ami et le camarade de Poitiers à la Faculté de droit, prit la parole sur sa tombe pour retracer la longue et honorable carrière du défunt. Selon le désir de Poitiers, il ne fut fait aucun compte rendu de la cérémonie funèbre. Cependant l'*Indépendant* de Saintes du 6 novembre 1897, le *Journal de Marennes* et le *Courrier de La Rochelle* du 7 du même mois, publièrent quelques lignes au sujet de son décès. « Nous apprenons, disait cette dernière feuille, dans son article nécrologique, la mort d'un vieux républicain, M. Poitiers... Il était connu à Saintes, par la verve endiablée de ses plaidoiries ; il était la gaîté et la joie du barreau. Quant à nous, nous avons conservé de son passage à La Rochelle, où il seconda son ami, Frédéric Mestreau, le souvenir de son aménité et de sa spirituelle bonne humeur. Il passait le meilleur du temps à relever les courages et refusait obstinément de croire aux désastres définitifs... Il s'en va chargé d'années... » (3)

---

(1) *Minutes du greffe de la justice de paix du canton nord de Saintes.*

(2) *Numéro du 12 mars 1892.* — Poitiers avait signé en 1876, avec MM. Meigné, Baudry et Mestreau, une lettre destinée à réunir autour de l'*Indépendant*, un groupe de souscripteurs devant composer un comité de rédaction (Voir le numéro de ce journal du 11 juillet 1876).

(3) M. Louis Audiat fit aussi paraître dans la *Revue de Saintonge* du 1^er janvier 1898, pages 32-38, un article nécrologique, où il relate que Poitiers fut accusé d'être l'auteur des révélations, qui, après la chute de

Du mariage de Poitiers avec M^me Marie-Eugénie Courcelle, décédée à Saintes, rue du Bois d'Amour (1), était née à Poitiers le 18 novembre 1834, une fille Françoise-Eugénie, mariée à Saintes, le 25 mai 1857, avec M. Maurice-Florentin Pineau, propriétaire à Beauvais-sur-Matha, où il est décédé le 3 juin 1873, et qui était fils de Maurice et de Marie-Claire Sebilleau. Huit enfants sont issus de cette union dont trois, Maurice, Alfred et Eugénie-Marie, sont morts en bas âge. Les autres sont : a) Pierre-Maurice-Alfred Pineau, sans profession, demeurant à Croix-de-Vie (Vendée), né à Saintes le 29 juillet 1861, marié, le 6 juillet 1891, à Louise Gautier, receveuse des postes au Guâ, fille d'un capitaine, chevalier de la Légion d'honneur, mort sur le champ de bataille en 1870 ; b) Pierre-Florentin Pineau, né à Saintes le 27 février 1866, marié à l'Isle-Jourdain, le 30 juillet 1897, à M^lle Thélaïde Augny de Landonnière, propriétaire-agriculteur, à la Garde, commune de Beauvais-sur-Matha ; c) Marie-Clarisse Pineau, née à Beauvais-sur-

---

l'Empire, firent tant de bruit à Saintes, concernant les listes de suspects dressées, dans cette ville, le 29 juillet 1861, sur la demande de M. Boffinton, préfet de la Charente-Inférieure, par M. Vacherie, maire, faisant alors l'intérim en l'absence de M. de Rochefort, sous-préfet de Saintes, en congé, et qui furent insérées dans les colonnes de l'*Indépendant* du 29 novembre 1870. Rappelons, enfin, que, le 14 avril 1912, dans un discours, prononcé par lui à Saint-Jean-d'Angély, à l'occasion de l'inauguration du monument, élevé à la mémoire de Joseph Lair, ancien maire et bienfaiteur de cette ville, M. le sénateur Emile Combes, a fait un bref, mais vibrant éloge de Poitiers.

(1) La maison, où est morte M^me Eutrope Poitiers, porte les n^os 9 et 11 de la rue du Bois d'Amour. Elle appartient actuellement à M^me veuve Pineau susnommée, et a été habitée, comme locataire, par M. Octave Lauraine, député, alors avocat, du 15 décembre 1891 au 25 septembre 1896. Cette même maison a été édifiée, de 1834 à 1840, sur une partie d'un jardin, acheté par Pierre-François Poitiers, suivant acte au rapport d'Huvet, notaire à Saintes, en date du 15 mars 1820, des dames Elisabeth-Antoinette Marillet, épouse de Pierre Fourestier-Voiville, propriétaire à Saintes, et Françoise-Adélaïde Marillet, épouse de Jean Antoine Torchebœuf, propriétaire à Lavigerie, commune de Saint-Savinien, de Jacques Joseph Marillet, receveur d'enregistrement à Lautrec (Tarn), et des autres héritiers de Magdeleine Marillet, décédée à Saintes le 20 juillet 1811, veuve de Pierre-Etienne Bironneau, en son vivant notaire à Saintes, où il mourut lui-même le 11 octobre 1808. Le dit jardin devait certainement dépendre du vaste terrain, acquis, aux termes d'un acte reçu par Huvet, le 30 août 1785, des RR. PP. Cordeliers, par Pierre-Etienne Bironneau, qui précède, et Pierre Lassoutière, maître-perruquier à Saintes, paroisse Saint-Michel, (le fondateur de l'hôtel *Henri IV*, devenu plus tard *Hôtel de France*), et dont les acquéreurs firent entre eux le partage, le 18 septembre suivant devant le même notaire.

Matha le 7 juin 1867, célibataire, domiciliée audit lieu de la Garde ; *d)* Eugénie-Clotilde Pineau, née à Saintes le 16 septembre 1869, devenue, le 22 novembre 1898, épouse de M. Paul Caillaud, instituteur à Saint-Ouen-la-Thène, canton de Matha ; *e)* Léo-François Pineau, né à Beauvais-sur-Matha le 12 décembre 1871, décédé le 14 mai 1900 au même lieu de Beauvais-sur-Matha (1).

## X.— Thublier.

François-Ferdinand Thublier est né à Meschers, canton de Cozes, le 28 août 1832 du mariage de François Thublier (2), propriétaire et boulanger aux Epaux, commune de Meursac, et de Jeanne-Anne Thublier. Il fut nommé notaire à Segonzac (Charente) par décret du 28 janvier 1860, en remplacement de François de Juglart (3), prêta serment le 6 février suivant et exerça cette profession jusqu'au 25 juin 1874, époque où il eut pour successeur M. Pierre Daigre, auquel il avait cédé son office (4). Nommé suppléant de la justice de paix du canton de Segonzac le 21 décembre 1871, il donna sa démission dans les premiers mois de l'année 1877 (5). Il fut ensuite juge de paix successivement à Marans, (16 avril 1878), Jonzac (24 février 1880) (6), et

---

(1) *Renseignements donnés par M. Pierre Pineau, de Beauvais-sur-Matha.*

(2) François Thublier père, né le 16 juin 1802, décédé le 9 janvier 1896, âgé de 93 ans, aux Epaux, était fils de autre François Thublier, boulanger, et de Marie Abelin. Il s'était marié à Meursac, son lieu de naissance, le 17 janvier 1826, avec sa cousine germaine, Jeanne-Anne Thublier, née le 25 avril 1802, décédée le 13 septembre 1870, laquelle était fille de Pierre Thublier, propriétaire à Meschers, et de Marie Ballay. Le père de François Thublier, mort le 19 janvier 1849, était lui-même fils de Jacques Thublier, décédé aux Epaux, le 18 septembre 1813, à 77 ans, qui, en 1790, fut élu prud'homme assesseur de la justice de paix du canton de Cozes, pour la commune de Meursac et de Jeanne Coteraud (ou Cotraud), morte à Meursac le 10 janvier 1825 à 83 ans. (*Registres de l'état civil et renseignements dus à M. Yves Heurtel, auditeur au Conseil d'Etat.*)

(3) De Juglart avait succédé à Pierre Guillemeteau-Léclopard, grand-père de Mme Thublier, lequel fut notaire à Segonzac de 1817 à 1851.

(4) Actuellement étude de Me Favraud.

(5) Il fut remplacé, comme suppléant de la justice de paix de Segonzac, par M. Ravard (François-Joseph), notaire à Angeac-Champagne, par décret du 17 avril 1877 (*Journal officiel* du 18 avril).

(6) Le prédécesseur de M. Thublier, à Jonzac, était M. Marcelin Fleuranceau, ancien avoué, décédé dans cette ville le 6 mars 1894. — Ce dernier était frère de M. Jean Fleuranceau, ancien notaire, maire de Cognac, juge

Saintes (9 mars 1892). Il prêta serment en cette dernière qualité devant le tribunal civil le 21 mars et fut installé le 23 du même mois.

Il avait épousé, à Segonzac, le 14 novembre 1859, Marie-Louise-Anne-Henriette-Berthe Guillemeteau-Léclopard, fille de David-Pierre Guillemeteau-Léclopard, greffier de la justice de paix de ce canton, et de dame Catherine-Léontine Rousseau, morts tous les deux à Saintes, le mari le 10 août 1884, âgé de 64 ans, et la femme le 5 mars 1904, à 89 ans.

M. Thublier est décédé, encore en exercice, dans son domicile à Saintes, quai de la République, numéro 5, le 20 août 1908, à l'âge de 76 ans, veuf, depuis le 1er janvier 1907, de Berthe Guillemeteau-Léclopard, dont il a eu deux fils : 1° Alcide-Ferdinand-Roger-Maurice, né à Segonzac le 1er novembre 1865 ; 2° et Maurice-Georges, né à Saintes, le 24 juillet 1875.

Il avait été promu officier d'Académie par décret en date du 23 janvier 1907.

### XI. — Guerry.

Louis-François Guerry, né, le 8 mars 1854, à Sepvret, canton de Lezay (Deux-Sèvres), est fils de Louis Guerry, propriétaire, et ancien adjoint au maire de Melle, et de dame Louise Desgrois, son épouse, décédée en cette même ville le 16 septembre 1874.

Reçu licencié en droit au mois d'août 1877, il resta inscrit au tableau des avocats de Poitiers depuis le 3 novembre suivant jusqu'au 26 octobre 1882, et fut ensuite notaire à Saint-Maixent du 21 avril 1884 au 17 octobre 1895. Après la cession de son étude, il fut nommé juge de paix à La Chapelle-la-Reine (Seine-et-Marne), le 21 novembre 1902 ; à Saint-Porchaire (Charente-Inférieure) le 1er avril 1905, à la place de Fragnaud, décédé ;

suppléant au tribunal civil de cet arrondissement, — mort, le 16 octobre 1879, à la Guérinière, commune de Chantillac, canton de Baignes, et dont la fille, M<sup>lle</sup> Marie-Hortense Fleuranceau, a épousé, le 7 septembre 1892, notre confrère des *Archives*, M. le D<sup>r</sup> Jean-Alexandre Guillaud, professeur à la Faculté de médecine de Bordeaux, ancien conseiller général du canton de Saint-Hilaire-de-Villefranche, chevalier de la Légion d'honneur, officier de l'Instruction publique.

enfin à Saintes (canton nord), où il succède à Thublier (décret du 18 juillet 1909). Il a prêté serment le 3 août suivant et a été installé à l'audience du 9 du même mois (1).

M. Guerry a épousé à Bussac, canton nord de Saintes, le 28 août 1893, M<sup>lle</sup> Marie-Julie-Blanche-Gabrielle Daviaud, fille de M. Jean Daviaud, propriétaire au Port-Berteau, maire de la commune de Fontcouverte, membre du conseil d'arrondissement, et de M<sup>me</sup> Clémentine Février, dont deux filles : a) Marie-Claire-Yvonne, née le 12 août 1894 ; b) et Marie-Marcelle-Germaine, le 21 février 1896.

Il est officier d'Académie depuis le 1<sup>er</sup> janvier 1905, et, par décret du 29 décembre 1910 (2), il a été nommé chevalier de la Légion d'honneur, en sa qualité de capitaine au 70<sup>e</sup> de l'armée territoriale.

---

### B. — *Canton Sud.*

### I. — Dangibeaud.

François-Louis Dangibeaud (*alias* François-Louis de Gonzague) (3), appartenait à une très ancienne famille Saintongeaise (4). Né à Saintes le 22 juin 1765 et baptisé le même jour

---

(1) *Minutes de la justice de paix du canton nord de Saintes.*

(2) *Journal officiel* du 31 décembre 1910.

(3) Son acte baptistaire porte « François-Louis », cependant, dans les actes de la justice de paix et dans son acte de décès, il est appelé « François-Louis de Gonzague ». Un jugement rectificatif du tribunal civil de Saintes, rendu le 12 février 1833, a ordonné la suppression des mots « de Gonzague » dans les prénoms de Dangibeaud.

(4) La famille Dangibeaud, dont le nom patronymique est écrit à l'origine *Angibault, Angibaut, Angibauld, Angibaud*, puis *Dangibaud* ou *Dangibeaud*, se rencontre à Saintes, dès la fin du XVI<sup>e</sup> siècle, depuis François *Angibault* ou *Angibaut*, sieur des Vallées, époux de Marie Amussat, lieutenant du prévôt des maréchaux en Saintonge sous Henri IV (1<sup>er</sup> mars 1604). « La tradition la fait originaire d'Albanie », a écrit M. de la Morinerie, dans la préface de *Saintes au XVI<sup>e</sup> siècle*, mais M. Charles Dangibeaud s'est élevé contre cette « prétendue tradition, cette légende », qui est « une pure absurdité, que n'excuse même pas une erreur, amenée par un semblant de consonance », et il

dans l'église paroissiale de Saint-Pierre (1), il était fils d'Etienne Dangibeaud (2), conseiller au présidial de cette ville, et de Anne-

---

conclut que cette famille doit être originaire de la Saintonge. (Voir *Mes Ascendants, mes Parents, mes Alliés* par Ch. Dangibeaud, pages 5-6, Mâcon, Protat frères, 1902).

(1) Il fut tenu sur les fonts baptismaux par François Lallemant, bourgeois, son oncle maternel, et demoiselle Marie Brelay, veuve Charles Dangibeaud, son aïeule paternelle.

(2) Etienne Dangibeaud, dit le *Grand Nez*, né le 24 décembre 1735 (?), était fils de Charles Dangibeaud, sieur du Pouyaud et d'Averton en Montils et Rouffiac, décédé à Saint-Sever de Pons le 13 avril 1742, et de Marie Brelay ou Brelai de Terreneuve (parfois aussi de Villeneuve), morte à Saintes, sur la paroisse Saint-Michel, le 15 septembre 1773. Avocat au Parlement, premier échevin en 1782, il fut délégué par le corps de ville avec Riquet, pour aller attendre l'évêque Pierre-Louis de la Rochefoucault, à son entrée solennelle à Saintes le 21 mars de la dite année. Le 8 mars 1789, il fut chargé, avec Lemercier, Chesnier-Duchesne et Bernard des Jeuzines, de rédiger le cahier des doléances du Tiers-Etat. Elu, en 1790, juge au tribunal du district de Saintes, il démissionna en 1791, puis, nommé juge au tribunal de département par l'assemblée électorale le 25 germinal an V (14 avril 1797), il devint vice-président du tribunal civil de Saintes (1811) et le resta jusqu'à son décès, survenu dans cette ville le 25 décembre 1815 ; il avait 80 ans. Il était frère germain de : I. Eustelle Dangibeaud, née à Saint-Sever le 30 décembre 1724, morte au même lieu le 16 décembre 1787, qui épousa Pierre-Joseph Lecourt, directeur des postes au bureau de Cognac et entreposeur de tabac en la même ville (Contrat devant Senné fils, notaire royal à Saintes, du 5 janvier 1758 ; — II. Charlotte Dangibeaud, née à Saint-Sever le 8 août 1726, décédée au même lieu, le 12 germinal an VIII (2 avril 1800), à 74 ans; — III. Claude Dangibeaud, né à Saint-Sever le 24 novembre 1727, curé de la paroisse Saint-Michel (juin 1758), devenu chanoine de Saint-Pierre de Saintes le 16 septembre 1773, décédé le 21 mars 1777 et enterré le lendemain dans la chapelle Saint-Jean de la dite église Saint-Pierre ; — IV. Pierre Dangibeaud, curé de Sainte-Colombe (1764), ensuite de Saint-Michel, à la place de son frère (3 janvier 1774), mort à Saintes le 8 prairial an XIII (28 mai 1805), à l'âge de 73 ans ; — V. Catherine Dangibeaud, dame de Rabaine et d'Averton, née à Saint-Sever le 10 mai 1729, décédée à Saintes à 75 ans, le 3 nivôse an XII (25 décembre 1803), qui, le 20 février 1753, épousa en l'église Saint-Michel, Jean-Jacques Delataste (ou Lataste), seigneur de la Chatellenie du Châtelet en la paroisse de Saint-Coutant, président civil et criminel en l'élection de Saintes, fils de Jacques Delataste, procureur, et de Jeanne Adam, décédé le 23 août 1782, dont : a) Jeanne-Marie-Elisabeth, née le 14 avril 1755, mariée le 20 janvier 1785 à Pierre-René-Auguste, comte de Brémond d'Ars, député de la noblesse de Saintonge aux Etats Généraux, morte le 5 janvier 1829 ; b) Jean-Claude Delataste, vicaire de Saint-Savinien, puis vicaire épiscopal ; c) Pierre Delataste, négociant à Saintes, qui, de son mariage avec Anne Péraud, eut le 12 messidor an III (30 juin 1795), Victoire-Isaure, décédée à Villars-en-Pons le 16 mars 1848, la-

Françoise Lallemand (ou Lallemant), son épouse (1). Après avoir fait ses études au collège de sa cité natale, il fut d'abord destiné à la marine et se fit inscrire comme volontaire sur le

---

quelle épousa Joseph-Marc-Antoine Timothée, marquis de Cumont, ex-officier de marine, né en 1782, décédé à Pons le 21 septembre 1861 (fils de Marc-Antoine, marquis de Cumont, et de Félicité de Gombault), dont notamment une fille, Madeleine-Félicité-Hélène de Cumont, mariée à Villars-en-Pons le 25 octobre 1841, avec Louis-Gabriel-Victor de Brétinauld de Méré, décédée à Saintes le 27 mai 1911, à 90 ans ; *d)* Marie-Elisabeth Delataste, née le 8 décembre 1761, morte à Saintes le 18 janvier 1829, qui épousa, le 28 octobre 1783, Célestin-Jean Gillis, avocat au Parlement de Paris, conseiller du roi, receveur des finances de l'élection de Marennes, veuf en premières noces de Marie-Claire-Victoire Lozeau, décédé à Saintes, à 82 ans, le 9 avril 1822, directeur des contributions directes du département de la Charente-Inférieure en retraite, lequel était fils de Jean Gillis, juge sénéchal du marquisat de Saint-Pierre en l'île d'Oléron, subdélégué de l'intendant de la généralité de La Rochelle, et d'Angélique Naud ; *e)* Eustelle, mariée, le 16 juin 1789, à Charles-Alexandre Bidé de Maurville, ancien lieutenant des vaisseaux du roi, chevalier de Saint Louis, demeurant à la Châtaigneraie, commune de Chaniers, fils de Bernard-Hippolyte Bidé de Maurville, lieutenant général des armées navales, grand-croix de l'ordre royal et militaire de Saint Louis, et de Marie-Anne-Louise de Brache ; — VI. Etienne Dangibeaud, régent de rhétorique au collège des Jésuites à La Rochelle (3 septembre 1752) ; — VII. Jeanne Dangibeaud, née à Saint-Sever le 17 janvier 1733, décédée à Saintes le 4 nivôse an X (25 décembre 1801), supérieure du couvent des Filles Notre-Dame, en 1788 ; — VIII. Joseph Dangibeaud, né à Saint-Sever le 4 janvier 1738, décédé au même lieu le 13 septembre 1749 (*Registres d'état civil*; — *Mes Ascendants* pages 43, 45 ; — *Documents sur Saintes*, pages 59 et 65 ; — *La noblesse de Saintonge aux Etats Généraux*, par de la Morinerie, pages 54 et 328, Paris, Dumoulin, 1861 ; — *Dictionnaire des familles du Poitou*, par H. Beauchet-Filleau et Ch. de Chergé, tome II, page 779, Poitiers, Oudin, 1885 ; — *Revue de Saintonge* de septembre 1896, page 825).

(1) Anne-Françoise Lallemand, dame de Padiance, baptisée le 23 janvier 1736 à la paroisse de Saint-André de la Limonade (île de Saint-Domingue) était fille de Jacques Lallemand de la Neuville, bourgeois, capitaine de la milice, et de Elisabeth Dauvaize. Son père, après le décès de son épouse, ayant vendu son habitation de la Limonade « nègres et bestiaux », à Charles Fournier de La Chapelle, suivant contrat retenu par de Saint-Martin, notaire du roi au Cap-Français, le 8 avril 1740, revint en France et alla habiter Saintes, où le 30 janvier 1742 il se remaria en l'église Saint-Pierre avec « demoiselle » Marguerite Sempé. De son côté, Anne Lallemand épousa d'abord (contrat devant Senné fils, notaire à Saintes, du 15 mai 1750) Charles Guenon, écuyer, ancien capitaine de cavalerie au régiment de Beausobre, fils de Pierre Guenon, seigneur de Brives, avocat du roi et son conseiller vétéran au présidial de Saintes, et de Elisabeth Lucas, de la paroisse Saint-Pierre. Charles Guenon ayant été envoyé comme capitaine d'une compagnie franche de la marine, détachée au Cap-Français (Ile et côtes de Saint-Domingue), y

registre du bureau des classes, mais il abandonna, pour des motifs restés inconnus, cette carrière « malgré sa bonne volonté et son intelligence, qui annonçaient la plus grande aptitude pour l'état qu'il embrassait ». Il fut, à un moment donné, garde-magasin des subsistances militaires à Rochefort, puis à Saintes (1), s'associa avec des tiers pour faire le commerce (2), fut ensuite nommé commissaire de police à Saintes le 25 ventôse an X (16 mars 1802) (3), et exerça cette fonction jusqu'au commencement de janvier 1809, époque où il donna sa démission, quelques jours après avoir été nommé juge de paix du canton de Saintes, section du Sud, en remplacement de Riquet, décédé, par décret impérial, daté de Madrid du 21 décembre 1808 (4). Après la rentrée des Bourbons, il fut confirmé dans sa fonction aux termes d'une ordonnance royale du 9 juillet 1823, dût prêter un nouveau serment devant le tribunal de première instance de son arrondissement, le 13 août suivant et mourut (5),

---

décéda le 26 août 1758 (Inventaire après son décès dressé, à la requête d'Anne Lallemand, sa veuve, par Senné les 24 janvier 1759 et jours suivants). Anne Lallemand se remaria ensuite avec Etienne Dangibeaud, vers 1763, et mourut à Saintes, le 29 janvier 1821, à 85 ans, rue de l'Hôtel de Ville. Elle était belle-sœur de Marie-Elisabeth Guenon de Brives, qui avait épousé (contrat devant Senné du 26 janvier 1758) Noël-Gervais Bonnaud, dit de Mongaugé, fils de Gervais Bonnaud, bourgeois, et de Catherine Dufaur (alias Dufort) de la paroisse Saint-Michel, et avait deux sœurs germaines : 1° Rose-Elisabeth Lallemand, qui, le 18 janvier 1746, épousa à Sainte-Colombe (contrat devant Dalidet du 14 du même mois. Etude du Chastenet) Nicolas Carouge, bourgeois, décédé à Senouche, paroisse de Saint-Sauvant, le 9 octobre 1763, fils de Nicolas Carouge, receveur au bureau de Ribérou, et de Marie-Marguerite-Antoinette de Nozéran ; 2° et Elisabeth Lallemand, décédée le 29 juillet 1770, qui le 18 septembre 1753, épousa à Saint-Vivien Eutrope-Barnabé Pichon, écuyer, fils de Pierre Pichon, seigneur de Saint-Thomas, et de Ozanne Meneau.

(1) On trouve, à la date du 28 brumaire an V (18 novembre 1796) un Dangibeaud investi de cet emploi à Saintes (*Registres de la Justice de paix du canton Sud*). Ce doit être François-Louis Dangibeaud.

(2) Voir à ce sujet un acte de Godet, notaire à Saintes, en date du 5 février 1810, contenant, de la part de Jean Guibert, cultivateur à Saint-Sever, renonciation formelle à demander à François-Louis Dangibeaud aucun compte à raison des relations commerciales ayant existé entre eux (Etude de Mᵉ Foubert).

(3) Renseignements communiqués par l'archiviste du ministère de la Justice.

(4) *Archives du greffe du tribunal civil de Saintes.* Nous remercions M. Vidalin, greffier en chef, de l'amabilité avec laquelle il a mis ses archives à notre disposition.

(5) *Archives du greffe civil de Saintes.*

encore en activité de service, dans son domicile à Saintes, rue du Collège (1), le 29 décembre 1832, à l'âge de 66 ans. Il avait été décoré de l'Ordre du Lys le 8 juillet 1814, par le duc d'Angoulême, lors du rapide passage de ce prince dans notre ville.

François-Louis Dangibeaud, étant garde-magasin aux vivres à Rochefort, où il demeurait depuis plusieurs mois, avait épousé à Tonnay-Charente, le 17 floréal an II (6 mai 1794) (2), Marie-Céleste Faurès (3), veuve Dardilouze, après avoir fait

---

(1) Dangibeaud avait demeuré auparavant rue Saint-Michel, dans une maison, portant actuellement le n° 25, et qui dépendait de la succession de Charlotte Dangibeaud, sa tante, laquelle l'avait léguée indivisément et par moitié à Etienne Dangibeaud et à Catherine Dangibeaud, épouse Delataste, ses frère et sœur susnommés. Par acte reçu par Godet, notaire à Saintes, le 15 février 1817, les héritiers des deux légataires la vendirent à Jean-André Œuillet, propriétaire à Saintes, époux de Elisabeth Niox. Ledit immeuble, après avoir appartenu successivement à Porcie Voix, épouse d'Eutrope Niox, aux époux Paul Boucheron et François-Xavier Beausoleil, commerçants à Saintes (contrat devant Drilhon jeune, du 9 mars 1862), est aujourd'hui la propriété de M. Edmond Boilevin, négociant en cette ville, en vertu d'un acte d'échange, au rapport de Mᵉ Laferrière, aussi notaire à Saintes, du 6 octobre 1876. Mentionnons également que, pendant un certain temps, François-Louis Dangibeaud fut possesseur du domaine de Charenton, commune de Fontcouverte, qui, suivant contrat devant Huvet, notaire à Saintes, du 17 mars 1817, lui avait été vendu par Jean-Michel Segondat. ingénieur de la marine à Cherbourg, Charles-Henry Segondat, commissaire de la marine à Nantes, et Jeanne Segondat, femme de Charles-Marie de Fourcroy, commissaire principal de la marine au port de Brest, héritiers de Gilles-François Segondat et de Marie Réveillaud, leurs père et mère, pour le prix de 30.000 fr. Aux termes d'un autre contrat, reçu par le même notaire, le 7 août 1824, Dangibeaud revendit ce même domaine, pour la somme de 23.000 francs, à Jean-Joseph de Laguette, propriétaire à Saintes, époux de Marie-Catherine-Germaine de Cursay, lequel, en 1839, le démembra et en consentit la vente, en l'étude de Mᵉ Mathieu Drilhon, notaire à Saintes, à divers acquéreurs (Etude de Mᵉ Foubert).

(2) L'un des témoins du mariage était Philippe Augier, négociant à Charente, cousin germain de l'épouse, lequel, né à Saint-Jean d'Angély le 22 avril 1758, et mort à Paris le 2 mars 1837. fut député à la Constituante de 1789, et au Corps Législatif, en 1804 (*Dictionnaire des Parlementaires*, tome I, page 119).

(3) Il résulte d'un extrait de son acte de naissance, déposé pour minute à Baudry, notaire à Saintes, le 19 mars 1833, que Marie-Céleste Faurès était née à la Nouvelle-Orléans, paroisse Saint-Louis (province de la Louisiane) le 16 septembre 1767 de Antoine-Michel Faurès. lieutenant de frégate et capitaine de ce port, et de Rose-Elisabeth Durand (*alias* Dussaud par erreur). Dans l'acte mortuaire de Dangibeaud, son second mari, elle a été appelée *Céleste* seulement, ailleurs *Françoise-Marie-Céleste* ou *Claire-Céleste*, mais

précéder cette union d'un contrat, reçu ledit jour par Avezou, notaire à la même résidence, portant établissement d'une communauté d'acquêts entre les conjoints, qui déclarèrent vouloir « se mettre pour le surplus sous le régime des lois et la coutume du ressort de Saint-Jean d'Angély ». Les époux Dangibeaud-Faurès eurent de leur mariage un fils, Eutrope-Barnabé-Casimir, né à Saintes le 17 brumaire an VII (7 novembre 1798), et six filles, toutes mortes sans alliance : 1° Anne-Céleste, née à Tonnay-Charente, le 30 nivôse an III (19 janvier 1795) ; 2° Rose ; 3° Rose-Angelique, jumelles, nées à Saintes, le 22 messidor an IV (10 juillet 1796) ; 4° Marie-Françoise-Céleste, décédée à Saintes, le 26 janvier 1840, à 45 ans ; 5° Rose-Clarisse, morte, le 8 février 1863, à Saint-Jean-d'Angély, âgée de 66 ans ; 6° Rose-Laure, morte le 26 juin 1856, à Cognehort, près La Rochelle, à 69 ans (1).

François-Louis Dangibeaud avait une sœur, Marie-Rose-Elisabeth, née à Saintes, le 10 septembre 1766, décédée célibataire, en la même ville, le 8 décembre 1849, à l'âge de 83 ans, et deux

---

un jugement sur requête du tribunal civil de Saintes, daté du 12 février 1833, a ordonné la rectification de ses prénoms, conformément à son acte de naissance, sus-énoncé.

Le 3 février 1793, Marie-Céleste Faurès avait épousé, aussi à Charente, Jacques-Augustin-Louis Dardilouze, âgé de 26 ans, né à Lorient, le 24 août 1766, fils de feu Jean-David Dardilouze et de Jacquette Le Sauvage. Bien que l'acte de célébration du mariage n'énonce pas la profession de l'époux, nous pensons qu'il devait appartenir à l'état militaire et ce qui nous le fait présumer c'est qu'à la date du 16 thermidor an V (3 août 1797) et par acte devant Petit, notaire public à Saintes, Louis-Gonzague Dangibeaud aîné et son épouse Marie-Céleste Faurès « relicte » de Jacques-Augustin-Louis Dardilouze, « en son vivant aide de camp », et donataire en usufruit de celui-ci, donnent procuration pour « demander et faire rendre compte au citoyen Lestrohan, juge de paix de la ville de Port-Louis (Morbihan) de la gestion, qu'il a eue des biens, provenant de la succession dudit Dardilouze » (Etude de Mᵉ Julien-Laferrière).

(1) *Communication de M. Dangibeaud, de Rueil. cf. Mes Ascendants..*, page 47. — Nous n'avons pu, malgré nos recherches, découvrir les actes de décès d'Eutrope-Barnabé-Casimir, d'Anne-Céleste, de Rose et de Rose-Angélique Dangibaud, mais ils étaient morts avant leur père, puisque l'inventaire, dressé après le décès de François-Louis Dangibeaud, à la requête de Marie-Céleste Faurès, sa veuve, par Baudry, notaire à Saintes, les 28 et 29 janvier 1833, ne constate la présence que de Marie-Françoise-Céleste, Rose-Clarisse et Rose-Laure, ses trois filles et seules héritières, demeurant les deux premières à Saintes et la troisième alors à Angoulême (Etude de Mᵉ du Chastenet).

frères germains: 1° Louis-Xavier Dangibeaud, dit *Padiance* (1);
2° Jean-Jacques Dangibeaud, dit *du Maine*.

A. — Le premier né à Saintes le 17 décembre 1769, mort en cette
ville, rue des Ballets, le 27 novembre 1820, âgé de 52 ans, fut
capitaine quartier-maître trésorier du 6° bataillon de la Charente-Inférieure, et après sa libération du service militaire
(3 brumaire an IV, 24 septembre 1796), devint membre du collège électoral de l'arrondissement (1808), président de section
dans les assemblées cantonales de 1808 et de 1813, membre du
conseil municipal de Saintes (10 brumaire an XIV, 1er novembre 1805 et 30 décembre 1814), fut décoré de l'ordre du Lys
(22 octobre 1814) et se maria deux fois : 1° le 29 messidor an V
(17 juillet 1797), avec Catherine-Eustelle Garat, née à Saintes le
30 octobre 1776, décédée au Fagnard, commune de Saintes, le
12 septembre 1808, fille d'Etienne Garat, écuyer, capitaine de
cavalerie, garde-corps du roi, compagnie du prince de Beauvau, et de Marthe Garnier, nièce d'Antoine Garnier, beau-père
de Brejon-Lamartinière, père du juge de paix dont il a été
question plus haut (2) ; 2° et le 17 octobre 1810 avec Marie-
Madeleine du Sablon, surnommée *du Breuil*, née à Ecoyeux
le 14 novembre 1767, fille de Charles du Sablon *(aliàs Sablon)*,
sieur de Flaville, et de Madeleine Pelluchon (parfois aussi
Pluchon) (3) décédés, le mari à Brives-Charente, le 20 floréal

---

(1) Il est également surnommé dans certains actes Dangibeaud *du Fagnard*.
C'est à lui que Guillotin, qui était ami d'Etienne Dangibeaud, son père, a
envoyé les deux lettres concernant les démarches faites en 1812, pour obtenir
l'érection en lycée du collège de Saintes et que nous avons publiées dans
notre étude, le *Docteur Joseph-Ignace Guillotin*, page 76-81, La Rochelle,
Imprimerie Noël Texier, 1908.

(2) Voir *suprà, Notice sur Brejon-Lamartinière.*

(3) Madeleine Pelluchon, née à Cognac vers 1730, était fille de Jacques
Pelluchon *des Touches*, écuyer, seigneur de Saint-Bris, avocat en parlement,
et de Catherine de Bourdeille (fille elle-même de Mathieu de Bourdeille,
conseiller du roi et son premier avocat au siège présidial de Saintes, et de
Marie-Marguerite de Villepreux). De leur union célébrée le 11 novembre 1714,
les époux Pelluchon de Bourdeille avaient eu : 1° Madeleine, épouse de Laurent du Sablon, écuyer, garde-corps du roi, de la compagnie de Noailles, fils
de Charles du Sablon, ancien président en l'élection de Saintes, et de Marie
Thomas, demeurant au logis de Flaville, paroisse de Saint-Bris-des-Bois ;
2° Madeleine, la cadette, épouse de Charles du Sablon, qui précède ; 3° Jean-
Antoine, assesseur civil et lieutenant particulier au siège royal de Cognac,
marié en cette ville, le 16 juin 1748, avec Marguerite-Suzanne Vitet de Belendroit, dont deux filles et trois fils : a) Gabriel Pelluchon aîné, maire de

an VIII (20 mai 1800), à 69 ans, et la femme à Saintes le 29 novembre 1808, à 77 ans (1).

---

Grandjean en 1790, et administrateur du département de la Charente-Inférieure pour le district de Saint-Jean-d'Angély en 1790 et 1791, et dont la fille Marie-Marguerite Pelluchon épousa Joseph Jeudi de Grissac, propriétaire à Cravans ; *b*) Elie-Joseph-Alexandre Pelluchon, qui va suivre ; *c*) et Gabriel-Jean-Antoine Pelluchon, juge assesseur au siège royal de Cognac en 1781, devenu plus tard juge à Cognac, puis à Angoulême, enfin président du tribunal de Barbezieux de 1801 à 1819, année de son décès ; lequel, de son mariage avec Marie-Thérèse Joubert de la Pouyade, eut notamment deux fils : 1° Jean-Antoine Pelluchon, mort à Metz le 7 août 1814, des suites de ses blessures, commandant au 63e régiment de ligne, chevalier de la Légion d'honneur ; 2° Gabriel Pelluchon, juge à Cognac (16 août 1826), puis sur sa demande juge à Bône (Algérie), 20 novembre 1842 ; finalement président du tribunal de Philippeville (13 février 1844), décédé à Juillac-le-Coq, le 20 décembre de la dite année à 55 ans, laissant trois enfants issus de son union avec Marie-Eustelle-Clémence Basset de Doustonville, nièce maternelle de M^me Marie Pannetier, épouse du comte Nicolas Lemercier, président du Conseil des Anciens, sénateur, commandeur de la Légion d'honneur (*Communication de M. Perrier des Brousses*).

(1) De leur union (contrat de mariage devant Gabeloteau et Giraud, notaires à Burie et Brizambourg, du 14 mai 1753) les époux Charles du Sablon eurent : *a*) Jacques, né à Ecoyeux vers 1755, capitaine d'infanterie, chevalier de Saint-Louis, décédé célibataire à Saintes, à 83 ans, le 3 mai 1838 ; *b*) Jean-Antoine, né au dit lieu d'Ecoyeux, le 3 décembre 1758, mort en bas âge ; *c*) Anne-Marie-Magdelaine, née aussi à Ecoyeux le 25 novembre 1762, épouse de Jacques Bomard, propriétaire-agriculteur à Roullet, près Angoulême ; *d*) Marie-Magdeleine, surnommée la Grandinerie, née à Brives le 6 janvier 1764, mariée le 10 pluviôse an XII (31 janvier 1804) avec Jacques-Jean Baptiste-François Perreau, fils de Jacques-Alexandre Perreau et de Marie-Henriette Marillet, de la paroisse de Pérignac : *e*) Joseph, baptisé à Ecoyeux le 29 septembre 1765, propriétaire à la Grandinerie, commune d'Ecoyeux où il est décédé le 23 juillet 1839 à 75 ans, qui épousa, le 26 novembre 1791, Julie Daniaud, née à Cognac le 7 février 1773, fille de Jacques-Salomon Daniaud, procureur au siège royal de cette ville, et de « demoiselle » Charlotte Robin. Julie Daniaud était sœur germaine d'Isaac-Daniel-Jean Daniaud, dit Dupérat, né à Cognac le 22 novembre 1768, mort à Paris à l'hôpital du Val-de-Grâce le 16 octobre 1826, lequel fut aide de camp du marquis de Lescure pendant les guerres de la Vendée, et fut, lors du retour des Bourbons, nommé prévôt du département des Deux-Sèvres, avec le grade de maréchal de camp (Voir sur lui : *Un chef vendéen* dans la *Revue de Saintonge* de janvier 1896, p. 40-48, et *La police et les Chouans sous le Consulat et l'Empire*, par Ernest Daudet, Paris, Plon, 1895) ; *f*) Anne-Marie-Madeleine, décédée à Saintes le 10 avril 1845, à 80 ans, mariée à Jean Lambert, avocat en Parlement et procureur du roi à l'élection en chef de Saintes, fils de Jacques Lambert et de Jeanne Phelipot, décédé à Rouffiac le 20 août 1787, à 27 ans (contrat de mariage devant Phelipot, notaire à Rouffiac, le 20 décembre 1785), dont un fils, Jacques-Marie Lambert, né à

Louis-Xavier Dangibeaud eût de son premier mariage :

1° Une fille, Anne-Françoise Dangibeaud, dit Joséphine, née à Saintes le 19 germinal an VII (8 avril 1799), morte le 5 septembre 1823, à 24 ans, qui épousa, le 30 mars 1818, son cousin, Henry-Marie Dangibeaud, né à la Chapelle-des-Pots le 8 septembre 1789, décédé au même lieu le 15 mars 1861, officier au 24e régiment d'infanterie (1809-1814), ultérieurement capitaine à la légion de la Charente-Inférieure (1816-1820), fils de Pierre-Gabriel-Claude-Thomas Dangibeaud (1), capitaine commandant au

---

Rouffiac le 3 octobre 1786, décédé à Saint-Sever, canton de Pons, le 14 mars 1844, qui fut maire de cette dernière commune d'octobre 1830 à septembre 1837 et épousa à Pérignac, le 18 mai 1808, Marie-Angélique-Félicité-Clémence Delataste, fille de Pierre Delataste et d'Anne Perreau, propriétaires à Goux, dite commune de Pérignac ; g) Marie-Madeleine, épouse Dangibeaud-Padiance, qui précède ; h) autre Marie-Madeleine, mariée (contrat du 7 juin 1784, retenu par Bernard et Chauvin, notaires à Cognac) à Elie-Joseph-Alexandre Pelluchon, avocat en Parlement, homme très spirituel et poète à ses heures, domicilié à Gadechien, commune de Javrezac, né à Cognac le 6 mai 1752. De leur union naquit, vers 1792, Louis Pelluchon, juge d'instruction près le tribunal civil de Châtellerault (Vienne) de 1842 à 1850, qui se maria vers 1818 à Adeline de Beaupoil de Sainte-Aulaire, fille du comte de ce nom ; i) Anne-Marie-Angélique, surnommée Chaton, née à Saintes le 2 août 1770, qui se maria à Brives-sur-Charente le 4 thermidor an X (23 juillet 1802) avec François-Louis-Joseph Havet, né à Valenciennes le 11 novembre 1743, mort à Saintes le 10 février 1838, ingénieur en chef des ponts et chaussées du département de la Charente-Inférieure, puis de celui du Maine-et-Loire ; lequel était veuf en premières noces de Marie-Suzanne-Victoire Pichon (sœur de François-Claude Pichon, homme de loi à Angoulême), décédée à La Rochelle le 2 brumaire an X (24 octobre 1801), qu'il avait épousée dans cette dernière ville (contrat du 9 mai 1790 passé devant Rousseau et Lavergne, notaires à La Rochelle). De l'union d'Havet avec Marie-Angélique du Sablon, naquit à Saintes, le 24 messidor an XI (13 juillet 1803) Marie-Thérèse-Louise Havet, décédée au même lieu le 2 mars 1821, à 17 ans, après avoir épousé à Saintes, le 3 février 1819, Casimir-Théodore-Maurice Mounier, ingénieur ordinaire du corps royal du génie des ponts et chaussées à Saintes, fils de Philippe Mounier, ancien conseiller du roi et son lieutenant et subdélégué de l'élection de Châtillon-sur-Sèvre en Poitou, et de Charlotte Orré-Duplessis (*Registres d'état civil. — Partage du 9 brumaire an IX entre la veuve Charles du Sablon et ses enfants devant Petit, notaire à Saintes. — Notoriété du Sablon du 24 vendémiaire an XIV, reçue par Godet, aussi notaire à Saintes*).

(1) Pierre-Gabriel-Claude-Thomas Dangibeaud, né à Saintes le 21 décembre 1739, décédé à La Chapelle des Pots, le 16 mars 1824, était fils de Jean-Claude Dangibeaud, baptisé le 1er juillet 1700, mort à Saintes le 7 juillet 1780, et de Anne-Henriette Guenon, de La Chapelle, paroisse de Brives-sur-Charente (lequel Claude Dangibeaud était lui-même, fils de Claude Dangibeaud, sieur du Clos et de Fontautive, prévôt des maréchaux, en Saintonge, et de Hélène

régiment de Boulonnois (9 juin 1772), chevalier de Saint-Louis, et de Anne-Marie Dussault de la Mirande (1). Elle eut dé cette union quatre enfants, dont Louis-Eutrope-Henri Dangibeaud, sous-lieutenant de dragons, né à Saintes le 20 mars 1821, décédé sur son bien de Beaumaine, commune de la Chapelle des Pots le 16 septembre 1896. — De son mariage célebré à Pontivy le 10 mai 1849, avec M<sup>lle</sup> Eléonore-Marie-Adelaïde Beltramin, née à Tours le 8 novembre 1825, décédée à Beaumaine le 13 décembre 1869, fille de Charles-Gaspard Beltramin, colonel

---

Pollart). Claude Dangibeaud, avocat en la cour, conseiller du roi au présidial (19 août 1729), maire de Saintes (1751-1754), épousa successivement : 1º Claire-Jeanne Compagnon, fille de Louis Compagnon. ancien juge consulaire (14 avril 1722), dont Hélène Dangibeaud, morte à Marennes le 12 janvier 1794, épouse de Jacques Gougnon, receveur des tailles de cette ville, décédé lui-même à La Chapelle des Pots le 24 mai 1764 ; 2º Anne-Henriette Guenon, fille de Jacques Guenon, de la Chapelle, écuyer, seigneur de Font-Bernard, conseiller secrétaire du roi, et de Jeanne Guyon. Dangibeaud eut de cette union cinq enfants, parmi lesquels Pierre-Gabriel-Claude-Thomas Dangibeaud, qui précède. et Hélène Dangibeaud, née le 21 décembre 1735, laquelle, le 8 juin 1758, épousa à Saintes, en l'église Saint-Michel, Jean-Gérard-Théodore-Robert de Rochecouste, assesseur civil, lieutenant particulier criminel en la sénéchaussée et siège présidial de cette ville et qui fut le premier maire élu de Saintes (7 février 1790) fils de Jean-François Robert de Rochecouste, aussi lieutenant particulier audit siège, (parent de Samuel Robert, lieutenant particulier en l'élection de Saintes, l'auteur de lettres intéressantes, (1650-1652), publiées dans le tome XXXVII des *Archives historiques de la Saintonge*) et de Judith Ménard (Voir *Mes Ascendants...* pages 31-35 et *Documents sur Saintes*, pages 66 et 84).

(1) Marie Dussault de La Mirande, que Gabriel-Claude-Thomas Dangibeaud avait épousée à Saint-Sauvant le 4 novembre 1788, était fille de François-Gilbert Dussault (*alias* Henri), écuyer, seigneur de La Mirande et de Riveron, et de Thérèse Perrin, fille de Jean Perrin de la Coinche, bourgeois et l'un des échevins de la maison de ville de Cognac, et de Catherine Martin. François-Gilbert Dussault, baptisé à Cayenne le 1<sup>er</sup> novembre 1730, avait épousé Thérèze Perrin à Chérac le 9 janvier 1753. Il était fils de Henri Dussault (ou Dussault) écuyer, seigneur de la Mirande, capitaine de frégate et gouverneur de Cayenne (18 mai 1729) et de Marie-Anne Bérauld. Ce Dussault, né à Arthenac, près Archiac, le 1<sup>er</sup> mai 1662, était certainement de la famille du jurisconsulte Jean Dussault, auteur de l'*Usance de Saintes*. Anne-Marie Dussault de la Mirande est décédée à la Chapelle des Pots le 30 juin 1815. Dans son acte mortuaire elle est indiquée comme née à Chaniers et âgée de 53 ans... Or il n'existe pas sur les registres paroissiaux de cette commune d'acte baptistaire, qui lui soit applicable, mais à la date du 7 avril 1761, figure sur ceux de la paroisse de Saint-Sauvant le baptême d'une Geneviève Dussault de la Mirande née la veille, « fille de M<sup>e</sup> Henry Dussault de la Mirande, et de dame Thérèze Perrin », qui pourrait bien être le sien.

du 6ᵉ dragons, depuis devenu général, et de dame Victoire-Eléonore Petit, décédée à Tours, à 87 ans, le 20 janvier 1887, Louis-Eutrope-Henri Dangibeaud eût : a) Henri-Charles Dangibeaud, né à Chartres le 10 mars 1851, marié le 19 octobre 1874, à Saintes, avec Mˡˡᵉ Marie-Louise-Anne Tercinier (1), avocat, conservateur des musées et de la bibliothèque de la ville de Saintes, vice-président de la Société des *Archives historiques de la Saintonge et de l'Aunis*, auteur d'un grand nombre de publications concernant surtout l'histoire locale, spécialement de *Saintes ancienne* (s. d. Imprimerie Noël Texier, La Rochelle), et de *Saintes à la fin du XIXᵉ siècle*, en collaboration avec M. Emile Proust, grand et bel ouvrage, édité à huit exemplaires seulement (2) ; b) et Mˡˡᵉ Marguerite Dangibeaud, née le 5 mai 1855, mariée à Poitiers à M. Victor-Emmanuel Considérant, et décédée à la Touche, près Saumur, le 25 mars 1905.

2° Trois fils, dont deux, Etienne et François-Henri Dangibeaud, morts en bas âge, et le dernier, Eutrope-Louis Dangibeaud, né à Saintes le 12 fructidor an IX (30 août 1801), qui fut successivement avocat au barreau de Saintes en 1824, juge auditeur près le tribunal civil de cette ville (1ᵉʳ septembre 1827), deuxième substitut au même siège (2 septembre 1830), juge audit tribunal (8 février 1833), chargé de l'instruction (28 avril 1844), conseiller municipal de Saintes (1840-1848), conseiller d'arrondissement du canton sud de la dite ville (1840-1849), administrateur de l'hospice (1840-1843) et fit partie de la commission de cinq membres que désigna M. le baron Lemercier, alors maire par intérim (1839) et qui eut pour mission d'explorer les archives de notre cité et d'en extraire les principaux documents historiques, pouvant s'y rencontrer (3).

---

(1) Mᵐᵉ Charles Dangibeaud est fille de M. François-Louis Tercinier, négociant à Saintes, président du tribunal de commerce, conseiller d'arrondissement pour le canton Nord de la dite ville, né à Saintes le 21 mars 1820, y décédé le 23 mai 1893, et de Mᵐᵉ Louise-Ernestine Sénemaud.

(2) *Album contenant 350 photographies par E. Proust, avec notes explicatives par Ch. Dangibeaud, Saintes, 1900. 6 vol. in 4° jésus imprimés sur les presses de Noël Texier, à La Rochelle.* Pour les autres publications de M. Ch. Dangibeaud voir le *Dictionnaire de la Charente-Inférieure*, page 211, Paris, E. Flammarion, 1901 ; et *Mes Ascendants, op. cit. supra*, page 40.

(3) Les autres membres de cette commission étaient : Pierre-Louis de Rigaud, comte de Vaudreuil, président ; Nicolas Moreau, professeur de dessin au collège et bibliothécaire de la ville, vice-président ; Stanislas

Eutrope-Louis Dangibeaud analysa, avec beaucoup de soin, les registres de la maison commune de 1570 à 1600 (1). « Il s'est livré également à l'étude du droit coutumier de la province et a laissé sur cette matière des récits intéressants » (2). Il est décédé à Saintes, rue Porte Saint-Louis, le 5 mars 1849, âgé de 47 ans. Il est issu de son union avec Félicité-Claire-Jeanne, dite Iéna, Thomé (3), morte le 2 juillet 1836, à Saintes, âgée de

---

Moufflet, principal du collège ; l'abbé Victor-Auguste-Scipion Lacurie, aumônier du collège, secrétaire ; tous de la Société Archéologique de Saintes.

(1) Ses études historiques, dont M. de la Morinerie a fait l'éloge, ont été publiées par ce dernier, avec une notice biographique, sous ce titre : *Saintes au XVI<sup>e</sup> siècle* (Evreux Hérissey, 1863, in-8°, 77 pages).

(2) Préface de *Saintes au XVI<sup>e</sup> siècle*, par M. de la Morinerie.

(3) Félicité-Claire-Jeanne Thomé (dont l'anagramme *Iéna* est le nom qu'elle a toujours porté et qui a été appelée *Félicité-Louise-Céleste-Iéna* dans son acte mortuaire) était née, le 16 juillet 1802, à Poitiers, section du Marché. Son père, Joseph Thomé, capitaine des vétérans, chevalier de Saint-Louis, juge à la cour spéciale de Tours, né le 19 janvier 1756, à Bourgoin (Isère), décédé à Poitiers, le 7 janvier 1828, fils de Pierre et de Marguerite Turban, avait épousé, le 22 juillet 1795, Félicité Thibaudeau, née à Poitiers, le 26 janvier 1775, décédée le 18 juillet 1873, à Savigny l'Evescault (Vienne), laquelle était fille de Antoine-René-Hyacinthe Thibaudeau (né et mort à Poitiers, 2 novembre 1739 - 20 février 1813), avocat, procureur syndic de l'administration du Poitou, député du Tiers aux États-Généraux, président du tribunal criminel de la Vienne (4 septembre 1791), puis du tribunal d'appel de Poitiers (11 floréal an VIII, 1<sup>er</sup> mai 1800), auteur de l'*Abrégé de l'histoire du Poitou*, dédié au comte d'Artois (Paris. Demonville, 1781), ouvrage continué par M. H. de Sainte-Hermine jusqu'en 1789 (Niort, Robin et C<sup>ie</sup>, 1830), et de dame Jeanne-Thérèse Voyer. Antoine-René-Hyacinthe Thibaudeau eut un fils, frère germain de M<sup>me</sup> Eutrope-Louis Dangibeaud, Antoine-Clair, comte Thibaudeau, né à Poitiers, le 23 mars 1765, mort à Paris, le 8 mars 1854, qui fut membre de la Convention (5 janvier 1792), élu député au Conseil des Cinq Cents par 32 départements, dont la Vienne pour laquelle il opta, et les deux Charentes (21 vendémiaire an IV, 13 octobre 1795), fut nommé préfet de la Gironde (11 ventôse an VIII, 2 mars 1800), ensuite des Bouches-du-Rhône (3 floréal an XI, 23 avril 1803), entra le cinquième jour complémentaire de l'an VIII (22 septembre 1800) au Conseil d'État, où il travailla à l'élaboration de nos Codes, fut promu pair par Napoléon I<sup>er</sup> pendant les Cent Jours (2 juin 1815). exilé lors de la rentrée de Louis XVIII (24 juillet 1815), se retira en Autriche, puis à Bruxelles (1823), revint en France après la Révolution de 1830, et fut sénateur du second Empire (26 janvier 1852). Le comte Thibaudeau a écrit des *Mémoires sur la Convention et le Directoire* (2 vol. 1824) ; une *Histoire de Napoléon* (1827-1828) ; un roman historique la *Bohême* (1843), etc. Du mariage des époux Thomé-Thibaudeau naquirent huit enfants, dont notamment : 1° M<sup>me</sup> Eutrope-Louis Dangibeaud, qui précède ; 2° Laure Thomé, épouse de Daniel Massiou, né à Rochefort le 9 nivôse an IX (30 décembre 1800), mort à La

33 ans, deux filles, Félicité-Claire-Iéna et Louise-Marie-Anne-Mathilde Dangibeaud, mortes l'une et l'autre célibataires, également à Saintes, la première, le 10 janvier 1850 et la seconde, le 1ᵉʳ décembre 1846, et un fils, Louis-Frédéric-Edouard Dangibeaud, né en cette même ville, le 2 juillet 1832, décédé à Rueil (Seine-et-Oise), le 19 mars 1909, lequel, après avoir débuté à la préfecture de la Charente-Inférieure, fut appelé à Paris par M. de Chasseloup-Laubat, ministre de la marine, travailla dans les bureaux du ministère de l'Algérie (1859), puis de celui de la marine (1860-1892), dont il fut sous-directeur pendant de longues années, et fut nommé directeur honoraire de ce dernier ministère lors de sa mise à la retraite ; il était officier de la légion d'honneur et de l'instruction publique (1). Il avait épousé à Brion (Indre), le 22 août 1853, Mˡˡᵉ Marie - Cornélie Thomé (2), dont cinq filles et un fils, M. Philippe-Gabriel-Louis

Rochelle, le 7 novembre 1854 (fils de Pierre-François Massiou, employé civil de la marine, et de Marie-Catherine-Raymonde Gignoux) président du tribunal civil de cette dernière ville (1842), qui est l'auteur bien connu de l'*Histoire politique, civile et religieuse de la Saintonge et de l'Aunis*, 6 vol. in-8° (Impr. Mareschal, 1836 à 1840), l'ouvrage d'ensemble le plus complet que nous possédions sur les annales de notre pays ; 3° Aimé-Joseph Thomé, qui va suivre (*Renseignements fournis par Mᵐᵉ veuve Dangibeaud, de Rueil*; *Dictionnaire des Parlementaires Français*, tome V, page 395 ; *Biographie Universelle (Michaud)*, tome XXXXI, pages 338-339, Paris, chez Mᵐᵉ Desplaces ; *Nouveau Larousse Illustré*, tome VII, pages 1004 et 1008).

(1) *Revue de Saintonge* du 1ᵉʳ juin 1909, page 107.

(2) Mᵐᵉ Edouard Dangibeaud était fille de Joseph-Aimé Thomé, né à Poitiers, le 2 novembre 1807, décédé à Paris, le 2 février 1876, et de Marie Aline de Gamond, née en juin 1802, aussi décédée à Paris, le 27 octobre 1881, fille d'un conseiller à la cour de Bruxelles, que Thomé avait connue en allant adoucir l'exil de son oncle, le comte Thibaudeau, et qu'il avait épousée en 1831. Aimé Thomé, qui, plus tard, ajouta à son nom celui de Gamond, se fit recevoir docteur en droit, docteur en médecine, fut officier du génie militaire, puis ingénieur civil, et est l'auteur du projet grandiose de relier la France et l'Angleterre au moyen d'un tunnel sous la Manche. Il a laissé plusieurs ouvrages, dont voici les principaux : *Vie de David, peintre d'histoire, ancien membre de la Convention Nationale* (écrite à 18 ans), Paris et Bruxelles, chez Baudouin frères, 1826 ; *Etude pour l'avant-projet d'un tunnel sous-marin entre la France et l'Angleterre* (Paris, Victor Dalmont, 1857) ; *Mémoire pour l'étude du canal interocéanique de Nicaragua à travers l'isthme de l'Amérique Centrale* (1 vol. in-4°, Paris, V. Dalmont, 1858) ; *Mémoire sur les plans d'un projet nouveau d'un tunnel sous-marin entre l'Angleterre et la France, produits à l'Exposition Universelle de 1867 et sur les différents systèmes projetés pour la jonction des deux territoires depuis l'origine de ces études en 1833 : tunnel immergé, pont sur le détroit, bac flottant, isthme de Douvres, tunnel sous-marin, avec un atlas de planches gravées en couleur* (2 vol. in-4°, Paris, Dunod, 1869); *Mémoire sur l'établissement de la République fédérative en France* (1 vol. in-8°, Paris, Dentu, 1871).

Dangibeaud, commissaire principal de la marine, chevalier de la Légion d'honneur, décédé à Charenton (Seine), le 14 novembre 1908, dans sa 53° année, époux de M^lle Ernestine Cotty.

B. — Le second, Jean-Jacques Dangibeaud, dit *du Maine*, né le 23 mars 1773, mort le 4 janvier 1844, à Saintes, rue du Pont (Grande rue), à 70 ans, qui, après avoir fait ses études au collège de sa cité natale, s'inscrivit, en 1786, sur le registre des volontaires de la marine, fut, à une date ultérieure, percepteur des contributions directes de la commune de La Chapelle des Pots, épousa à Saintes, le 4 septembre 1816, Agathe-Félicité Proutière, née à Saintes, le 3 septembre 1781, décédée en la même ville, le 11 janvier 1869, fille de Pierre Proutière, propriétaire, ancien receveur des aydes, et de Félicité Plassay, et sœur de Pierre-Claude Proutière, directeur de la poste aux lettres de Saintes. De cette union vint un fils, Jean-Pierre-Frédéric Dangibeaud, avocat, né à Saintes, le 18 février 1818, décédé au même lieu, le 28 décembre 1895, veuf de Véronique Fontaine, de Nieul-les-Saintes, qu'il avait épousée à Saintes, le 16 novembre 1871, et qui y est morte le 30 octobre 1882, dont postérité (1).

## II. — Huvet.

Louis-Charles-Philippe de Néri Huvet, né le 26 mai 1781 à Saintes, paroisse de St-Vivien, appartenait à une ancienne famille de cette ville (2). Il était fils de Charles Huvet (3), notaire

---

(1) Sur la famille Dangibeaud consulter l'ouvrage déjà mentionné : *Mes Ascendants, mes Parents, mes Alliés*, de M. Ch. Dangibeaud ; *Études et documents sur Saintes*, pages 65-67 ; et *Dictionnaire de la Charente-Inférieure*, pages 239-242, Paris, E. Flammarion, 1901.

(2) Un Huvet était secrétaire de Léon de Beaumont, évêque de Saintes, neveu de Fénelon (*Revue de Saintonge* de janvier 1895, page 28).

(3) Charles Huvet, né à Saintes le 31 mai 1742, était fils de Nicolas Huvet, bourgeois, qui fut huissier audiencier au présidial, et de Anne Lahaye, mariés en l'église Saint-Pierre le 20 avril 1735, et décédés l'un et l'autre en cette ville, l'époux, le 21 novembre 1773, et la femme, le 4 juin 1786. Par acte de Pasquier, notaire royal à Saintes, en date du 31 décembre 1764, Nicolas Huvet vendit, pour 1.000 livres, son office à Guillaume Meneau, praticien. (*Registres paroissiaux de Saintes. Minutes de Pasquier en l'étude de M^e Julien Laferrière*).

à Saintes (1772-1810) et conseiller municipal (1814-1830), et de Françoise-Thérèse Limal (1), décédés au même lieu, le mari, le 28 décembre 1835, à 93 ans, et la femme, le 27 juillet 1781, à 27 ans. Il succéda à son père, comme notaire (décret du 5 juin 1810), prêta serment en cette qualité le 26 du même mois (2), fut nommé second suppléant de la justice de paix du canton nord de Saintes, le 2 juin 1824, en remplacement de Voix, nommé juge de paix, du même canton (3), et se démit de cette fonction le 3 mai 1825, donnant pour raison sa « mauvaise santé et la multiplicité de ses affaires comme notaire et certificateur » (4). Vers la fin de l'année 1826, il céda son office notarial à Louis Baudry (5), et, devenu notaire honoraire, fut, par ordonnance royale du 28 février 1833, nommé juge de paix du canton sud de Saintes aux lieu et place de Dangibeaud, décédé (6). Il prêta serment devant le tribunal le 13 mars de la même année et resta en exercice jusqu'en 1853, époque où il dut solliciter son admission à la retraite pour cause de maladie et infirmités, qui firent l'objet d'un rapport de la part des docteurs Briault et Bargignac, désignés à cet effet par le procureur général près la Cour de Poitiers (M. Damay) (7). Il mourut le 22 août 1857,

---

(1) Thérèse Limal, que Charles Huvet avait épousée le 26 août 1776, à Saintes, en l'église Ste-Colombe, était fille de Jean-François Limal, marchand boutonnier, et de Magdeleine Besse, et tante d'Arsène Limal, né le 10 brumaire an II (31 octobre 1793), avocat, maire de Saintes en 1843, chevalier de la Légion d'honneur, décédé juge honoraire à Saintes le 20 juin 1877 (*Registres de l'état civil; Etudes et Documents sur Saintes*, pages 87 et 117).

(2) *Archives du greffe civil de Saintes.*

(3) *Archives nationales* BB8 311 et BB30 776. (Renseignements dus à l'obligeance de MM. Martin Chabot, archiviste aux Archives nationales, et Y. Heurtel, auditeur au Conseil d'Etat).

(4) *Archives nationales*, BB8 350.

(5) Le dernier acte du ministère de Huvet est du 2 octobre 1826; le premier acte reçu par Baudry porte la date du 6 du même mois. Le titulaire actuel de cette étude est, depuis le 11 août 1911, M⁰ Jean-Baptiste Péconnet du Chastenet, gendre et successeur de M⁰ Rouyer, qui lui-même avait remplacé M. Babinot, aujourd'hui premier adjoint au maire de Saintes (décret du 17 octobre 1900).

(6) *Moniteur Universel* du 4 mars 1833.

(7) Ces deux médecins prêtèrent serment, le 20 mai 1853, devant Charrier, juge de paix du canton nord de Saintes, qui en a dressé procès-verbal à cette date (*Minutes de cette justice de paix*).

à Saintes, en son domicile, rue Saint-Vivien, à 76 ans, veuf de Louise-Henriette Paillot (1), qu'il avait épousée à Chaniers le 19 germinal an XII (9 avril 1804). Celle-ci, née à Saintes le 19 août 1783, morte en la même ville le 11 août 1838, était fille de Joseph-Etienne Paillot, avocat en parlement et au siège présidial de Saintes, décédé à Chaniers, le 24 mars 1788, lequel appartenait à une branche de la famille Paillot de Beauregard et du Cormier (2), et de Dorothée-Agathe Buisson, son épouse.

---

(1) L'épouse Huvet avait un frère, Jean-Baptiste Paillot, propriétaire et maire d'Ecoyeux (janvier 1810 — août 1830), mort dans cette commune, sur son domaine de la Poterie, le 25 février 1846, lequel était père de Marie-Jeanne Paillot, épouse de Louis-Charles Huvet (de la Grange) et une sœur, Marie-Victoire-Dorothée Paillot, décédée à Brunswick (royaume de Westphalie) au mois d'octobre 1810, épouse de Marie-Philippe Mercier, consul de France aux États-Unis d'Amérique. (Voir, en l'étude de Mᵉ Laferrière, un acte sous-seings privés du 24 février 1815, déposé à Mouchet, notaire à Saintes, le 22 juillet de cette même année, contenant partage de la succession de la dite dame Mercier entre son frère et sa sœur, sus-nommés).

(2) L'un des membres de cette famille était Pierre-Raphaël Paillot de Beauregard, né au Cormier, paroisse Saint-Pallais de Saintes, le 12 février 1734, du mariage, célébré à Saintes, paroisse Saint-Eutrope, le 3 juillet 1726, de Pierre Paillot de Beauregard, sieur du Cormier, conseiller du roi en l'élection de cette ville, et de Marie-Anne Dudouët. Ayant préféré la carrière des armes à celle de la magistrature, Pierre-Raphaël Paillot de Beauregard était officier quand éclata la Révolution, dont il embrassa les principes avec ardeur. Le 7 décembre 1791, il fut, sur la présentation de Cahier de Gerville, ministre de l'intérieur, nommé par Louis XVI, en remplacement de Dalbignac, l'un des commissaires-médiateurs, envoyés à Avignon lors des troubles suscités par l'annexion du Comtat Venaissin à la France (14 septembre 1791). Devenu lieutenant-colonel du premier bataillon de la Seine-Inférieure, il fut promu bientôt général de brigade par les représentants en mission du Bois du Bais (du Calvados) et Briez (du Nord) à cause de sa belle conduite à l'armée des Ardennes, commandée par Dampierre, puis, le 17 avril 1793, s'étant emparé de Florenville et de l'abbaye d'Orlac, province du Luxembourg (Belgique), il ne tarda pas à recevoir le commandement de la deuxième division de l'armée des Ardennes. Pourtant, le 6 mai 1793, les représentants Laporte (du Haut-Rhin) et Hantz (de la Moselle) qui réclamaient l'exclusion des nobles de tous les grades de l'armée, dénoncèrent au Comité de Salut public son incapacité et proposèrent, pour le remplacer, Grandchamp, directeur de l'arsenal de Metz, mais, Milhaud (du Cantal), dans un rapport, adressé à la Convention le 28 de ce même mois de mai, ayant fait l'éloge de Paillot de Beauregard, ce dernier resta général de brigade et, le 9 juin 1793, contribua puissamment à la prise d'Arlon, opérée par Houchard, général en chef de l'armée de la Moselle, pour faire une diversion en faveur d'Aubert-Dubayet et de Kléber, bloqués, avec

## De l'union de Louis-Charles Huvet et de Louise-Henriette

leurs soldats, dans Mayence, par les Austro-Prussiens. En l'an IV, le général de Beauregard prit sa retraite et alla habiter son domaine du Cormier. Depuis lors, il s'occupa beaucoup d'agriculture, fut l'un des propagateurs de la pomme de terre, connue à cette époque sous le nom de *parmentière*, — plante encore peu connue en Saintonge — et l'un des premiers membres de la *Société d'Agriculture* de la Charente-Inférieure, créée à Saintes par un arrêté de l'Administration Centrale du département, en date du 27 prairial an VI (15 juin 1798). Il mourut sur sa terre du Cormier, le 8 vendémiaire an VIII (30 septembre 1799). Il avait épousé, le 18 avril 1779, à Paris, une filleule de Louis XV et de M<sup>me</sup> Louise de France, Louise-Françoise de Sarps d'Arracq, qui donna le jour (29 juillet 1786) à Anne-Julie-Judith Paillot de Beauregard, décédée à Saintes, le 9 avril 1806, à 20 ans. Celle-ci se maria, dans cette ville, le 19 fructidor an VI (5 septembre 1798) avec le chevalier Armand-Jean-François de Guittard (né à Rochefort, le 18 avril 1779, fils de Jean-Louis de Guittard et de Marie-Pélagie de Brétinauld de Saint-Seurin) d'où Marianne-Clara de Guittard, née et décédée à Saintes (12 mars 1801-26 février 1875), laquelle épousa, le 20 juin 1821, Théophile-Charles, comte de Brémond d'Ars, alors chef d'escadron, plus tard général de division, né à Saintes, le 24 novembre 1787, du mariage de Pierre-René-Auguste, comte de Brémond d'Ars, seigneur d'Orlac et de Dompierre-sur-Charente, ancien député de la Noblesse de Saintonge aux États-Généraux, et de Jeanne-Marie-Elisabeth de Lataste. Paillot de Beauregard avait trois sœurs germaines : a) Marie, qui épousa, le 1<sup>er</sup> juin 1750, Jean Berry, bourgeois, fils de Jacques Berry, conseiller du roi au présidial, maire de Saintes en 1732, et de Françoise-Gabrielle de la Vacherie ; b) Rose, qui se maria : 1° à Saintes, le 1<sup>er</sup> décembre 1763, avec Joseph-Gabriel de Brétinauld, écuyer, veuf de Henriette-Guénou de Latour (fils de Gabriel de Brétinauld, seigneur de Méré, et de Marie-Marthe Mauchen) ; 2° à Chaniers, le 24 prairial an II (12 juin 1794) avec Jean Compagnon, cultivateur à la Boucaudrie en cette commune ; c) et Marie-Anne, qui s'unit en mariage, le 26 juin 1788, avec Philippe-Auguste Vieuille, conseiller du roi, magistrat au siége présidial de Saintes, veuf de Anne Berry, fils de Pierre Vieuille, lieutenant général de l'élection de cette ville, et de Marguerite Drefaux, décédé à Saintes, le 9 pluviôse an XI (29 janvier 1803), à 84 ans. *(Un fief saintongeais* par Anatole de Brémond d'Ars, pp. 146-230), Paris, H. Champion, 1903 ; Rainguet, *Biographie saintongeaise*, page 78 ; *Documents sur Saintes*, pp. 98-99 ; *Revue de Saintonge* de juillet 1896, page 102, et de juillet 1891, page 234 ; *Moniteur Universel* des 23 janvier 1792, 3 juin 1793 et 30 prairial an III (18 juin 1795) : *Recueil des actes du Comité de Salut Public, avec la correspondance officielle des représentants en mission,* publié par J.-A. Aulard, t. IV, p. 14, Paris, Imprimerie Nationale, 1891 ; *Registres d'état civil* ; A. Hugo, *France Militaire*, tome I<sup>er</sup>, page 209, Paris, Delloye, 1838 ; *Victoires et Conquêtes des Français*, tome 1<sup>er</sup>, page 162, Paris, Panckoucke, 1817).

L'épouse Paillot était fille d'Ambroise Buisson, entreposeur des tabacs au bureau de Saintes, et de Marie-Eustelle Gilbert, décédés, le mari à Saintes, le 17 décembre 1790, et la femme à Arzac, près Bayonne, le 24 janvier 1786. De

Paillot (1), sont issus, à Saintes, huit enfants, dont voici les noms :

I. — Agathe-Charlotte Huvet, née le 25 germinal an XIII (15 avril 1805), décédée le 21 février 1807 ;

---

leur union, célébrée à Saintes, en l'église Saint-Maur, le 26 février 1748, les époux Buisson-Gilbert eurent : I. Gabriel-Ambroise-Ignace Buisson, né le 21 février 1749, entreposeur des tabacs à Saintes, marié à Pélagie-Marie-Charlotte Musset, dont, notamment, deux filles, nées à Saint-Jean de Montaigu (Vendée) : a) Marie-Eustelle, le 19 février 1773, qui, le 1er nivôse an IX (22 décembre 1800), épousa, à Saintes, Etienne-François Mestayer, pharmacien en cette ville, fils de Jean-François Mestayer, ancien apothicaire, et de Anne-Catherine Chasteauneuf ; b) Adélaïde, le 16 novembre 1777, qui, le 14 prairial an IX (3 juin 1801), se maria aussi à Saintes avec Placide-Bruno Lepelletier, pharmacien à La Rochelle, fils de Charles Lepelletier, notaire à Ingrandes (Indre-et-Loire) (?) et de Anne Charpentier ; II. Marie-Sophie Buisson, décédée, sans alliance, à Saintes, le 31 décembre 1840, âgée de 88 ans ; III. Jean-Pierre Buisson, né le 22 septembre 1753, propriétaire du domaine de la Turpaudière, paroisse de La Chapelle des Pots, médecin, puis percepteur des contributions directes de la commune de la Vallée, où il est décédé le 22 mars 1812, après avoir épousé Marie-Henriette-Adélaïde Berry, fille de Henri-François Berry, doyen des magistrats au siège présidial de Saintes, et de Marie-Catherine Gilbert, décédée à Saintes, le 3 mars 1792, et sœur germaine de Marie-Dorothée Berry, épouse de Noël-Gervais Bonnaud de Mongaugé, avocat en la cour et au présidial, décédé à Saintes, le 20 septembre 1815, à 88 ans, qui eut deux fils : a) Pierre-Moïse Bonnaud de Mongaugé, époux de Emilie Benasté, lequel fut maire de la commune de Chérac, antérieurement à 1810, jusqu'au 5 novembre 1817, où il envoya sa démission au chevalier Locquet de Blossac, alors sous-préfet de Saintes ; b) Jacques-Gervais-Pierre Bonnaud de Mongaugé, juge au tribunal civil de Saintes, mort en cette ville, le 16 mars 1837, qui, de son mariage avec Félicité de Cumont qu'il avait épousée, à Saint-Germain-du-Seudre, le 29 mai 1807, eût : 1° Louise-Elisa, mariée, le 11 mai 1834, avec Henri-Léopold Potier de Pommeroi, officier au 4e régiment de hussards, fils du comte Louis-René de Pommeroi, capitaine d'état major, chevalier de Saint-Louis et de la Légion d'honneur, et de Marie-Agathe-Bénigne de Beaucorps ; 2° Marie-Hippolyte, morte à Saintes, le 28 mars 1905, à 88 ans, qui, le 15 juin 1842, devint épouse de Pierre-Nicolas-Alphonse Faucher de la Ligerie, propriétaire à Jazennes, canton de Gémozac, fils de Etienne-Marie Faucher de la Ligerie et de Catherine de Vasselot ; IV. Marie-Dorothée-Agathe Buisson, décédée à Saintes, le 20 mai 1832, à 74 ans, veuve de François Duplais, avocat, juge de paix du canton de Saujon (17 décembre 1790 - 12 décembre 1806) ; V. Valéry Buisson, prêtre, curé de la paroisse de Saint-Bonnet, diocèse de Saintes.

(1) Dans son acte de décès, ainsi que dans la plupart des actes la concernant, l'épouse de Huvet, juge de paix, est appelée « Louise-Henri Paillot » quoique dénommée « Louise-Henriette » dans son acte de baptême, inscrit à la date du 19 août 1783 (*Registres de la paroisse Saint-Pierre, volume III, n° 84 ; Archives de l'état civil de la ville de Saintes*).

II. — Marie-Louise Huvet, née le 19 septembre 1806, morte le 21 février 1807 ;

III. — Louis-Charles Huvet, né le 11 mai 1810, employé aux impôts directs, ensuite agent de change et négociant, décédé sur son bien de la Grange, commune de Chaniers, le 1er février 1888, marié à Ecoyeux, le 5 mai 1833, avec sa cousine Marie-Jeanne Paillot, née au même lieu, le 2 août 1806, de Jean-Baptiste Paillot et de Marie-Jeanne Buisson, et morte le 16 septembre 1885, dont : *a)* Marie-Louise-Adéline Huvet, décédée à Chaniers, le 30 avril 1858, célibataire, à l'âge de 24 ans ; *b)* Marie-Mélidie Huvet, née à Saintes, le 22 septembre 1837, qui a épousé dans cette même commune, le 1er septembre 1863, M. Eugène-Louis Jambu, né à La Rochelle, le 24 août 1833, fils de Jean-Baptiste-Nicolas-Sylvestre Jambu, pharmacien en ladite ville, et de dame Sophie-Hippolyte Mercier, décédée à La Rochelle, le 2 février 1835, alors contrôleur des contributions directes à Saintes, depuis inspecteur à Niort, puis directeur des contributions directes à Nice, dont Raymond Jambu, maréchal des logis de cuirassiers, et N., mariée à M. Maurice Roca, avocat à Perpignan ; *c)* Louis-Anatole Huvet, né à Chaniers, le 18 mai 1846, négociant, ancien conseiller général du canton sud de Saintes, chevalier de la Légion d'honneur, qui épousa à Saintes, le 24 avril 1871, Mlle Jeanne-Emilie-Noëmi Mestreau, née en cette ville, le 23 juin 1851, fille de Eugène-Frédéric Mestreau (1), négociant, décédé à Saint-Georges-de-Didonne, le 19

_______________

(1) Frédéric Mestreau était né à Saint-Pierre d'Oleron, le 15 février 1825, de Jean-Frédéric Mestreau, marchand et juge au tribunal de commerce, puis banquier à Saintes, où il est décédé le 13 juin 1862, et de Charlotte-Emilie Delbès, décédée aussi à Saintes, le 15 mai 1882. Il fut préfet de la Charente-Inférieure (6 septembre 1870 — 23 mars 1871), conseiller municipal de Saintes (19 août 1860 — 22 novembre 1874), conseiller général des cantons de Saujon (15 octobre 1871) et La Tremblade (12 août 1883-1890), représentant de son département à l'Assemblée Nationale (2 juillet 1871), député de Marennes (12 novembre 1876 — janvier 1885), sénateur (25 janvier 1885). Il eut de son union avec Marie-Eugénie Philipon : 1o Mme Huvet, qui précède ; 2o et M. Charles-Philippe-Abel Mestreau, négociant, marié avec Mlle Bathilde-Noëmi-Blanche-Marguerite David, dont Mlle Jeanne Mestreau, née à Saintes, le 21 novembre 1886, laquelle a épousé le 24 novembre 1910, à Paris (VIIIe arrondissement), M. Pierre Dupuy, né à Paris, le 21 juin 1876, député de Blaye depuis le 11 mai 1902, fils de M. Jean Dupuy, directeur du journal le *Petit Parisien*, sénateur des Hautes-Pyrénées (4 janvier 1891), ministre de l'agriculture dans le cabinet Waldeck-Rousseau (21 juin 1899), ministre du commerce et de l'industrie (24 juillet 1909). (*Revue de Saintonge*

— 143 —

septembre 1891 (1), et de Marie-Eugénie Philipon (2), son épouse, morte à Saintes, le 19 août 1860, âgée de 27 ans. Du mariage de M. et M<sup>me</sup> Anatole Huvet, sont issus : 1° Marina-Marguerite Huvet, née le 17 juillet 1872, qui a épousé à Saintes, le 17 décembre 1894, Auguste-Alexandre, dit Sander, Rang des Adrets (3), né à La Rochelle, le 14 mars 1863 (fils de Louis-Alexandre Rang des Adrets, décédé à Saint-Mandé (Seine), le 13 janvier 1871, et de Eulalie-Cécile Benoist), alors attaché au

---

de novembre 1891, p. 351 et du 1<sup>er</sup> décembre 1910, p. 306 ; *Dictionnaire des Parlementaires Français*, tome IV, p. 357. Actes d'état civil).

(1) L'*Indépendant de la Charente-Inférieure* du 24 septembre 1891 a publié le récit des funérailles de M. Mestreau, ainsi que les discours prononcés sur sa tombe par MM. Grimanelli, préfet du département, Barbedette, sénateur de la Charente-Inférieure, Dionys Ordinaire, député du Doubs, et le comte Anatole Lemercier, maire et député de Saintes.

(2) M<sup>me</sup> Frédéric Mestreau, née à Archiac, le 31 août 1832, était fille de Jean Philipon, dont la famille, originaire d'Auvergne, avait, paraît-il, des liens de parenté avec le littérateur vaudevilliste, Louis Philipon de la Madelaine, et de Anne-Jeanne-Eugénie Faivre. Son frère, Jean-Antoine-Edmond Philipon, banquier à Saintes, fut le mari de Joséphine-Hermine-Marie Dissez, fille de Pierre-Louis-Victor Dissez, chirurgien major militaire, officier de la Légion d'honneur, et de Gabrielle Pruel, petite-fille de Bobe-Moreau, le premier vaccinateur de la Saintonge. Du mariage des époux Philipon-Dissez, est né à Saintes, le 28 septembre 1869, M. Edmond-Victor-René Philipon, homme de lettres et peintre miniaturiste, qui a épousé, à Paris, le 25 septembre 1900, M<sup>lle</sup> Pauline-Marie-Louise-Gabrielle-Barbara Dalmas de La Pérouse, arrière petite fille du célèbre navigateur Jean-François Galaup de la Pérouse, petite-fille du général vicomte Théobald de La Pérouse, mort en 1899, et petite-nièce de l'amiral comte de La Pérouse (*Revue de Saintonge* du 1<sup>er</sup> janvier 1901, pp. 21-23).

(3) Son bisaïeul, Jean-Alexandre Rang, né à Crest (Drôme), en 1756, fut pasteur de Sédan (1780), Nimègue, Utrecht (1791-1798) et La Rochelle (1798-1824). Il avait épousé Marie-Louise Drouin, d'où naquit à Utrecht, le 26 juillet 1793, Paul-Charles-Alexandre-Léonard Rang, qui, entré dans le service de la marine, se trouvait comme élève sur la *Méduse*, lors du naufrage fameux de cette frégate (2 juillet 1816), devint capitaine de corvette et commandant supérieur de Mayotte, écrivit divers ouvrages estimés sur les sciences naturelles et donna, en collaboration avec Ferdinand Denis, la *Fondation de la Régence d'Alger* ou *Histoire de Barberousse* (1837). Il mourut, à Nossi-Bé, le 16 juin 1844. M. le D<sup>r</sup> Sauvé a résumé sa vie dans un article paru dans la *Revue Organique*. Il avait épousé en 1822, à Brest, Louise Cassens, laquelle, en 1845, se remaria avec M. Théophile Babut et décéda en 1881. Cette dame, qui avait été élève d'Eugène Delacroix, fut, de 1835 à 1870, un peintre à la mode à La Rochelle. (Feuilleret et de Richemond, *Biographie de la Charente-Inférieure*, tome II, page 634 ; *Echo Rochelais*, du 6 décembre 1844 ; L'œuvre de M<sup>me</sup> Babut, veuve Rang, par M. Ch. Dangibeaud, dans la *Revue de Saintonge* du 1<sup>er</sup> avril 1912, pages 78-102).

ministère de l'intérieur, depuis sous-préfet de Boussac, Murat, Vendôme, Mortagne (Orne), Verdun, secrétaire général de la Manche, puis de la Gironde, préfet des Côtes du Nord (8 mars 1911), chef de cabinet de M. Monis, président du Conseil, ministre de l'intérieur et des cultes (9 mars 1911), directeur du personnel et du secrétariat à l'administration centrale du ministère de l'intérieur (7 avril 1911), préfet des Deux-Sèvres (20 octobre 1911) ; 2° Frédéric-Charles-Georges Huvet, né le 21 octobre 1873, négociant, célibataire.

IV. — Auguste-Philippe de Néry Huvet, né le 22 avril 1812, décédé à Taillebourg le 17 juin 1860, capitaine de frégate, chevalier de la Légion d'honneur, marié à Taillebourg, le 12 avril 1842, avec Marguerite-Angélique-Caroline Jean, décédée à Saint-Maurice (Seine) le 1er janvier 1905, à 88 ans, fille de Jean-Baptiste-Augustin-Anème Jean, propriétaire à Taillebourg, et de Rose-Marguerite-Antoinette-Mélanie Boyer, d'où : a) Marie-Adhémard, dit en famille Gabriel Huvet, né le 4 mai 1849, décédé le 1er mai 1889, à Saint-Vaize, négociant, ancien maire de Taillebourg, époux de Claire-Amélie Berton, dont il a eu : 1° Maurice, demeurant à Paris ; 2° et Marie-Marguerite, mariée à Taillebourg le 24 novembre 1897 avec Me Joseph-Pierre-Adolphe-Julien Laferrière, notaire à Saintes, fils de Alexis-Guillaume-Julien Laferrière, décédé le 20 août 1908 (et dont il est le successeur) et de Marie-Thérèse Drilhon ; b) Maurice Huvet, propriétaire, conseiller d'arrondissement à Montbazon (Indre-et-Loire), époux de Marie Delacroix, décédée audit lieu de Montbazon, le 25 mai 1907 ; c) Marie-Louise Huvet, épouse d'Albert Goureau, inspecteur de la compagnie d'assurances la France, domicilié à Paris.

V. — Paul-Philippe de Néri Huvet, né le 11 janvier 1814, mort en 1859, capitaine de dragons, marié à Stéphanie Raverot, dont un fils.

VI. — Charles-Marie-Louise Huvet, née le 31 janvier 1816, qui, le 1er juin 1835, épousa Jean-Baptiste-Marie Seguin, percepteur des contributions directes, mort à Chaniers, le 18 mai 1851, lequel était fils d'Etienne Seguin, juge de paix à Mirambeau, et de Madeleine Lériget, fille elle-même de Jean Lériget, receveur des droits réunis, qui fut maire de Saintes (1833-1837), et décéda en cette ville le 1er mars 1842, et de Catherine Cormier.

VII. — Marie-Agathe Augustine Huvet, née le 5 juillet 1819,

mariée à : 1° Elie-Myrtil Lebeau, chirugien de marine de première classe, chef du service de santé de Mayotte, officier de la Légion d'honneur ; 2° René-Joseph Juin de Baissé, né à La Rochelle, fils de Jean de Dieu Christophe et de Marguerite Portron, professeur de rhétorique au collège de Rochefort, y décédé le 9 mai 1891, à 97 ans, dont un fils, le capitaine du génie, Raymond Juin de Baissé, attaché au ministère de la guerre (1).

VIII. — Etienne-Victor Huvet, né le 1er septembre 1824, décédé le 6 décembre 1900, à Cognac, où il s'était établi comme négociant, après avoir été employé dans les bureaux de M. Jaulin du Seutre, agent de change à Saintes. Il se maria, en cette dernière ville, le 4 juin 1851, avec Amélie-Honorine-Julie Gros, décédée elle-même à Cognac le 11 octobre 1900, fille d'Elie Gros, chevalier de St-Louis et de la Légion d'honneur, capitaine en retraite, mort à Marennes le 19 octobre 1830, et de Marie-Julie Manseau. Il eut de cette union : a) Marie-Amélie Huvet, épouse de M. Gaston Gandolphe de Neuville, domicilié à Enghien-les-Bains, dont Aricie-Amélie-Renée de Gandolphe, née à Cognac le 23 janvier 1874, mariée avec M. Marie-Joseph de Bonnet de Paillerets, puis, le 10 octobre 1910, à Meschers, avec M. Antoine-Alexandre Pélisson, maire de Talmont-sur-Gironde (2); b) Marie-

---

(1) René-Joseph Juin de Baissé appartenait à la famille du contre-amiral Louis Juin, commandeur de la Légion d'honneur, décédé à Rochefort le 4 avril 1892, dans sa 69e année. Né le 20 août 1823 à St-Porchaire (Charente-Inférieure) de Christophe Juin, entreposeur des tabacs à Rochefort, et de Angélique Guyon, Louis Juin, après s'être préparé à l'école navale d'Angoulême (1839-1841), et avoir gravi les divers échelons de la carrière, devint contre-amiral le 11 mai 1880, et le demeura jusqu'à sa mise à la retraite en 1885. Il se montra toujours un défenseur énergique du port de Rochefort. Il avait épousé à St-Maixent, en 1850, Mlle Clémence Dubois, fille du recteur de l'Académie départementale de la Charente-Inférieure, et de Clémence Rouilh. Il eut quatre enfants de ce mariage. L'amiral Juin avait un frère, Alexandre, capitaine d'infanterie, tué à Solferino (24 juin 1859) et une sœur, Augustine, morte à Rochefort le 13 février 1847, qui avait épousé Emile-Henri Girard du Demaine, receveur de l'enregistrement à Saintes, y décédé le 3 octobre 1857, après avoir convolé en secondes noces avec Mlle Bernon de Charans, et qui du premier lit eut Marie-Amélie, dite Augustine, Girard du Demaine, née à Rochefort, le 12 février 1847, morte le 4 novembre 1898, à Saintes, où elle contracta mariage le 1er mai 1867 avec Gustave-Théodule Le Gardeur de Tilly (*Revue de Saintonge* de juillet 1891, page 252, de mai 1892, page 169 et de janvier 1899, page 11.)

(2) *Revue de Saintonge* de janvier 1895, pages 28 et suivantes, et du 1er janvier 1901, page 17. — *Registres d'état civil de Meschers.*

Antoinette Huvet, épouse de M. Maurice de Jarnac de Gardépée, dont notamment un fils, M. George de Jarnac de Gardépée, marié à Bordeaux le 2 septembre 1906 avec M<sup>lle</sup> Henriette Carlsberg, fille de M. William Carlsberg, vice-consul de Russie.

Charles Huvet, le père du juge de paix, avait eu également de son mariage avec Françoise-Thérèse Limal, une fille, Françoise-Anne Huvet, née à Saintes le 13 janvier 1779, qui, le 29 thermidor an VI (16 août 1798), avait épousé Jean Bouyer-Blaizy, né à Barbezieux le 24 septembre 1774, fils d'Antoine Bouyer, dit Blaizy, aubergiste, et d'Anne Coffre. Jean Bouyer-Blaizy fut avoué à Jonzac de l'an VIII à 1819, puis à Saintes, en remplacement de Jacques-Edouard Mareschal, du 24 février 1819 à 1826 et, vers le mois d'août de cette dernière année, céda son étude à Louis Luraxe (1) ; il fut adjoint au maire de Saintes en 1826. De son mariage avec Françoise-Anne Huvet vinrent : 1° Thérèse-Charlotte, née à Jonzac le 5 nivose an X (26 décembre 1801), laquelle épousa, à Saintes, le 28 août 1820, Auguste-Héliodore Habrard Letage, maire de St-Ciers du Taillon, canton de Mirambeau, fils de Jean-Emery Habrard-Letage et de Marie-Félicité Mosnereau ; 2° Anne-Irma, née également à Jonzac, le 15 ventôse an XII (6 mars 1804), mariée le 28 juillet 1823, à Saintes, avec Jean-Charles-Philippe-Antoine Tourneur, notaire à Meursac (1824-1845), fils de Jean-Charles Tourneur, notaire royal, et de Marie-Jeanne-Anne Robin ; 3° et Edouard-Louis, brigadier au 3<sup>e</sup> régiment de Chasseurs d'Afrique, en garnison à Bône (Algérie).

Le même Charles Huvet avàit quatre frères et une sœur germains (2) : 1° René-Eutrope-Nicolas Huvet, médecin à Com-

---

(1) Luraxe eut comme successeur Paul-Emile-Auguste-Casimir Roche, nommé par ordonnance du 16 janvier 1838. Cet office appartint ensuite à Mandé Le Béver, avocat à Saumur, précédemment avoué à Montfort (28 septembre 1845) ; Jules Poitevin, licencié en droit (26 août 1851) ; Mathieu Carol, ancien principal de M<sup>e</sup> Cléopha Morin, avoué à Saintes (7 octobre 1857) ; Philippe-Armand Quinaud, d'abord avoué à Confolens (16 juin 1888) ; Pierre-Paul-Benjamin-Edgard Vacquier, ancien principal clerc d'avoué à Paris (25 janvier 1896) ; Gaudens-François-Joseph Labic, ex-avoué à Céret (26 juillet 1902) et a pour titulaire actuel, depuis le 5 décembre 1905, M. Léon-Auguste-Eugène Noury, ancien principal clerc d'avoué à Etampes.

(2) Voir à ce sujet un acte de Rétif, notaire à Saintes du 4 mars 1779, contenant vente par Anne Lahaye, veuve Nicolas Huvet et ses enfants, à Jacques-Alexandre Perreau, conseiller du roi et procureur au siège de l'élection en chef de Saintes, de la paroisse Saint-Maur, d'une maison, sise rue des Ballets, paroisse de Saint-Pierre (*Etude de M<sup>e</sup> du Chastenet*).

mercy en Lorraine ; 2° Louis-François Huvet, marchand épicier à Saint-Jean d'Angély ; 3° Michel-Jérôme Huvet, prêtre, desservant de la paroisse de Varzay (1) ; 4° Simon-Alexandre Huvet (2), apothicaire, pensionné sur les vaisseaux du roi, au département et port de Rochefort ; 5° Félicité-Elisabeth Huvet, née à Saintes le 31 janvier 1736, morte au même lieu le 17 prairial an III (5 juin 1795), qui épousa (contrat de mariage devant Pasquier, notaire à Saintes, du 16 mai 1761) Pierre Emond, fils de Jean Emond, employé au recouvrement des tailles de l'élection de Saintes, et de Marie Cherrueau, de la paroisse de St-Sauvant, lequel Pierre Emond fut successivement praticien, inspecteur de la grande et petite voirie de la Saintonge, sous-caissier du receveur particulier des finances des anciennes élections de Saintes et Barbezieux, commis, d'août 1793 à fructidor an III (août ou septembre 1795), au bureau des entrées à l'hôpital supplémentaire de l'Armée des Côtes de La Rochelle, établi à Saintes d'abord paroisse Saint-Pallais, ensuite section de la *Bienfaisance* (ci-devant Saint-Vivien). Les époux Emond-Huvet eurent de leur union : a) Michel-Nicolas Emond, né à Saintes le 9 juillet 1764, secrétaire général du département, plus tard receveur général des contributions directes de la Charente-Inférieure, et, après sa démission de cette fonction, inspecteur général des droits réunis à Paris, et qui mourut à Saintes le 22 mai 1808, à l'âge de 44 ans. Il avait épousé, en cette dernière ville, le 27 janvier 1793, Marguerite Dugué, fille de Mathieu Dugué, greffier du tribunal criminel du département de la Charente-Inférieure, et de Marguerite Collet, et sœur de : 1° Pierre Dugué, secrétaire au directoire du district de Saintes, ensuite employé à la Préfecture ; 2° et de Catherine Dugué, épouse de Pierre Coëffé, greffier du tribunal de com-

---

(1) Michel Huvet, né à Saintes le 30 septembre 1749, après avoir été desservant de la paroisse de Varzay (1777-1781), vicaire à Rétaud (1781-1783), était curé de St-Martial de Coculet dans l'archiprêtré d'Archiac, quand éclata la Révolution. Il refusa de prêter le serment constitutionnel, partit pour l'Espagne, d'où il revint à l'époque du Concordat, fut nommé curé d'Ecoyeux par l'évêque de La Rochelle, M. Demandolx, prit possesion de sa cure le 19 septembre 1802, et y mourut le 30 octobre 1815, à 67 ans.

(2) Simon-Alexandre Huvet, à l'âge de 16 ou 17 ans, avait été placé en apprentissage, pendant 3 ans et moyennant 300 livres, chez Jean-François Mestayer, maître apothicaire à Saintes (Acte de Pasquier, du 1ᵉʳ juin 1768. — *Etude de Mᵉ Laferrière*).

merce de Saintes ; *b)* et Marie-Félicité Emond, née aussi à Saintes le 2 juin 1772, qui, le 9 juin 1790, épousa Guillaume Charrier, l'oncle du juge de paix du canton Nord de Saintes, ainsi qu'on l'a vu plus haut.

### III. — Tortat.

Emile-Auguste-Léon Tortat, né à Napoléon-Vendée (aujour-d'hui La Roche-sur-Yon) le 10 septembre 1812, était fils d'Antoine Tortat, et d'Eléonore-Hortense Marchegay de Ludernières son épouse.

Antoine Tortat, né à La Châtre (Indre) le 30 octobre 1775, d'une famille existant dans cette ville en 1462 (1), était le cinquième et dernier enfant de Georges-Antoine Tortat (2), et de Marie-Anne Rousseau. Après avoir fait ses classes au Collège de sa cité natale, où il se fit remarquer par son intelligence précoce et sa rare aptitude au travail, et après avoir été clerc dans l'étude de son père, Antoine Tortat, qui avait adopté avec enthousiasme les grands principes de 89, prit du service dans le bataillon d'Issoudun, dont il fut élu sergent-major porte-drapeau, et lorsque ce bataillon fut dissous, il fut adjoint par la Société populaire de La Châtre à Pouradier-Duteil, «prêtre-marié, inspecteur de ce district pour l'extraction du salpêtre » (3). Après le Neuf Thermidor, il se rendit à Paris où, grâce

---

(1) Le nom de Jehan Tortat figure à une transaction des habitants de la châtellenie de La Châtre avec Guy de Chauvigny, leur seigneur, faite le 10 février 1462, devant J. Grimaud et J. Boulier, notaires à Issoudun. On trouve à La Châtre un Tortat, notaire en 1530. La filiation certaine commence avec Etienne Tortat, époux de Germaine Doré (Renseignements dus à M. Gaston Tortat).

(2) Le père d'Antoine Tortat, fils de Pierre-Antoine Tortat, notaire depuis 1739, mort en 1785, laissant 12 enfants, était, avant la Révolution, procureur à la prévôté royale et sénéchal ou procureur fiscal de plusieurs juridictions seigneuriales. Après la suppression du régime féodal, il devint avoué-licencié près du tribunal du district de La Châtre, procureur syndic en 1790, finalement secrétaire de l'administration municipale, qui comprenait tout le canton ; il mourut vers le mois de juin 1796 (*Extrait des Mémoires d'Antoine Tortat (1775-1847)* pages 2, 3 et 4, Paris, H. Champion, 1911). Ces *Mémoires* ont aussi été publiés par M. G. Tortat dans la *Correspondance historique et archéologique*.

(3) « Le père de celui que M^{me} Dudevant (George Sand) fit nommer, en 1848, procureur général à Bourges » (*Mémoires de A. Tortat, op. cit.,* page 9).

à la protection de Porcher-Dupleix de Richebourg (1), il obtint l'emploi de secrétaire-commis à la division judiciaire du Comité de législation de la Convention nationale (1794). Il l'était encore quand il joua un rôle actif dans la manifestation populaire, dirigée contre la mémoire de « l'horrible » Marat, dont le décret du 8 février 1795 avait ordonné la *dépanthéonisation*. Il nous a donné un curieux récit de cet épisode historique dans les *Mémoires*, qu'il a écrits pour ses enfants et qui s'arrêtent à 1848. On détruisit d'abord le monument funéraire, élevé à l'*Ami du Peuple* sur la place du Carrousel, puis on alla brûler, dans la cour des Jacobins, un mannequin, représentant le trop fameux publiciste, « coiffé d'un bonnet rouge, un verre de sang à la main, un portefeuille et un poignard dans les plis de sa chemise », et ses cendres, recueillies dans un vase de nuit, furent jetées à l'égout Montmartre, au haut duquel fut planté un poteau portant cette inscription :

> *Les massacres du deux septembre*
> *Immortalisèrent mon nom ;*
> *Mon urne fut un pot de chambre*
> *Et cet égout mon Panthéon* (2).

Antoine Tortat prit part ensuite, à vingt ans, à l'insurrection du 13 vendémiaire an IV (5 octobre 1795) que les canons de Bonaparte, chargé du commandement de l'artillerie conventionnelle, réprimèrent durement, puis il reçut une commission d'aide-garde magasin des fourrages à l'armée de l'Ouest en Vendée ; après quoi, il fut avoué à Montaigu, où il reçut dans

---

(1) Gilles-Charles Porcher-Dupleix, comte de Richebourg, né à La Châtre, le 22 mars 1752, mort à Paris le 10 avril 1824, médecin, subdélégué de l'intendant, procureur du roi, maire de La Châtre en 1790, commissaire du roi près le tribunal de ce district, membre de la Convention nationale, où il vota la détention de Louis XVI jusqu'à la paix ; député au Conseil des Anciens, membre du Sénat Conservateur. Devenu pair de France, il opina pour la déportation dans le procès du maréchal Ney (6 décembre 1815). (*Dictionnaire des Parlementaires Français*, tome V, page 21).

(2) *Mémoires d'Antoine Tortat*, op. cit., page 15. — Cf. *Moniteur Universel* du 17 pluviôse an III (5 février 1795) sur cette manifestation, provoquée par les articles du journal l'*Orateur du Peuple*, que rédigeait le conventionnel Stanislas Fréron, le fils de l'écrivain si bafoué par Voltaire, en collaboration avec un ancien professeur du Collège Sainte-Barbe, Jean-Joseph Dussault, qui s'acquit depuis une réputation au *Journal des Débats*, par des articles de critique, réunis sous le titre d'*Annales Littéraires* (Paris, 1818-1824, 5 vol. in-8°).

sa maison Napoléon Ier, lors de son passage le 8 août 1808 (1). Tortat, qui s'était fait recevoir licencié en droit, à Poitiers, en 1804, ne tarda pas à aller exercer sa profession d'avoué à Napoléon-Vendée et y devint l'un des quatre juges suppléants de la cour d'assises, séant dans cette ville. Second adjoint au maire de Napoléon-Vendée en 1812, il fut révoqué après le retour de l'île d'Elbe, fut, de 1815 à 1819, maire de cette ville, alors Bourbon-Vendée, ét l'un des soutiens de l'opposition libérale (2). Le 11 octobre 1830, il fut nommé juge d'instruction au tribunal de Bourbon-Vendée, en remplacement de M. Guy de Fontaines, démissionnaire pour refus de serment (3). Procureur du roi au même siège (18 mars 1831), il fut accusé faussement d'avoir laissé évader du château de Landebaudière, où on l'avait conduite, Mme de La Rochejacquelein, arrêtée à la métairie de Ribion, commune de La Gaubretière, pour complicité avec la duchesse de Berry, et fut révoqué brusquement le 27 novembre 1831 ; mais, fort de son innocence, il se présenta hardiment devant M. Barthe, garde des sceaux, pour lui demander justice (4). Elle lui fut accordée et, par une ordonnance du 15 février 1832, il fut chargé de la direction de l'important parquet de Saintes, à la place de Baudry fils (5). Il remplit cette fonction jusqu'au 31 mai 1848, époque où, en vertu d'un arrêté de la commission du pouvoir exécutif, il fut remplacé par M. de Lauzon, procureur de la République à Saint-Jean d'Angély (6). Par un autre arrêté, pris à la date du 26 juillet 1848, par le général Eugène Cavaignac, président du Conseil des ministres, chef du pouvoir exécutif, il fut mis à la retraite avec le titre de président honoraire (7). Homme d'ordre, il fut l'un des fondateurs et le président du comité *anti-socialiste*, formé à Saintes le 25 février 1850 (8), et « dans un âge avancé, il trouvait, pour

---

(1) *Mémoires d'A. Tortat*, pages 23, 28 et 36. Le récit du passage de Napoléon Ier à Montaigu et de son entretien avec l'auteur des *Mémoires* a déjà paru, en 1887, dans l'*Annuaire de la Société d'émulation de la Vendée*.

(2) Renseignements donnés par M. Gaston Tortat.

(3) *Moniteur Universel* du 12 octobre 1830.

(4) *Mémoires d'A. Tortat*, pages 124, 127 et 129.

(5) Après sa nomination, M. Antoine Tortat fut reçu en audience particulière par le roi Louis-Philippe Ier, dit-il dans ses *Mémoires*, page 30. Cf. *Moniteur Universel* du 1er mars 1832.

(6) *Moniteur* du 2 juin 1848.

(7) *Moniteur* du 27 juillet 1848.

(8) *Indépendant de la Charente-Inférieure* du 26 mars 1850.

défendre ses opinions politiques, toute la verdeur d'une plume juvénile » (1). Louis-Napoléon Bonaparte, lors de son passage dans notre ville le 11 octobre 1852, le fit chevalier de la Légion d'honneur. M. A. Tortat a été conseiller municipal de Saintes (1848 à 1852), délégué cantonal (14 mai 1851) (2), membre du conseil d'arrondissement pour le canton de Saint-Porchaire aux élections des 30 juillet et 1er août 1852, et des 12 et 13 juin 1855, et se vit décerner la présidence de cette assemblée par un arrêté du préfet (M. Brian). Il mourut dans sa propriété de Ransannes, commune de Soulignonnes (3), le 30 juillet 1856. Son inhumation eut lieu le 1er août suivant, à Saintes, au cimetière Saint-Vivien, dans un terrain de famille. Sur sa tombe, M. P.-H. Victor Savary, président du tribunal civil de l'arrondissement, fit l'éloge du défunt, sur lequel l'*Indépendant de la Charente-Inférieure*, par la plume de M. Victor Vallein, son rédacteur en chef, a porté ce jugement que ratifieront tous ceux qui l'ont connu : « Homme de cœur et de conviction, M. Tortat arborait franchement son drapeau et suivait sa voie sans broncher. Aussi, ses adversaires politiques, eux-mêmes, s'ils ne l'aimaient pas, étaient-ils forcés de l'estimer » (4).

---

(1) *Indépendant* du 2 décembre 1857.

(2) *Recueil des Actes Administratifs*, n° 15, 1851. La Rochelle, typ. G. Mareschal.

(3) Le domaine de Ransannes, situé sur les communes de Soulignonnes et Corme-Royal, appartenait à M. A. Tortat pour l'avoir acquis de Jean-Baptiste Lériget, ancien receveur principal des droits réunis à Saintes, maire de cette ville, chevalier de la Légion d'honneur, époux de M^lle Catherine Cormier, comme le constate un acte reçu par M^e Lambert, notaire à Saintes, le 7 mars 1837. Lériget en avait lui-même fait l'acquisition de la dame Claude-Catherine Macnemara, épouse divorcée de Joseph-François Launoi, enseigne de vaisseau, demeurant à Paris, aux termes d'un contrat, passé devant Huvet fils, notaire à Saintes, le 7 août 1810. Le dit domaine provenait des successions de Claude-Mathieu de Macnemara, écuyer, ancien capitaine des vaisseaux du roi, chevalier de Saint-Louis, et de Marie-Henriette Boucaud, son épouse, demeurant à Rochefort, père et mère de la venderesse, qui le possédaient au moyen de la vente, qui leur en avait été consentie par la dame Jeanne-Hélène-Françoise Frottier, épouse de François-Alexandre Lebrethon, écuyer, seigneur de Ransannes, par acte au rapport de Guérin et Mérilhou, notaires à Rochefort, le 24 avril 1764, contrôlé le 29 du même mois, puis insinué à Pisany le 2 mai suivant (*Minutes de Lambert en l'étude de M^e Bourcy*. Cf. *Revue de Saintonge* de juillet 1887, pages 298-299).

(4) *Indépendant de la Charente-Inférieure* du 2 août 1856. Ce journal contient le compte rendu des obsèques de M. A. Tortat et le discours nécrologique du président Savary.

Antoine Tortat avait épousé, en 1797, à Chantonnay (Vendée) Eléonore-Hortense Marchegay de Ludernières (1), décédée à Saintes, en son domicile rue Saint-Michel le 4 mars 1848, d'où sont issus : a) le 15 février 1800 (28 pluviôse an VIII), Félicité-Eléonore-Adèle Tortat, mariée à Charles-Daniel-Emile Majou-Desgrois, propriétaire à La Bonnière, commune de Mouchamp, canton des Herbiers (Vendée); b) le 23 mai 1809, Antoine-Jules Tortat, avocat à Saintes, substitut à Montmorillon (22 mai 1834), à Niort (28 mai 1838 au 28 mars 1848), qui, démissionnaire après la Révolution du 24 février, fut postérieurement nommé substitut à Agen (9 juillet 1850), procureur impérial à Nérac (5 mars 1851) où il se signala « par son courage civique et son énergie » lors des troubles éclatés dans cette ville après le coup d'Etat du Deux Décembre (2) ; enfin procureur impérial à Agen (3 juillet 1853), où, après avoir été promu chevalier de la Légion d'honneur, il est décédé le 6 mai 1856, à 46 ans ; c) le 9 septembre 1812, Emile-Auguste-Léon Tortat, qui nous occupe.

Ce dernier, licencié en droit le 23 juillet 1833, admis au stage à Paris le 20 novembre de la même année, se fit inscrire au tableau des avocats du barreau de Saintes le 22 novembre 1836

---

(1) M<sup>me</sup> A. Tortat était fille de François-Constant Marchegay, sieur de Ludernières, et de Jeanne-Marguerite Majou-Desgrois. Son père était le second fils de Jacques-Daniel Marchegay, sieur de La Marchegaisière, d'Essiré, la Maison-Neuve et autres lieux, avocat, et de Anne-Charlotte Clemenceau. La généalogie des Clemenceau dans le *Dictionnaire* de Beauchet-Filleau, permet de constater que cette Clemenceau, petite fille de René II Clemenceau, condamné aux galères comme protestant en 1699, avait pour trisaïeul Jean-Baptiste Clémenceau, sieur de la Morinière et de La Fontaine, époux de Marguerite Payraud, lequel, par son second mariage avec Judith Simonnet est le septième aïeul de M. Georges-Benjamin Clemenceau, sénateur du Var, président du Conseil des ministres en 1908. François-Constant Marchegay, maire de Chantonnay en 1790, dénoncé le 26 octobre 1793, comme faisant partie du « comité des brigands », fut arrêté et jugé par la commission militaire de La Rochelle, le 16 frimaire an II (6 décembre 1793). Il mourut dans cette ville, au cours de son procès, en prison ou à l'hôpital, un peu après le 7 décembre de la même année. Il laissait huit enfants, dont le cinquième, une fille, épousa Charles-Daniel Lacombe ; de ce mariage descend M. Daniel Lacombe, député de la Vendée (*Procès de Constant de Marchegay de Ludernières* (1793), recueilli par G. Tortat. La Rochelle, imprimerie Noël Texier, 1909).

(2) Article du *Journal de Lot-et-Garonne*, du 17 décembre 1851, reproduit dans l'*Indépendant de la Charente-Inférieure* du 27 du même mois (cf. *Indépendant* du 14 mai 1856).

et fut membre du conseil de l'ordre depuis 1839 jusqu'en 1853. Nommé suppléant du juge de paix du canton sud de Saintes le 24 juillet 1844, en remplacement de Giraudias, démissionnaire, il prêta serment le 14 août suivant, et donna lui-même sa démission de cette fonction le 29 septembre 1848, après la mise à la retraite imposée à son père par le gouvernement provisoire. Il ne tarda pas, néanmoins, à être réintégré dans la magistrature et fut nommé juge suppléant du tribunal civil de Saintes, par décret du 8 mai 1850, à la place de Sorin-Dessources, envoyé comme substitut à Marennes, puis il succéda à Huvet sur le siège de la justice de paix du canton sud de Saintes le 8 juin 1853 (1). Installé le 20 du même mois, il remplit cette dernière fonction avec distinction et une impartialité absolue jusqu'au moment où le décret du 4 novembre 1863 le rappela comme juge titulaire au tribunal civil de Saintes, après l'admission à la retraite d'Arsène Limal. Il prêta serment le 10 novembre, fut installé le 17 du même mois (2) et occupa, pendant 13 années, ce siège qu'en 1876, forcé et contraint par la maladie, il dut quitter bien à regret ; il donna sa démission et fut nommé juge honoraire (décret du 14 septembre 1876). « Il aimait, à ce titre, à se réunir à ses anciens collègues et manquait rarement d'assister aux audiences d'installation des nouveaux magistrats » (3).

A ses fonctions judiciaires, déjà si absorbantes, et malgré des occupations personnelles très considérables, Léon-Emile Tortat ajouta celle de membre du conseil d'arrondissement (1858-1871), dont il fut président pendant huit années, de conseiller municipal de Saintes pendant 6 ans (1865-1871), de membre de la commission administrative de l'hospice de cette ville (1857-1861) (4), de membre du bureau de l'extinction de la mendicité, de président de la commission des cantons nord et sud de Saintes pour l'instruction primaire, de membre de la commission des prisons, de président du syndicat des marais de Pont-l'Abbé, etc. Après une vie si laborieuse et si bien remplie, il mourut dans sa propriété de Port-d'Envaux le 3 août 1880. Ses

---

(1) *Moniteur Universel* du 9 juin 1853.

(2) *Registre des délibérations du tribunal civil de Saintes.*

(3) Piet-Lataudrie, *op. cit.*, page 73.

(4) Il fut nommé à cette fonction par arrêté préfectoral du 17 janvier 1857. La dernière réunion, à laquelle M. Tortat a assisté, est en date du 18 juin 1861 (*Registres des délibérations de la commission de l'hospice de Saintes*).

obsèques eurent lieu à Saintes, en l'église cathédrale de Saint-Pierre. Les coins du poêle furent tenus par MM. Giraud, procureur de la République ; Lacour, juge au tribunal civil ; Inquinbert, avocat, et Bourrand, receveur particulier des finances en retraite (1). Au cimetière Saint-Vivien, où son corps fut enseveli dans la sépulture de sa famille, il ne fut pas prononcé de discours, mais on grava sur son tombeau ce verset du psaume CXI : *In œternâ memoriâ erit justus*, pieux hommage justement rendu à celui qui, pendant sa longue carrière de magistrat, n'avait pas cessé de faire preuve d'un esprit droit, éclairé et intègre.

M. Léon Tortat avait épousé, à Saintes, le 8 mai 1843, M<sup>lle</sup> Ursule-Anaïs Rulland, née le 21 septembre 1822, à Saint-Saturnin de Séchaud, décédée à Châtellerault le 28 février 1893, fille de Benjamin-Auguste Rulland (2), propriétaire, ancien maire de Saint-Saturnin de Séchaud (septembre 1830-novembre 1836), mort en son domicile à Saintes, rue de la Sous-Préfecture (aujourd'hui de l'Hôtel de Ville), le 21 octobre 1841, et de Rosalie Levesquot (3), décédée au Port d'Envaux le 22 octobre 1873.

---

(1) *Courrier des Deux-Charentes* du 8 août 1876 ; *Progrès de la Charente-Inférieure* du 6 du même mois. Voir aussi un article nécrologique, paru dans la *Revue de Saintonge* d'octobre 1880, page 162.

(2) M. Rulland avait, le 21 janvier 1833, par acte de Lainé, notaire au Port d'Envaux, acquis la maison qu'il habitait, et qui appartient aujourd'hui à M. Gaston Tortat, son petit-fils, qui l'occupe, de Flavien Martineau et de Marie-Antoinette Robin, époux, lesquels l'avaient achetée à M. et M<sup>me</sup> de Montalembert de Cers. Elle était propre au mari qui l'avait recueillie dans la succession de Jeanne-Rose Robert de Rochecouste, veuve d'Antoine Laulanié, sa grand'mère (*Saintes Ancienne, Les Rues*, par M. Ch. Dangibeaud, page 241).

(3) Auguste Rulland, né à Rochefort le 19 octobre 1789, de Benjamin Rulland, propriétaire à Saint-Savinien, et de Marguerite Berton, avait épousé, à Saint-Saturnin de Séchaud, le 16 avril 1820, Rosalie Levesquot, dite Lydie, née au Port d'Envaux le 28 germinal an VIII [18 avril 1800], fille de Pierre Levesquot, dit Lagroix, négociant, décédé à Saint-Saturnin de Séchaud le 8 avril 1841, à 72 ans, et de Suzanne Baudry, décédée à Saintes, rue Saint-Maur, le 5 février 1855. Les époux Pierre Levesquot, de leur union, célébrée à Saint-Georges des Coteaux, le 5 juin 1792, avaient eu trois autres enfants : 1° Madeleine, dite Eugénie, Levesquot, née à Saintes le 11 germinal an II (31 mars 1794), décédée en la même ville le 1<sup>er</sup> mai 1847, laquelle, le 10 mai 1819, épousa à Saint-Saturnin de Séchaud Mathieu-Elisabeth Brejon, avocat à Saintes ; 2° Marianne, dite Adeline, Levesquot, née à Saint-Georges des Coteaux le 18 prairial an III (6 juin 1795), et décédée sans alliance au Port d'Envaux le 27 juin 1878, à l'âge de 84 ans ; 3° Et Joseph-Louis-Alexandre Levesquot,

— De ce mariage sont nés, à Saintes, deux fils : 1° Antoine-Auguste-Gaston Tortat, le 31 mars 1844, mort le 19 avril 1849 ; 2° autre Antoine-Auguste-Gaston Tortat, le 23 mars 1851, docteur en droit, juge suppléant au tribunal civil de La Rochelle (14 septembre 1876), juge à Bressuire (14 mai 1881), à Châtellerault (9 janvier 1882), enfin à Saintes (11 mars 1893).

M. Gaston Tortat, qui, en même temps qu'un magistrat éclairé et consciencieux, est un chercheur, un érudit et un lettré, est l'auteur d'un certain nombre de publications concernant l'histoire locale, dont voici les principales : *Saint-Saturnin de Seschaux, Panloy, Saint-James, Gibran (1450-1778)*, documents publiés dans les *Archives historiques de la Saintonge et de l'Aunis*, tome VII, pages 386-438, 1880 ; — *Un livre de raison (1639-1668), journal de Samuel Robert, lieutenant particulier de l'élection de Saintes* (*Archives historiques*, tome XI, pages 323-406, 1883) ; — *Répertoire des titres du comté de Taillebourg, d'après un manuscrit appartenant à M. le duc de la*

---

né à Saint-Saturnin de Séchaud le 1er messidor an V (19 juin 1797), décédé en ladite ville le 31 décembre 1857, à 60 ans, lequel, après avoir été avocat, puis secrétaire en chef de la mairie de Saintes (1830-1846), fut, par décret du 22 septembre 1851, nommé agent de change courtier de marchandises en cette ville, en remplacement de Antoine-Augustin Huteau, démissionnaire ; il avait épousé à Saintes, le 13 décembre 1832, Charlotte-Félicie de Coflin, veuve de Charles-Benjamin-Casimir Delatache, née à Saint-Eugène, canton d'Archiac, le 24 fructidor an VII (10 septembre 1799), et fille de Charles-Armand de Coflin et de Aimée-Félicité Beaupoil de Sainte-Aulaire.

Pierre Levesquot était fils de Louis Levesquot, négociant au Port d'Envaux et l'un des administrateurs du district de Saintes en 1790, mort le 14 vendémiaire an XII (7 octobre 1803) à 80 ans, et de Magdeleine Chaudron. De leur mariage, célébré à Saint-Saturnin de Séchaud, le 11 février 1756, les époux Louis Levesquot eurent 5 fils, dont l'un, Mathieu Levesquot, marchand, épousa, audit Saint-Saturnin, le 23 mai 1788, Claire Couturier, fille de Philippe Couturier, maître en chirurgie, et de Françoise Germain, et trois filles, dont : 1° Victoire-Elisabeth Levesquot, qui se maria à Mathieu Voix, dit Milord, le père du juge de paix de ce nom, ainsi qu'on l'a vu plus haut ; et 2° Marie-Marguerite-Magdeleine Levesquot, qui, le 11 juillet 1785, contracta mariage à Saint-Saturnin de Séchaud avec Laurent Prouteau, marchand apothicaire, fils de Jean-Louis Prouteau et de Anne-Elisabeth Fourestier, et beau-frère de Mathieu-Gabriel Brejon, le juge de paix du canton nord de Saintes. Louis Levesquot était lui-même fils de Pierre-André Levesquot, originaire de Barbezieux, ancien huissier, établi comme commerçant au Port d'Envaux en 1746, et de Marie Massé (Voir *La Municipalité de Saint-Saturnin de Séchaud*, op. cit. suprá, *Revue de Saintonge* du 1er septembre 1906, pages 328-329, note 1 — *Registres d'état civil.*

*Trémoïle* (Mêmes Archives, tome XXIX, un vol. in-8ᵃ, 429 pages, 1900) ; *Les Lebrethon de Ransannes* (Revue de Saintonge et d'Aunis de juillet 1887, pages 293-299) ; *Fortin de la Hoguette à Sablonceaux* (Revue de mars 1893, pages 94-98) ; *Soulignonnes. Ses registres paroissiaux* (Revue de janvier 1894, pages 25-32) ; *La municipalité de Saint-Saturnin de Séchaud pendant la période révolutionnaire (31 janvier 1790-30 prairial an VIII)*, sous le pseudonyme de *Quœrens* (Revue du 1ᵉʳ septembre 1906 au 1ᵉʳ février 1908).

## IV. — Luraxe.

Eutrope-Ferdinand Luraxe, né à Saintes le 26 novembre 1829, était fils de Louis Luraxe, avoué, et de Marie-Elisabeth Brunet, son épouse.

Louis Luraxe, qui appartenait à une famille honorable, mais peu favorisée des dons de la fortune, était né lui-même à Saintes le 10 prairial an IX (30 mai 1801) du mariage de Nicolas Luraxe (1), et d'Angélique Moreau. Après de brillantes études

(1) Nicolas Luraxe était né à Saintes, paroisse Saint-Eutrope, le 17 février 1766, de Paul-Antoine Luraxe, et de Thérèse Didelot. — Paul-Antoine Luraxe, dont le nom patronymique a été écrit successivement *Lurasco, Lurasso, Lurasque, Leurass, Lurass, Luraixe, Leuraxe*, et finalement *Luraxe*, était originaire de la ville d'Opellan, diocèse de Milan. Venu à Saintes à une époque qu'il nous est impossible de préciser, il s'y établit comme cabaretier ou traiteur, puis tint, au canton des Monards, l'hôtel de *la Cloche*. Il épousa d'abord Jeanne Talon, dont il eut Marie-Jeanne Luraxe, mariée avec Eutrope Templier, garçon boucher, fils de Eutrope Templier, marchand boucher et de Marie-Anne Drouhet. (Contrat devant Maillet, notaire à Saintes, le 30 octobre 1771). Devenu veuf, Paul-Antoine Luraxe, alors âgé de 30 ans, épousa, le 26 janvier 1760, en l'église Saint-Eutrope, Thérèse Didelot (*aliàs* Didelaud), fille de feu Pierre Didelot et de Marie Salagnat, native de la paroisse de Frambois, diocèse de Lunéville, province de Lorraine, demeurant depuis six mois à Saintes. Paul-Antoine Luraxe et Thérèse Didelot, décédés tous les deux à Saintes, le mari, le 27 thermidor an VIII (15 août 1800), et la femme, le 8 prairial an XI (28 mai 1803), eurent de leur union plusieurs enfants, notamment : I. — Marie-Thérèse Luraxe, née le 1ᵉʳ mai 1763, qui, le 15 juillet 1783, épousa Nicolas Niox (ou Niợc), garçon menuisier, fils de Jean Niox, menuisier, et de Catherine Chaillou, mariage d'où est issu Eutrope Niox, mari de Porcie Voix, dont il a été parlé dans la notice consacrée au juge de paix de ce nom ; II. — Eutrope Luraxe, né le 1ᵉʳ décembre 1764, décédé à Saintes le 27 août 1850, à 85 ans, qui fut directeur des messageries à Calais, épousa à Saintes,

au collège de sa ville natale, puis au lycée de Poitiers, il se fit
recevoir licencié en droit, et, à l'âge de 25 ans, succéda à
Bouyer-Plaizy comme avoué près le tribunal de première instance de Saintes (août 1826), ensuite, ayant vendu son office à
Paul-Emile Roche (1) (16 janvier 1838), il se fit inscrire au bar-

le 24 février 1783, Catherine Fillon, fille de Jean-Noël Fillon, maître ès arts
et de Madeleine Godin, de la paroisse Sainte-Colombe, et se remaria, après
la mort de sa première femme, avec Julie Ballanger, de Saint-Jean d'Angély,
décédée aussi à Saintes le 29 mars 1859, à 88 ans ; III. — Nicolas Luraxe.
qui précède, lequel succéda à son père comme aubergiste, transporta après
son établissement dans un immeuble sis à Saintes, rue Notre-Dame « faubourg et section du Capitole » (Saint-Vivien), où s'exploitait auparavant l'hôtel
de *la Paix*, et qu'il avait pris en location de Marie Labarre, veuve d'Antoine
Labadie-Tarrouquet. (Contrat au rapport d'Huvet du 16 fructidor an IX-
3 septembre 1801). Nicolas Luraxe avait épousé, le 20 prairial an VIII (9
juin 1800), Angélique Moreau, fille de Louis Moreau, aubergiste, et de Catherine Massiou ; IV. — Autre Marie-Thérèse Luraxe, née le 14 décembre 1770,
morte le 9 octobre 1826, qui, le 11 vendémiaire an VI (2 octobre 1797), contracta mariage avec Pierre Bonnain, directeur de la messagerie, à Saintes, né
en cette ville le 14 juillet 1776, décédé à Villars-en-Pons le 20 février 1845,
fils de Pierre Bonnain, cuisinier, devenu, pendant la Révolution, tenancier de
l'auberge de l'*Egalité*, section de la *Montagne*. (Acte de Huvet du 1er messidor an II 19 juin 1794), et de Marguerite-Rose Gelineau. Les époux Bon-
nain-Luraxe eurent deux fils : *a)* Paul-Auguste Bonnain (appelé Paul-Gus-
tave dans son acte de décès), né le 10 ventôse an VIII (1er mars 1800), à
Saintes, où il est décédé le 26 mars 1842, qui, le 29 janvier 1827, épousa, à
Jonzac, Jeanne-Catherine Cadiot, fille de Alexis Cadiot, chirurgien en cette
ville, et de Emilie Magnac. Bonnain, qui fut avocat à Saintes, ensuite sous-
préfet de Rochefort-sur-Mer (1830-1832), est l'auteur de différents ouvrages :
*Mes Regrets ou le Panthéon*, in-8°, 8 pages, Paris, 1822, imprimerie de Mad.
Jeunehomme-Crémière, écrits d'un style emphatique et fort curieux ; *De l'Esprit de la Jeunesse Française*, Paris, Lhuilier, 1821 ; *De la Société et de ses
vices principaux*, Constant Chantepie, imprimeur, 1823 ; *Précis en réponse
au mémoire rédigé par Me Duveyrier, ancien avocat à la Cour d'appel de
Paris, dans l'intérêt du prince Charles de Lorraine et de Lambesc* (dans le
procès des Landes de Masdion), à Saintes, chez Hus, imprimeur, 1823, 19
pages ; *b)* Nicolas-Armand Bonnain, né à Saintes le 24 brumaire an XII
(16 novembre 1803), époux de Madeleine Goudeau, directeur des messageries,
à Saintes.

(1) Paul-Emile Roche céda en 1845 son étude à Le Béver et devint avocat
à Poitiers. De son mariage avec Laure Hélion il eut Georges-Casimir Roche,
né à Poitiers le 2 janvier 1836, mort à Saint-Jean d'Angély le 23 juin 1901,
qui, après avoir été juge suppléant au tribunal civil et bâtonnier de l'ordre
des avocats de Rochefort-sur-Mer, fut député bonapartiste de cet arrondissement du 14 mars 1882 au 6 octobre 1889, date où il fut battu par M. Braud,
maire et conseiller général de cette ville, candidat républicain (*Dictionnaire
des Parlementaires français*, tome V, page 171, *Revue de Saintonge* du
1er septembre 1901, page 295).

reau de Saintes où il devint bientôt un avocat fort estimé.Nommé juge suppléant au tribunal civil de cet arrondissement en remplacement d'Arsène Limal, le 4 mars 1847, il prêta serment le 23 dudit mois et fut installé le 19 avril suivant. Ses concitoyens l'envoyèrent siéger au conseil municipal où il resta du 31 juillet 1848 au 28 juillet 1855, et il mourut le 9 juillet 1867, à Bagnères de Luchon, pendant un séjour qu'il y faisait pour raisons de santé. Ses obsèques eurent lieu le 13 du même mois, à Saintes, en l'église Saint-Pierre, et sur sa tombe, Emile Giraudias (1), avocat, cousin du défunt, prononça son éloge funèbre (2).

Louis Luraxe avait épousé, à Saintes, le 25 février 1829, Marie-Elisabeth Brunet, née en cette ville, le 22 ventôse an XIII

---

(1) « Avocat disert, causeur infatigable, poète charmant, Emile Giraudias fut une figure originale dans notre petite ville, qui en compte si peu, » a écrit, après son décès, dans la *Chose* du 7 juin 1874, n° 2, *Jacques Rhien* (M. Louis Planty), le fondateur et le spirituel rédacteur de ce journal aussi humouristique qu'éphémère. Emile Giraudias était né à Saintes le 18 frimaire an IX (9 décembre 1801), de Jean Giraudias, avoué, décédé le 9 septembre 1836, et de Marie-Thérèse-Mélanie Coutanseaux ; il mourut en la même ville, après avoir épousé, le 28 août 1832, Clémence-Augustine Prouhet, décédée le 12 juillet 1852, fille de Jean Prouhet, huissier, et de Marie-Agathe Corbinaud. De cette union il eut plusieurs enfants, parmi lesquels : *a)* Jules-Eugène Giraudias, né le 15 octobre 1841, notaire et maire à la Mothe-Saint-Héray (Deux-Sèvres), conseiller général, officier de l'Instruction publique, époux de Alphonsine-Augustine Prouhet, décédée le 16 août 1906, dout : Marie-Joseph-Jean-Louis Giraudias, qui, le 6 août 1889, a épousé M^lle Marie-Adèle Amouroux, fille de Louis-André-Juste-Clément-Edouard Amouroux, ancien chef d'institution à Saintes, et de Anne-Marie-Louise Grossetaite; *b)* Marie-Lucie-Laure Giraudias, née le 22 janvier 1843, décédée le 28 février 1888, épouse de M. Gustave de Fleurian, capitaine au 6° de ligne, chevalier de la Légion d'honneur, fils de Jacques-Louis de Fleurian, et de Delphine-Elisabeth Dufaure, décédée à Saintes le 13 janvier 1894, laquelle était petite-fille par sa mère, Elisabeth Renaudin, de Jean-François Renaudin, le commandant du vaisseau le *Vengeur*, et cousine par son père, Stanislas Dufaure, de Jules-Armand-Stanislas Dufaure, de l'Académie française, l'illustre homme d'Etat (né à Saujon, le 14 frimaire an VII (4 décembre 1798), décédé à Rueil (Seine-et-Oise) le 27 juin 1881); *c)* Paul-Alexandre-Ludovic Giraudias, né le 12 mars 1848, receveur d'enregistrement actuellement à Orléans, compositeur distingué, qui a mis en musique certains drames ou tragédies du docteur Pierre Corneille, le directeur du théâtre populaire poitevin de la Mothe-Saint-Héray, fondé en 1897, notamment *Erinna, princesse d'Hésus*, et *Marie de Magdala*.

(2) *L'Indépendant de la Charente-Inférieure* du 16 juillet 1867 a publié le discours d'E. Giraudias.

(13 mars 1805), fille de Jean-Joseph Brunet (1) et de Françoise-Elisabeth Savary (2), décédés à Saintes, le premier, le 16 décembre 1809, et la seconde le 24 avril 1827.

De leur union était issu Eutrope-Ferdinand Luraxe, qui, après avoir fait de solides études à l'institution Amouroux et au collège de Saintes, et avoir suivi avec succès les cours de la Faculté de droit de Paris, vint prendre place au barreau de Saintes en 1853. — Attaché au parquet de cette ville du 10 janvier 1854 au mois de novembre 1860, il fut nommé juge de paix de Saujon le 14 novembre de la même année, ensuite de Saintes (canton sud) le 27 janvier 1861 en remplacement de Tor-

(1) Jean-Joseph Brunet, qui, durant la Révolution, substitua momentanément à ses prénoms celui de *Parménide* (octobre 1793-avril 1795), était né à Saintes le 20 avril 1767 de Joseph Brunet, bourgeois, et de Marie Laplanche. — Après avoir été membre du comité de surveillance révolutionnaire (11 avril 1793), officier public de *Xantes* (8 septembre 1793), agent national de ladite commune (23 pluviôse an III — 10 février 1795), il fut nommé greffier du tribunal de simple police de Saintes par décret de Bonaparte, Premier Consul, en date du 19 messidor an XI (8 juillet 1803) et mourut dans sa ville natale, rue de la Poissonnerie, le 16 décembre 1809. Il avait épousé, le 1er fructidor an II (18 août 1794), Françoise-Elisabeth Savary, dont il eut : *a*) Marie-Joseph-Ferdinand Brunet, né le 14 messidor an III (2 juillet 1795), propriétaire à Saintes; *b*) Antoinette-Elisabeth Brunet, née le 25 prairial an X (14 juin 1802), épouse de Pierre-Honoré Savary, beau-père d'Alexis-Louis-Charles Voix, fils du juge de paix du canton nord; *c*) Marie-Elisabeth-Brunet, née à Saintes, le 22 ventôse an XIII (13 mars 1805), morte, en la même ville, le 29 septembre 1870, épouse de Louis Luraxe, qui précède. Le père de J.-J. Brunet, Joseph Brunet, fils de Jean Brunet, conseiller du roi, greffier en chef du siège sénéchal et présidial de Saintes, et d'Eustelle Georget, avait contracté mariage, le 17 janvier 1766, avec Marie Laplanche, fille de Jacques-Michel Laplanche, exempt de la connétablie et maréchaussée de France, et de Marie Héard, et sœur de : 1° Jacques-Michel Laplanche, bourgeois, époux de Marie Quincau; 2° et de Jeanne Laplanche, épouse de François-Xavier-Alexandre Duchesne, avocat au parlement, greffier en chef de l'élection de Saintes (*Etudes et Documents sur Saintes*, p. 86; — *Registres d'état civil*).

(2) Françoise-Elisabeth Savary, née à Saintes le 23 novembre 1764 était fille de Pierre Savary, marchand, et de Marie Lavergne (laquelle était fille de Pierre Lavergne, notaire royal à Tugeras, de 1721 à 1750, et de Marie Anne Lassalle). Les époux Savary eurent de leur union : I. — Marie Savary, épouse de Pierre Cherbonnier, marchand; II. — Pierre Savary, aîné, marchand, époux de Victoire-Clotilde Lacoste-Dulac (dont la sœur Marie-Victoire Lacoste Dulac épousa, le 17 fructidor an III, Pierre-Joseph Constantin, lieutenant des vaisseaux de la République, fils de Simon Constantin, ancien procureur au présidial, et de Angélique Giraudot); III. — Françoise-Thérèse Savary, célibataire; IV. — Augustin Savary, marchand, époux de Jeanne Fournier;

tat (1) ; son installation eut lieu le 15 février suivant. Luraxe trouva dans ces délicates fonctions de magistrat cantonal, pour lesquelles semblaient le désigner ses aptitudes spéciales, l'occasion permanente de faire apprécier son esprit de conciliation et ses services. Le 13 mai 1872, un avancement mérité l'appela à un siège de juge au tribunal de première instance de Saintes après le décès de Thoreau de la Martinière. « C'était une légitime satisfaction donnée à son unique et légitime ambition » (2). Dans l'exercice de ses nouvelles fonctions, il fit preuve d'un savoir consommé, d'une sûreté de jugement et d'un esprit de constante impartialité, auxquels tout le monde au Palais rendait hommage.

Eutrope Luraxe mourut à Saintes le 9 juin 1883, en son domicile, cours National, n° 49 (3), à la suite d'une longue et douloureuse maladie. Ses obsèques attirèrent une nombreuse assistance. Le tribunal, auquel s'étaient joints les juges de paix, le barreau et la corporation des avoués, accompagna en robes,

V. — Jacques Savary, propriétaire, resté célibataire, qui, devenu officier municipal de la commune de Saintes, en 1793, se fit appeler *Armoise* pendant la Terreur: VI. — Françoise-Elisabeth Savary, épouse de J.-J. Brunet, dit *Parménide*, qui précède; VII. — Pierre-Hector Savary, né à Saintes, le 14 novembre 1765, mort en la même ville, le 16 janvier 1850, à 84 ans, qui fut successivement administrateur de la Charente-Inférieure, procureur général près la Cour de justice criminelle de ce département (15 juin 1811-31 décembre 1815), membre de l'ordre de la Légion d'honneur, chevalier de l'Empire, conseiller honoraire à la Cour royale de Poitiers (6 octobre 1819). Pierre-Hector Savary avait épousé à Saintes, le 4 frimaire an V (24 novembre 1796) Marie-Ambroise Gout, fille de Claude-Antoine Gout, maire de Saintes, décédé le 11 août 1792, et de Marguerite Duchaine ; il en eût: 1° Pierre-Hector-Victor Savary, né le 27 fructidor an V (13 septembre 1797), décédé le 4 janvier 1867, qui occupa dignement le siège de la présidence du tribunal civil de Saintes, du 28 avril 1844 au 26 avril 1865 ; 2° et Zulma-Victorine Savary, née le 8 germinal an IX (28 mars 1801), décédée à Jonzac le 11 janvier 1877, qui le 1er juin 1829 épousa Jacques Saucon, pharmacien à Saintes, décédé au Petit-Coudret, commune de Saintes, le 24 mars 1875 (Voir dans l'*Indépendant de la Charente-Inférieure* du 22 janvier 1850, le discours prononcé sur la tombe du chevalier Pierre-Hector Savary, par M. de Lauzon, procureur de la République à Saintes, et dans le *Courrier des Deux-Charentes*, du 10 janvier 1867, celui de M. Edmond Rousset, président du tribunal civil, aux obsèques de son prédécesseur, Pierre-Hector-Victor Savary).

(1) *Moniteur Universel* du 28 janvier 1864.

(2) *Courrier des Deux-Charentes*, du 12 juin 1883.

(3) Cet immeuble qui appartient toujours à la famille, est aujourd'hui occupé, à titre de bail, par la succursale de la banque la *Société générale* de Paris.

à sa dernière demeure, la dépouille mortelle de son doyen. Les cordons du poêle étaient tenus par MM. Théodore Bernard, président du tribunal civil, de Manoël-Saumane, procureur de la République, Gabriel Lacour, juge au siège, et le bâtonnier des avocats (Me Inquinbert). Suivant l'usage, alors traditionnellement suivi au tribunal de Saintes, aucun discours ne fut prononcé sur sa tombe, mais, au retour de la cérémonie funèbre, le président rappela, dans la chambre du Conseil, en quelques paroles émues, « les qualités éminentes du défunt » (1).

Eutrope-Ferdinand Luraxe s'était marié, le 31 août 1858 (2), avec Henriette Meusnier-Lanoue, née à Saintes le 18 septembre 1837, morte à Nice le 22 août 1902, fille de Léandre-Henri-Benjamin Meusnier-Lanoue (3), juge au tribunal civil de Saintes, et de Mathilde Rousseau.

De ce mariage naquirent: 1° A Saintes, le 7 septembre 1859, Charles-Louis Luraxe, décédé en la même ville, le 16 décembre 1862 ; 2° et, à Saujon, le 11 février 1864, Marie-Louise Luraxe, qui épousa, le 21 novembre 1883, M. Antoine-Eugène-Louis de Manoël-Saumane, alors procureur de la République à Saintes (4), et qui mourut en cette ville le 21 octobre 1895, âgée de

---

(1) *Courrier des Deux-Charentes* du 12 juin et *Indépendant de la Charente-Inférieure* du 14 juin 1883.

(2) *Registres de l'état civil de la ville de Saintes.*

(3) M. Meusnier-Lanoue, né aux Essards (Vendée) le 21 juin 1803, après avoir occupé plusieurs autres postes dans la magistrature, spécialement après avoir été procureur à Marennes (19 avril 1852) avait été nommé, le 25 mai 1855, juge à Saintes. Il y mourut le 16 mai 1865, laissant de son mariage avec la dame Mathilde Rousseau: 1° Marie-Caroline Meusnier-Lanoue, née à Saintes, le 9 avril 1835, épouse de René-Victor Savary, enseigne démissionnaire, chevalier de la Légion d'honneur, né à Jonzac le 14 mars 1829, fils du président Savary (Pierre-Hector-Victor) et de Marie-Justine Apert, décédée à Diconche, commune de Saintes, le 11 mai 1883, âgée de 78 ans ; 2° Henriette, épouse de Ferdinand Luraxe, qui précède. De son mariage avec Marie-Caroline Meusnier-Lanoue, René-Victor Savary, décédé à Royan le 1er octobre 1895, à 64 ans, a eu: a) Henriette, épouse de M. Aristide Gravellat, fabricant de papiers à Saint-Junien (Haute-Vienne) ; b) et Mathilde, épouse de M. Alfred Bazangeon, professeur départemental d'agriculture de la Creuse, des Landes, de la Seine-Inférieure, puis des Hautes-Pyrénées (1895) (*Registres d'état civil de Saintes*; Pict. Lataudrie, *op. cit. supra*, p. 77 ; *Revue de Saintonge* de novembre 1893, p. 434. *Communication particulière.*

(4) M. de Manoël-Saumane, né à Marseille le 22 septembre 1852 de Pierre-Louis de Manoël-Saumane, négociant, décédé le 19 mars 1870, et de Mme Jeanne Trichard, après avoir été procureur général près la cour d'appel de Douai (12 octobre 1903), a été envoyé, sur sa demande, en la même qualité à

30 ans, laissant deux enfants, issus de son union avec celui-ci :
a) Ferdinand-Louis-Roger de Manoël-Saumane, né à Saintes le
27 octobre 1884, attaché au ministère de la justice (13 novembre 1907), substitut à Compiègne (26 mars 1910), puis juge à
Clermont (Oise) (8 décembre 1910) ; b) et Henri-Charles-Louis
de Manoël-Saumane, né aussi à Saintes le 17 octobre 1891,
décédé à Dijon le 18 mai 1909.

### V. — Joguet.

Pierre-Gustave Joguet est né à Bressuire (Deux-Sèvres) le
8 juillet 1830, de Pierre Joguet, avoué près le tribunal civil de
cet arrondissement, et de dame Marie-Eliane Renaudin, tous
les deux décédés, le mari, le 14 août 1879, et l'épouse, le 10 novembre 1885.

Après avoir fait une partie de ses études au lycée de Poitiers
il soutint sa thèse de licence en droit, le 19 septembre 1853, devant la faculté de cette ville, prêta serment à la Cour le 14 décembre suivant et se fit inscrire sur le tableau des avocats de
Bressuire le 3 novembre 1857. Il fut ensuite nommé juge de
paix successivement à La Jarrie (Charente-Inférieure) le 14 novembre 1860, à Thouars (Deux-Sèvres) le 26 mars 1864, et à
Saintes, canton sud, le 18 mai 1872, en remplacement de Luraxe, décédé. Il prêta serment, en cette dernière qualité, le
4 juin suivant et fut installé à l'audience du 5 du même mois.
Lorsque Murray, juge d'instruction au tribunal de première
instance de Saintes, fut élevé à la dignité de président à Loudun
(Vienne),Joguet se vit attribuer son siège (4 novembre 1876) et,
deux ans plus tard, fut appelé à la présidence du tribunal de
Marennes (13 avril 1878) (1). Très fatigué par le climat de sa
nouvelle résidence, il fut, sur sa demande, nommé le 19 octobre 1878, simple juge à Niort, où il succéda à M. Sureau-Lami-

---

Montpellier (27 février 1912) ; il est officier de la Légion d'honneur depuis le
12 juillet 1908. (Pour ses états de service antérieurs, voir l'*Annuaire de la Magistrature* de 1912, Paris, A. Pedone). Son frère, M. Bernard de Manoël Saumane a été successivement sous-préfet de Briançon (15 janvier 1878), d'Uzès
(12 janvier 1880), de Châtellerault (25 avril 1885), de Châlon-sur-Saône (7 janvier 1891) et secrétaire général de la préfecture du Rhône (6 octobre 1894).

(1) Son successeur au siège de Saintes fut M. Gabriel Lacour, juge d'instruction à Blaye (28 avril 1878), lequel est décédé dans la première de ces
deux villes, le 14 février 1903.

rande, envoyé comme président à La Rochelle. Il devint après conseiller à la Cour d'appel, d'abord à Besançon, le 30 octobre 1880, et finalement à Poitiers, le 9 janvier 1882. Promu chevalier de la Légion d'honneur par décret du 20 juillet 1895, il fut admis à la retraite et nommé conseiller honoraire le 28 février 1901.

En dehors de ses fonctions judiciaires, M. Joguet a été délégué cantonal à Thouars, puis à Saintes (arrêté préfectoral du 17 décembre 1875).

Pendant son séjour à Thouars, qui était « un peu sa ville d'origine et de prédilection, son père et sa mère y étant nés » (1), M. Joguet avait été conseiller municipal, et comme tel, il combattit le projet formé par l'assemblée communale de vendre au duc de la Trémoïle, pour un prix dérisoire (100.000 francs) dans le but de s'exonérer des frais d'entretien, le magnifique château « Versailles et Saint-Denis de ses ancêtres », selon l'expression d'un historien (2), que la ville de Thouars possédait depuis la Révolution. A cette occasion, il écrivit, en collaboration avec trois de ses collègues du conseil municipal, MM. Léon Thourayne, maire, Victor Leclerc, adjoint, et Charles Cothereau, une brochure (3), qui contribua à faire triompher leur opposition devant l'opinion publique. Après l'enquête *de commodo et incommodo*, à laquelle on vint protester en masse contre le projet d'aliénation, il n'y fut pas donné suite (4).

M. Joguet s'est marié le 14 juin 1859 avec M^lle Sophie-Marie Saucerotte, décédée à Bordeaux le 2 mai 1912, dans sa 74^e année, fille de M. Emile Victor Saucerotte, commandant de gendarmerie en retraite, officier de la Légion d'honneur, receveur des finances à Sarreguemines, où il est mort le 21 mars 1857, et de M^me Rose-Félicité Brault (5).

---

(1) Renseignements donnés par M. Joguet.

(2) G. Lenôtre, *Vieilles maisons, Vieux papiers*, 4^e série, p. 193. Paris, Perrin et C^ie, 1910.

(3) *Projet de vente du Château de Thouars et de ses dépendances*, 23 pages, in-8°. Tours, Imprimerie Ernest Merzereau, 1869.

(4) Depuis, à la suite de l'entente d'une nouvelle municipalité avec l'Etat, le Château de Thouars a été approprié en une maison de force ; quant à la chapelle, qui est d'un style ogival charmant, M. de la Trémoïle l'a acquise de la ville et l'a fait restaurer complètement (Communication de M. Joguet).

(5) M^me Joguet, par sa mère, était cousine, issue de germain, de M. Louis-Arthur Jabouille, qui fut successivement avocat à Poitiers, substitut à Saintes (22 novembre 1870-1^er mars 1876). sous-préfet de Dôle (30 décembre 1877), préfet du Jura (20 mars 1879), de l'Oise (19 septembre 1880), du Maine-et-Loire

De cette union est née à Bressuire, le 5 septembre 1862, une fille, Marie Philippine Joguet, qui a épousé à Poitiers, le 12 août 1889, M. Pierre-Emile Fouretier, né à Séligné (Deux-Sèvres) le 30 juillet 1850, fils de Jean Fouretier, propriétaire, et de dame Marie Michaud, lequel, après avoir été notaire à Chauvigny (Vienne) du 27 décembre 1882 au 15 décembre 1905, a été nommé notaire honoraire et est actuellement commissaire-priseur à Bordeaux depuis le 19 mai 1909. Quatre enfants sont issus du mariage de M. et M<sup>me</sup> Fouretier : Andrée, Catherine, Françoise et Pierre.

M. Joguet, après sa mise à la retraite, est venu habiter chez son gendre et là, à l'exemple de Victor-Hugo, il se perfectionne dans l'*Art d'être grand-père*, s'occupant activement de ses petits-enfants, ce qui, comme il nous l'a écrit lui-même, dans une lettre très aimable qu'il a bien voulu nous adresser, « absorbe suffisamment son temps pour ne plus lui faire regretter ses anciennes fonctions ».

Comme magistrat M. Joguet a laissé les meilleurs souvenirs à Saintes.

Le *Courrier des Deux-Charentes*, du 18 avril 1878, a annoncé sa nomination comme président à Marennes dans les termes suivants : « En toute occasion, on a fait l'éloge de M. Joguet, soit au point de vue de ses capacités juridiques, soit sous le

---

(1<sup>er</sup> mai 1882), et du Doubs (25 avril 1885). M. Jabouille, né à Ruffec (Charente) le 23 octobre 1842, est décédé à Paris le 25 février 1887, à l'âge de 44 ans. Il était le fils de Edmond-Thomas Jabouille, capitaine de gendarmerie, décédé à Poitiers le 14 juillet 1860 (lequel, natif de Liège (Belgique), était fils lui-même de Antoine Jabouille, chef d'escadron) et de dame Rose Petit, son épouse. Louis-Arthur Jabouille s'était marié à Saintes, le 16 septembre 1873, avec Emma-Jenny Lejeune, fille de Charles-Emile Lejeune, chef de l'exploitation du chemin de fer des Charentes, devenu, à une date postérieure, directeur du groupe régional de l'Eure à la Compagnie des chemins de fer de l'Ouest et administrateur de celle de la *Beira Alta*, et décédé à Paris le 8 août 1895, lequel fit partie, du 23 septembre 1870 au 8 avril 1871, de la commission municipale et administrative, nommée à Saintes par le préfet, M. Frédéric Mestreau, et de dame Victorine-Henriette Brunet. M. Jabouille a eu de son mariage : a) Pierre, chef de cabinet du préfet du Calvados, puis sous-préfet de Barcelonnette (5 septembre 1904), aujourd'hui à Hanoï, au gouvernement général de l'Indo-Chine, administrateur supérieur à la résidence du Tonkin ; b) Henri, qui est lui aussi dans l'administration coloniale dans l'une de nos possessions du centre de l'Afrique ; c) Noël-Marie-Manuel, décédé à Vrines, près Thouars, le 11 septembre 1900, à l'âge de 20 ans ; d) et Paul, qui a été reçu, en 1912, médecin aliéniste. (*Actes d'état civil. — Annuaire administratif*, Paul Dupont, 1910. — Renseignements donnés par M. Joguet).

rapport de l'impartialité du magistrat. » De son côté, l'*Indépendant de la Charente-Inférieure* du 14 janvier 1882, émettait sur lui cette appréciation élogieuse lorsqu'il fut appelé à remplir les fonctions de conseiller à la Cour d'appel de Poitiers : « Partout M. Joguet s'est fait remarquer par sa profonde connaissance des affaires, son intelligence, la droiture de son esprit et la rectitude de son jugement. Il personnifie le magistrat honnête et impartial. »

### VI. — Gallut.

Jean-Antoine-Eugène Gallut est né à Meux, canton de Jonzac, le 26 juin 1823 du mariage de Jean-Antoine Gallut (1), propriétaire, et de Marie Julie Vanderquand (2).

Après avoir obtenu le diplôme de licencié en droit devant la Faculté de Paris, le 2 janvier 1849, il se fit admettre au stage comme avocat au barreau de la capitale, le 17 mars suivant et fut, pendant quelque temps, secrétaire de M. Guillemin, avocat au conseil d'Etat et à la Cour de cassation, qui voulait lui céder sa charge (3). Ensuite il demanda son inscription au tableau de l'Ordre, à Saintes, le 7 novembre 1852, puis, sur le désir de son père, à Jonzac en septembre 1853. Nommé juge suppléant au tribunal de première instance de cette dernière ville, le 10 novembre 1853, il fut, par décret du 31 octobre 1874, chargé du règlement des ordres. Entré bientôt après dans la magistrature cantonale, il fut nommé à Lesparre (Gironde), le 15 juillet 1875 et à Saintes (canton sud) le 14 novembre 1876, prêta serment en cette dernière qualité le 27 dudit mois et fut installé à l'audience

---

(1-2) Jean-Antoine Gallut, né à Saint-Germain-de-Vibrac, canton de Saint-Genis-de-Saintonge, le 19 octobre 1779, décédé à Meux le 23 décembre 1862, était fils de Jean-Antoine Gallut, homme de loi, et de Marie Réveillaud, qui vraisemblablement était parente de Luc-Joseph Réveillaud, procureur fiscal de la baronnie de Moings en 1750. Il avait épousé à Courcoury, le 26 septembre 1809, Marie-Julie Vanderquand, née dans cette paroisse, le 23 mars 1787, du mariage de Jean-Alexis Vanderquand, propriétaire, maire de ladite commune (de 1807 au 31 octobre 18?0, date de sa mort survenue au même lieu) et de Thérèse-Marguerite Lamotte. — Nous nous proposons de donner un jour des notes généalogiques sur la famille Vanderquand, dont certains membres ont joué un rôle politique important durant la Révolution.

(3) Renseignements dus à M. Emmanuel Gallut.

du même jour dans cette fonction (1), qu'il exerça jusqu'au 31 décembre 1897, date où il fut admis à faire valoir ses droits à la retraite et remplacé par M. Juredieu.

Pendant les 20 ans qu'il passa à Jonzac, M. Gallut se consacra presqu'exclusivement à une boulangerie coopérative, qui existe encore et fut une des premières fondées (2). De plus, il est membre, depuis sa création, de la *Commission des arts et monuments historiques de la Charente-Inférieure* (3) et n'a pas cessé de faire partie du comité de publication de cette société depuis le 27 octobre 1881, jour de son élection par ses confrères (4).

M. Gallut avait épousé, à Aurillac, le 23 août 1853, Mlle Ma-

---

(1) *Archives de la justice de paix du canton sud de Saintes.*

(2) Il s'agit de la *Boulangerie des Familles* qui, le 1ᵉʳ septembre 1867, fut créée, à Jonzac, par M. Gallut, de concert avec MM. Coindreau, Ch. Duret et Gautret, avocats ; Dumontet et Mauget, avoués : Charles Bonnemaison, Brassaud et Rullier, notaires ; Duguet, greffier du tribunal civil ; Pérau et F. Sorin, huissiers ; de Belleville, directeur des postes ; Geneuil, médecin ; Ollière, imprimeur ; Léon Chotard, banquier ; Rousset, percepteur ; Valles, chef d'institution ; Jules Gautret, Ledoux, Bossuet, Baffou, A. Rousseau, Colfort, négociants ; le directeur des Frères des Ecoles chrétiennes ; Auguste Monsalard, Canolle, Delbos, Prévost, etc. M. Gallut fut nommé président de la nouvelle société ; MM. Bordes et A. Chevrier en furent les secrétaire et trésorier. — Le président actuel est M. Antoine Hervois, cordier à Jonzac, et le secrétaire trésorier, M. J. Gaillard, à l'obligeance duquel nous devons les renseignements qui nous ont permis de rédiger la présente note.

(3) Cette Commission, chargée de signaler à l'autorité administrative l'existence des monuments historiques à conserver ou à restaurer, est composée de vingt-cinq membres titulaires. Elle a été instituée par un arrêté du préfet Boffinton en date du 1ᵉʳ mars 1860, et fut composée, à l'origine, notamment de MM. le Baron Eschassériaux, député au Corps Législatif ; Gallut, qui précède, alors avocat à Jonzac ; l'abbé Lacurie ; Moreau, bibliothécaire de la ville de Saintes ; Vallein, homme de lettres, rédacteur en chef de l'*Indépendant de la Charente-Inférieure* ; Inquinbert, avocat ; André Taillasson, pharmacien à Saintes ; l'abbé Rainguet, supérieur du petit séminaire de Montlieu ; Lacour, membre du Conseil général à Saint-Jean d'Angély, depuis juge d'instruction au tribunal civil de notre arrondissement.

Les membres du premier bureau, élus dans la séance du 10 mai 1860, furent : MM. Eschassériaux, président ; l'abbé Lacurie, vice-président ; Inquinbert, secrétaire ; Taillasson, secrétaire-adjoint, trésorier (*Recueil des actes de la Commission des arts et monuments de la Charente-Inférieure*, t. I, p. 1 et 2, 1860-1867).

(4) *Recueil de la Commission des arts et monuments*, tome VI de la collection, page 12.

rie-Désirée-Léontine Birot(1), fille de M. François Birot, directeur des contributions directes du département du Cantal, et de Mme Christine-Marguerite-Adélaïde Duval, décédés l'un et l'autre, à Jonzac, le mari, le 1er mai 1872, et la femme, le 29 juin 1874.

De l'union de M. Gallut avec Mlle Léontine Birot, morte à Saintes, le 11 avril 1897, sont issus : 1° Marie-Thérèse-Adelaïde Gallut, décédée à Paris, le 26 décembre 1896, épouse de M. Désiré-Adolphe Dorne, capitaine de gendarmerie, officier de la Légion d'honneur, dont un fils et trois filles ; 2° Claire-Marie-Marthe Gallut, épouse de M. Léon-Auguste-Marie Blancard, inspecteur des contributions directes à Orléans, postérieurement à Paris, puis directeur à Mont-de-Marsan, aujourd'hui à Angoulême (décret du 19 mai 1913) ; 3° Jean-Marie-Joseph-Eugène Gallut, mort à Blaye, le 8 novembre 1893, époux de Mlle Marie-Rose-Cécile Latour-Lalande ; 4° Marie-Marguerite-Elisabeth Gallut, en religion sœur Eugénie-Marie du Sacré-Cœur des Filles de la Sagesse, à Roubaix ; 5° Jean-François-Marie-Joseph-Emmanuel Gallut, inspecteur des finances (21 avril 1899), maître de conférences à l'Ecole des Sciences Pratiques ; directeur du contrôle financier de l'Afrique Occidentale Française (22 mars 1907), puis de celui de l'Indo-Chine (7 juin 1907), actuellement, depuis le 1er juin 1912, directeur général des services financiers au Maroc ; chevalier de la Légion d'honneur (20 juillet 1909), lequel a épousé, à Paris, le 7 juillet 1904, Mlle Marguerite Renaudot, fille de M. Gustave Renaudot, ingénieur en chef de la construction à la Compagnie des chemins de fer Paris-Lyon-Méditerranée, chevalier de la Légion d'honneur (2); 6° Marie-Madeleine Gallut, célibataire; 7° et Marie-Antoinette Gallut, qui a

(1) Mme Gallut était sœur germaine de M. l'abbé Léonard-Désiré-Emmanuel Birot, né à Libourne (Gironde) le 14 mars 1830, docteur en droit canon, secrétaire particulier de M. Landriot, évêque de La Rochelle, vicaire de la cathédrale de cette ville (1856), curé de Saint-Nicolas de La Rochelle, chanoine honoraire de La Rochelle et d'Amiens (1884), curé archiprêtre de Saint-Pierre de Saintes (7 mars 1887), démissionnaire au mois de novembre de cette même année pour raisons de santé. M. Birot est décédé à La Rochelle le 12 décembre 1897, laissant un ouvrage : *La Révolution et le Régime Moderne d'après M. Taine, de l'Académie Française, ou Analyse critique des origines de la France contemporaine*, Paris et Lyon, Delhoume et Briguet, 1897, in-8°, 437 pages. (Voir sur lui un article nécrologique paru dans la *Revue de Saintonge* du 1er janvier 1898, pages 40, 42 et 76).

(2) *Revue de Saintonge et d'Aunis* du 1er novembre 1904, p. 365.

épousé à Saintes, le 21 mai 1906, M. Marie-Théobald Barbot, propriétaire à Jonzac, fils du docteur Alexandre-Théobald Barbot, licencié en droit, médecin en chef de l'hôpital de cette ville, ancien premier adjoint au maire de Jonzac, suppléant du juge de paix de ce canton, décédé audit Jonzac, le 4 septembre 1899, et de Mme Marie-Suzanne Nadaud, son épouse (fille de l'ancien président du tribunal civil de ce même arrondissement).

## VII. — Juredieu

Jean-Félix-Philibert Juredieu, né à Pouilloux, canton de la Guiche, arrondissement de Charolles (Saône-et-Loire), le 16 mars 1847, est fils de Claude Juredieu, propriétaire à Gourdon, arrondissement de Châlon-sur-Saône, et de Julie-Goujon, tous les deux décédés depuis longtemps.

Bachelier ès-lettres et ès-sciences, licencié en droit, il fut d'abord notaire à Château-Chinon (Nièvre) du 8 juin 1872 au 18 mai 1895, et, pendant l'exercice de cette profession, il fut, plusieurs fois, élu par ses collègues, soit secrétaire, soit président de leur chambre de discipline. Il quitta ensuite le notariat pour la magistrature cantonale. Après avoir débuté à Châtillon-en-Bazois (Nièvre), le 22 juin 1895, il fut, le 31 décembre 1897, nommé à Saintes (canton sud), après la mise à la retraite de M. Gallut, prêta serment le 23 janvier 1898, et fut installé le 28 du même mois.

Aux termes d'un décret du 25 octobre de cette dernière année il fut désigné pour aller occuper, comme juge de paix, le siège de Nevers, mais, par suite de certaines influences politiques, il ne fut pas installé dans cette fonction (1).

Un autre décret, rendu à la date du 13 avril 1899, lui assigna le poste d'Autun (Saône-et-Loire).

Enfin le 25 novembre 1911, il a été chargé du service de la justice de paix de Châlon-sur-Saône (Nord et Sud) en remplacement de M. Blanchard de la Brosse, décédé (2).

---

(1) Par ce même décret M. Fonteille, juge de paix de Gex (Ain), avait été choisi pour succéder, à Saintes, à M. Juredieu, mais l'installation de ce dernier, à Nevers, n'ayant pu avoir lieu, M. Fonteille fut, en vertu d'un second décret, daté du 6 décembre 1898, envoyé à Thiers (Puy-de-Dôme) aux lieu et place de M. Delogue, juge de paix dudit canton, appelé à Nevers (*Journal officiel* des 26 octobre et 7 décembre 1898).

(2) *Journal officiel* du 26 novembre 1911.

## VIII. — Guérin

Edmond-Jean Guérin est né à Angoulême (Charente), le 27 avril 1853, du mariage de Benjamin Guérin (1), négociant, et de Constance-Rosalie Villeroy (2), décédés, le mari à Vignolles,

---

(1) Benjamin Guérin, né à Saint-Médard de Barbezieux, le 2 juin 1825, était le plus jeune fils de Pierre Guérin, propriétaire et meunier, et de Marie Vallade. Il exerça, pendant plus de trente ans, à Angoulême, la profession de mercier en gros, en société avec son frère cadet Jean-Eugène Guérin, né, lui-même, à Saint-Médard, le 18 janvier 1819, et décédé à Barbezieux, le 28 février 1894. Eugène Guérin s'était marié à Angoulême, le 12 novembre 1839, avec Mlle Marie Pannetier, dont le père, Michel Pannetier, qui tenait, dans cette ville, un pensionnat, eut, à un moment donné, comme élève, M. Pierre-Mathieu Bodet, lequel fut député de la Charente en 1848 et 1871 et ministre des Finances (20 juillet 1874-20 mai 1875). Michel Pannetier était né à Asnières (Charente), du mariage de François Pannetier, propriétaire-agriculteur, et de Marie Chemineau. Cette dernière était proche parente du général baron Chemineau, dont le nom est inscrit sur l'Arc de Triomphe de l'Etoile à Paris. Né le 26 avril 1771, au village de Chez-Grelet, paroisse Saint-Ausone d'Angoulême, Jean Chemineau était fils de Jean et Catherine Campot, qui s'étaient mariés en cette même paroisse, le 7 juin 1768. Engagé volontaire à 16 ans, il se signala par sa bravoure et, grâce à ses brillants faits d'armes, il obtint le grade de général de brigade en 1811, ensuite de division, après la bataille de Lutzen (2 mai 1813) où il perdit une jambe. Il avait été créé baron de l'Empire en 1808 et nommé commandeur de la Légion d'honneur. Gouverneur de Strasbourg en 1814, il fut mis à la retraite sous la Restauration avec le brevet de lieutenant-général et la croix de chevalier de Saint-Louis, laissant la réputation d'un très bon officier. Il est mort à Poitiers, le 12 juin 1852, à 81 ans. Son fils, le baron Jean Jacques-Alfred Chemineau, né de son union avec la dame Victoire-Tarsile Avril, à Lyon, le 4 pluviôse an XI (24 janvier 1803), décédé à Poitiers, le 10 décembre 1878, époux de Julie Gennet, après avoir été procureur du roi à Rochefort-sur-Mer (11 août 1830), devint conseiller à la cour d'appel de Poitiers (19 janvier 1850), et, comme tel, présida plusieurs fois les assises de la Charente-Inférieure ; il était chevalier de la Légion d'honneur. On peut consulter sur le général Chemineau, notamment le discours prononcé à ses funérailles par M. Legentil, conseiller à la Cour de Poitiers, dans le *Dictionnaire des Familles du Poitou*, par H. Beauchet-Filleau et Ch. de Chergé, 2e édition, tome II, page 375, Paris, Oudin, 1895 ; la *Géographie de la Charente*, par Marvaud, page 81, Angoulême, Girard, 1853, et par J. Martin-Buchey, page 192, Angoulême, 1913, imprimerie Coquemard et Cie ; *Victoires, Conquêtes. Désastres des Français*, de *1792 à 1815*, tome XVII, pages 21, 22, et 25, Paris, C. Panckouke, 1817-1821, et principalement *Biographie Militaire*, par Edmond Sénemaud, au *Bulletin de la Société Archéologique et Historique de la Charente*, 1860, page 244.

(2) Constance-Rosalie Villeroy, que Benjamin Guérin avait épousée à Paris (Ve arrondissement), le 15 mai 1852, était née à Angers, le 27 juillet 1833,

canton de Barbezieux, le 17 janvier 1908, et la femme à Saintes, le 14 novembre 1910.

Il fit ses études au lycée de sa ville natale (1) où, en 1870, étant en rhétorique, il fut lauréat du concours académique (histoire). Devenu bachelier ès-lettres le 9 août 1871 et, après avoir fait son service militaire comme engagé conditionnel au 87ᵉ régiment d'infanterie de ligne, en garnison au camp de Satory près Versailles (novembre 1873 à novembre 1874), il se fit recevoir licencié en droit devant la Faculté de Bordeaux, le 6 août 1877. D'abord aspirant au notariat, il fit son stage en l'étude de Mᵉ Delaunay (2), notaire à Angoulême (9 novembre 1871-20 février 1883), dont plusieurs années en qualité de premier clerc, puis, les circonstances l'ayant déterminé à renoncer à la carrière qu'il voulait embrasser, il fit des démarches pour entrer dans la magistrature cantonale et fut nommé juge de paix, successivement à Chalais (Charente), le 22 septembre 1883 ; — à Jonzac, le 16 novembre 1892 ; — et à Saintes (canton sud) le 13 avril 1899, en remplacement de M. Juredieu. Il prêta serment en cette dernière qualité, le 3 mai suivant et fut installé à l'audience du 5 du même mois (3).

Par décret du 20 août 1911 (4) il a été nommé juge au tribunal de première instance de Saintes, aux lieu et place de M. Aylies, appelé comme président à Montmorillon, a prêté serment devant la cour d'appel de Poitiers, le 9 septembre sui-

---

de Jean-Pierre Villeroy, commerçant, et de Constance Valflambert, son épouse. Jean-Pierre Villeroy, né le 2 pluviôse an IV (22 janvier 1796), à Fresney-le-Vieux, arrondissement de Falaise (Calvados), fils d'Etienne Villeroy et de Thérèse Levillain, avait fait la campagne de 1815 comme engagé volontaire au 55ᵉ régiment d'infanterie de ligne. Blessé d'un coup de feu à l'avant-bras gauche à la bataille de Waterloo (18 juin), il fut reconnu impropre au service militaire, le 5 décembre 1816, par le chirurgien-major de la région du Calvados et les officiers de santé de l'hôpital de Quimper. Il est mort à Angoulême, le 23 octobre 1860. Il était décoré de la médaille de Sainte-Hélène.

(1) M. Armand Fallières, ancien président de la République Française, qui est, d'ailleurs, membre de l'*Association Amicale* des Anciens Élèves de cet établissement, a fait une partie de ses études scolaires au lycée d'Angoulême.

(2) M. Delaunay a cédé son office notarial, le 7 novembre 1885, à M. Hommet, qui en est actuellement titulaire. Il s'est retiré ensuite dans son domaine de Château-Cambon-la-Pelouse, près Macau, et a été pendant longtemps président de la Société d'agriculture de la Gironde.

(3) *Minutes de la Justice de paix du canton sud de Saintes.*

(4) *Journal Officiel* du 23 août 1911.

vant et a été installé à l'audience du 22 du même mois dans ses nouvelles fonctions (1).

Pendant son séjour à Chalais, M. Guérin a été délégué cantonal (24 février 1887-16 novembre 1892), membre des commissions administratives de l'hospice et du bureau de bienfaisance de cette localité (arrêtés préfectoraux des 23 décembre 1887 et 20 février 1892), dont il fut vice-président du 27 octobre 1888 au 12 novembre 1892 (2) et membre de la commission permanente de statistique du canton de Chalais (arrêté du 28 mai 1891). Il a également fait partie de la commission du bureau de bienfaisance de la ville de Jonzac (arrêté préfectoral du 5 janvier 1899). Le 2 octobre 1913 il a été nommé, par ses collègues du tribunal, membre de la commission de surveillance près les établissements pénitentiaires, en remplacement de M. Paul Brunaud, décédé (3).

Il appartient à la *Société des Archives historiques de la Saintonge et de l'Aunis.*

Officier d'académie (28 mai 1901) et de l'instruction publique (8 avril 1911), M. Guérin a collaboré au *Moniteur des Juges de Paix ;* au *Bulletin des Décisions des Juges de Paix ;* à la *Revue des Justices de Paix.* Il s'occupe très activement de recherches historiques, concernant surtout la Saintonge et la Révolution, et a fait paraître, soit sous son nom patronymique, soit sous les pseudonymes d'*Old Papers,* un *Rat de Bibliothèque,* etc., diverses études dans la *Revue de Saintonge et d'Aunis,* le *Pays d'Ouest,* l'*Indépendant de la Charente-Inférieure,* le *Peuple,* de Saintes, la *Franche Parole,* de Saint-Jean d'Angély, la *République Agricole,* de Jonzac, le *Phare,* de Royan, etc. (4).

---

(1) Archives du Tribunal civil de Saintes.

(2) *Registres des délibérations de la Commission de l'Hospice et du Bureau de bienfaisance de Chalais.*

(3) *Registres des délibérations du Tribunal civil de Saintes.*

(4) Voici l'énumération des principales de ces études : dans la *Revue de Saintonge* : Quatre mariages Saintais, dotés par l'Etat en 1810 (1er mars 1906) ; La Guillotine à Saintes en 1794 (1er août 1907) ; le Docteur Joseph-Ignace Guillotin (1er juin-1er octobre 1908) ; Napoléon 1er à Saintes (1er février 1910) ; la Préfecture à Saintes (1er avril-1er août 1913); les Justices de paix de Saintes depuis 1790 (en cours de publication) ; — dans le *Pays d'Ouest* : le Docteur Guillotin — travail remanié — (25 juillet-10 octobre 1912) ; *Passage de Louis Napoléon à Saintes, le 11 octobre 1852* (novembre 1913) ; — dans le *Peuple* : le Conventionnel Jérôme Pétion (11 janvier-1er mars 1906) ; Trois héroïnes de la Révolution : Théroïgne de Méricourt ; Olympe de Gouges ;

Il a publié également de très nombreuses pièces de vers dans des feuilles locales sous des pseudonymes multiples : *Edmond Joanès* ; *Georges Villeroy* ; *Pierre Rolla* ; *Edouard Semper* ; *Jean d'Angoumois* ; *Jean des Arènes* ; *Jean Memor* ; *Civis Liber* ; *Trilby* ; *Ariel* ; *André Faustus*, etc.

M. Guérin s'est marié à Berneuil, canton de Gémozac, le 8 juin 1885, avec Mlle Marie-Adéline-Octavie Bisseuil, fille de M. Ferdinand Bisseuil (I), propriétaire-agriculteur, et de dame

---

Rose Lacombe (23 juin 1906-26 septembre 1907) ; Notes et documents historiques sur l'indemnité parlementaire (26 mars-1er novembre 1908) ; — dans l'*Indépendant* : la Colonne de la Place Blair, à Saintes (28 décembre 1912) ; Une invasion de campagnols dans la Charente-Inférieure en 1801 (8 mars 1913) (article reproduit dans l'*Echo Rochelais* du 12 mars 1913) ; le Collège de Saintes et sa Chapelle (8 au 15 mai 1912).

(1) Ferdinand Bisseuil, né à la Palisse, commune de Berneuil, le 25 mars 1834, était fils de Pierre Bisseuil, propriétaire, et de Marie Renaud, morts, le mari, à Saintes, le 8 février 1888, et la femme, le 15 mars 1847, audit Berneuil. Cette dernière était sœur-germaine d'une autre Marie Renaud, laquelle de son union conjugale avec Jean Bisseuil, propriétaire à La Jard, eut un fils, Eugène-Aimé Bisseuil, né au même lieu, le 23 avril 1833, qui, après avoir obtenu le diplôme de licencié en droit devant la Faculté de Poitiers, le 9 août 1856, fut notaire (1858-1864), puis avoué à La Rochelle (1864-1878), suppléant du juge de paix du canton Ouest de cette ville (29 juin 1863), conseiller général du canton de Saint-Pierre-d'Oléron en 1874, député républicain de la première circonscription de Saintes (21 août 1881-4 octobre 1885), trésorier général de l'Aube (21 mai 1886), ensuite de la Charente-Inférieure (20 juin 1889), sénateur de ce dernier département (21 février 1892-4 janvier 1903). M. A. Bisseuil est l'auteur de propositions de loi importantes et de plusieurs publications en matières parlementaire ou d'impôts. Ses principaux écrits sont : *Réorganisation civile et judiciaire*, où il émet l'idée de la création du département de *Sèvre et Charente*, formé des anciens départements de la Charente, la Charente-Inférieure, la Vendée et les Deux-Sèvres (La Rochelle, G. Mareschal, 1871) ; *De la contribution foncière des propriétés non bâties* (Paris, A. Quantin, 1882-1884) ; les *Bouilleurs de cru* (Paris, 1895) ; les *Réformes fiscales* (Auxerre, Lasnier, 1898) ; *Une réforme parlementaire : Incompatibilité des fonctions de ministre avec le mandat de sénateur ou de député* (Auxerre, Lasnier, 1899). Il fonda la *République de l'Ouest*, journal bi-hebdomadaire, imprimé à Saintes, par Chassériaux frères, dont il fut le directeur politique et qui ne dura guère qu'un an, depuis le 14 décembre 1902, jour de son apparition (Voir sur M. A. Bisseuil notamment : *Dictionnaire des Parlementaires français*, tome I, page 329 ; *Dictionnaire biographique de la Charente-Inférieure*, page 101, Paris, E. Flammarion, 1901 ; *Dictionnaire des Contemporains*, par G. Vapereau, 6e édition, page 165, Paris, Hachette et Cie, 1893). — Voici le jugement qu'a porté sur M. Bisseuil un journal de Saintes : « Esprit distingué autant que modeste, doué d'une parole facile, il a la réputation d'un travailleur infatigable et d'un homme d'affaires de premier ordre » (*Rappel Charentais*, du 8 octobre 1882).

Marie-Adeline Doussel, décédés tous les deux à Saintes, le mari, le 10 avril 1905, et l'épouse, le 4 mars 1906.

De ce mariage est issue le 27 mars 1886 une fille, Marie-Yvonne-Jeanne Guérin, qui le 2 juillet 1907 a épousé, à Saintes, Pierre-Louis, dit André, Descoffre (1), docteur en pharmacie, pharmacien de 1re classe à Châteauneuf-sur-Charente, fils de M. Antoine Descoffre, ancien vétérinaire, ancien professeur à l'École d'Agriculture des Faurelles, canton de Blanzac, ancien maire de Châteauneuf, ancien juge de paix de ce canton, actuellement percepteur en la même localité, officier d'Académie et du Mérite agricole, et de dame Marie-Léontine David.

### IX. — Morand.

Jules-Henri Morand est né à Cognac (Charente), le 14 avril 1860, de François-Joseph-Charles-Jules Morand, notaire en cette ville (2), et de Anne-Mélanie Tribot, son épouse.

Après avoir fait ses études au collège de sa cité natale, il s'engagea au 57e régiment d'infanterie de ligne, à Bordeaux, où il devint sous-officier et secrétaire du général Dumont. Une fois libéré, il fut négociant en eaux-de-vie et juge consulaire à Cognac pendant les années 1893 et 1894.

Entré ensuite dans la magistrature cantonale, il fut nommé, d'abord, suppléant de la justice de paix du canton sud de Con

---

(1) M. A. Descoffre a été préparateur au laboratoire d'histoire naturelle à la Faculté de médecine et de pharmacie de Bordeaux et a eu comme professeur le docteur A. Guillaud, notre confrère des *Archives* à qui il a dédié sa thèse : *Études sur les levures œnogènes des Charentes*, Bordeaux, Cassignol 1904. Il est encore l'auteur de la *Charente préhistorique*, Bordeaux, G. Gounouilhou 1901. (Extrait du *Bulletin de la Société de géographie commerciale de Bordeaux*)

(2) M. Morand père, né à Loubert, canton de Saint-Claud, le 2 juillet 1829, était fils de Jean-Étienne Morand, propriétaire, et de Marie-Catherine Desprat, son épouse. Après avoir été avocat, puis notaire à Sommières (Vienne) et à Cognac (11 janvier 1860-3 novembre 1875), il fut nommé juge de paix à Blanzac (8 janvier 1879), ensuite à Jarnac (22 septembre 1883) et mourut à Saint-Maurice-les-Lions (Charente), le 24 août 1885. Il était l'ami intime de l'avocat André-Marie-Pierre-Auguste Duclaud, né à Confolens, le 8 avril 1824, qui fût sous-préfet de sa ville natale (8 septembre 1870-29 avril 1871), député républicain de l'arrondissement de Confolens (1876-1885), préfet des Basses-Alpes (1885), du Gers (1886) et du Cher (1887) et qui, réélu député de Confolens le 22 septembre 1887, mourut à Biarritz, le 6 août 1890.

folens le 17 avril 1897 (1), puis juge de paix à Champagne-Mouton (Charente) le 23 juillet 1898 (2), à Montmorillon (Vienne) le 29 mars 1901 (3), enfin à Saintes (canton sud) le 15 août 1912, en remplacement de M. Guérin (4). Il a prêté serment le 20 septembre suivant devant le tribunal civil et a été installé à l'audience du même jour (5).

M. Morand pendant sa résidence à Champagne-Mouton a été délégué cantonal de 1898 à 1901. Correspondant de plusieurs journaux de justice de paix, il est l'auteur d'un ouvrage, encore inédit : *Du Bail à colonat partiaire et des Usages locaux dans l'arrondissement de Confolens.*

Il a été promu officier d'académie le 28 février 1912. De plus, par décret en date du 26 mai 1882, rendu sur la proposition du ministre de l'Intérieur, une médaille d'argent de 2e classe lui a été conférée, étant soldat, pour avoir, à Libourne, le 5 avril de ladite année, arrêté un cheval emporté, attelé à une voiture (6). Il s'est marié à Confolens, le 7 août 1888, avec Mlle Anne-Marie-Madeleine Dumas, fille de M. Jean Dumas, docteur en médecine, décédé en la même ville, le 27 janvier 1877, et de Mme Jeanne-Marie-Louise Virolleaud, son épouse. Quatre enfants sont nés de cette union.

M. Morand est frère germain de M. Jules-Etienne Morand, né à Cognac le 2 septembre 1867, qui, après avoir été successivement juge suppléant à Dreux (25 juillet 1895) et à Versailles (9 mai 1896), juge au siège de Romorantin (24 octobre 1899), président du tribunal civil de Ruffec (15 octobre 1901) est, depuis le 11 juin 1912, conseiller à la cour d'appel de Bastia (Corse) et qui a épousé à Chateaubernard, canton de Cognac, le 2 juin 1896, Mlle Berthe-Suzanne-Denise Tribot, sa cousine.

### CHAPITRE II. — *Les assesseurs*

La liste des assesseurs, que nous allons donner, a été dressée à l'aide seulement des registres des deux justices de paix de Saintes, car nous n'avons pas pu nous procurer les procès-

---

(1) *Journal Officiel* du 18 avril 1897.
(2) *Journal Officiel* du 24 juillet 1898.
(3) *Journal Officiel* du 30 mars 1901.
(4) *Journal Officiel* du 29 août 1912.
(5) *Minutes de la justice de paix du canton sud de Saintes.*
(6) *Journal Officiel* du 2 juin 1882.

verbaux d'élections, qui semblent, d'ailleurs, avoir été perdus, à l'exception d'un seul, celui du 25 novembre 1792, constatant la nomination « du juge de paix, des assesseurs et du greffier de la ville, fauxbourgs et banlieue de Saintes », et dont nous devons la communication à l'obligeance de M. l'archiviste du département de la Charente-Inférieure. Aussi cette liste pourrait bien n'être pas complète et même erronée sur certains points, du moins en ce qui concerne les assesseurs du canton rural de Saintes.

Ce chapitre sera divisé en deux sections :

1° Les assesseurs du juge de paix *intra-muros* ;

2° Ceux du juge de paix *extra-muros*.

### § 1<sup>er</sup>. — *Assesseurs du juge de paix de la cité et commune de Saintes*

Les quatre premiers assesseurs, élus en 1790, furent :

1° Pierre Charrier (1) ;

2° Mathieu Robert (2) ;

3° Pierre Gillet père (3) ;

---

(1) Il s'agit probablement de Pierre Charrier, marchand à Saintes, ancien juge de la Bourse, qui fut élu notable en 1790. C'est le grand-père du juge de paix de ce nom. (Voir *Revue de Saintonge*, du 1<sup>er</sup> février 1912, page 22.) Pierre Charrier, baptisé, le 20 juin 1722, en l'église de Saint-Pierre de Saintes, était fils de Pierre Charrier, boulanger, et d'Angélique Chevalier, de la paroisse Saint-Michel de ladite ville ; il épousa, le 23 avril 1748, à Montils, Marie Sicard, fille de Nicolas Sicard, notaire royal à cette résidence, et de Marie Grollaud.

(2) Mathieu, *alias* Mathieu-Léger, Robert, marchand au faubourg Saint-Pallais de Saintes, avait épousé en la paroisse Saint-Eutrope, le 14 octobre 1754, Marie Templier, et mourut en cette ville, à 63 ans, le 8 messidor an III (26 juin 1795). En 1790, il fut lieutenant-colonel de la garde nationale de Saintes, qui, à cette même époque, avait pour capitaines Gillet et Limal, assesseurs, et pour lieutenant Riquet, juge de paix, ainsi que le prouvent des documents inédits provenant de la famille Compagnon de Thézac, qu'a bien voulu nous communiquer M. Granié.

(3) Pierre Gillet, négociant et propriétaire à Saintes, membre du Conseil général de cette commune, officier public en 1793. Natif de Gémozac, il mourut à Saintes, à l'âge de 76 ans, le 27 pluviose an IX (16 février 1801), veuf de Marie-Elisabeth Salvetat, dont il avait eu Jacques Gillet, décédé lui-même commune de Saintes, le 16 mai 1811, à 56 ans. Ce dernier laissait de son mariage avec Marguerite-Pauline Raynal, 3 enfants : a, Daniel-Auguste

4° François Limal père (1).

Au mois de mars 1792, Charrier et Limal ayant démissionné, Jean Gobeau (2), propriétaire, et Louis Suire (3), marchand

---

Gillet, employé dans les droits réunis, à Saintes ; *b*, Pierre-Jacques Gillet, receveur des contributions directes, demeurant aux Epaux, commune de Meursac ; *c*, et Betzi-Elisabeth Gillet, fille majeure, qui firent procéder à la vente aux enchères des biens dépendant de la succession de leur père, laquelle comprenait notamment le domaine de la Bauche, commune de Saintes, dont se rendit adjudicataire, à la barre du tribunal civil de cette ville, le 26 mars 1813, moyennant 16.600 francs, Joseph-Etienne Richard, baron de l'Empire, membre de la Légion d'honneur, préfet de la Charente-Inférieure, demeurant à La Rochelle.

(1) Nous avons tout lieu de croire que l'assesseur en question est Jean-François-Joseph Limal, marchand et ancien juge consulaire, demeurant rue Mirabeau (ci-devant Grande-Rue), paroisse de Saint-Pierre, lequel appartenait à une famille hollandaise, établie en Saintonge lors du défrichement des marais. Elu notable en novembre 1790, Limal, qui mourut à Saintes, le 12 ventôse an VIII (3 mars 1800), âgé de 79 ans, avait épousé, le 15 juin 1747, en l'église de Sainte-Colombe, Magdelaine Besse, dont il eut huit enfants, parmi lesquels : *a*, François Limal, né le 29 août 1751, qui, le 5 août 1793, se maria à Saintes avec Marie-Eustelle Loyer, fille de Léon Loyer, marchand à Saintes, et de Françoise-Angélique Besse, dont : 1° Arsène Limal, né le 10 brumaire an II (30 octobre 1793), mort le 23 juin 1877, avocat, maire et juge à Saintes ; 2° et Françoise-Thérèse Limal, née le 29 septembre 1754, devenue épouse de Charles Huvet, auquel Augustin Dalidet, de la paroisse de Saint-Michel, vendit son office de notaire royal à Saintes, par acte devant Bigot, le 8 avril 1772 (*Minutes de M. Laferrière fils*). Huvet est le père du juge de paix du canton sud de Saintes (Voir *Revue de Saintonge*, du 1er octobre 1912, page 268. *Etudes et documents sur Saintes*, page 117. *Registres de l'état-civil*).

(2) C'est, pensons-nous, Jean Gobeau, sieur des Rémoneries, ancien conseiller-rapporteur du point d'honneur, fils de Jacques Gobeau, bourgeois, et de Judith Frenaud ; il mourut en son domicile, à la Grange, commune de Fontcouverte, le 7 frimaire an XIV (28 novembre 1805), à l'âge de 75 ans. De son union conjugale avec Marguerite, *alias* Elisabeth Bellou (fille d'un notaire royal), décédée audit lieu de la Grange, le 20 prairial an IX (9 juillet 1801), naquit, le 29 août 1760, à Fontcouverte, Jean-Etienne Gobeau, avocat au siége présidial de Saintes (17 août 1784), juge suppléant (août 1791), puis juge titulaire au tribunal de district de cette ville (août 1792). Cet Etienne Gobeau épousa, le 19 prairial an II (7 juin 1794), Elisabeth Gaillard, fille de Jacques-Alexandre Gaillard, propriétaire, et de Françoise-Elisabeth Laperrière, née le 15 janvier 1778, mineure émancipée sous la curatelle de René Duchaine, dit Martimont, juge au tribunal de Saintes. Il fut obligé de se démettre de sa fonction le 5 vendémiaire an IV (27 septembre 1795), en exécution du décret du 5e jour complémentaire de l'an III (21 septembre 1795). (Consulter à cet égard le *Tribunal de Saintes*, par Piet-Lataudrie, *op. cit.*, page 20.)

(3) Louis Suire, nommé notable par les électeurs de Saintes, le 26 fé-

mégissier, au faubourg Saint-Pallais, qui, d'après le procès-verbal de l'élection de 1790, avaient obtenu le plus grand nombre de suffrages après ceux qui étaient en exercice, les remplacèrent comme assesseurs et prêtèrent serment, en cette qualité, devant Riquet, juge de paix du canton : Gobeau, le 3 mars, et Suire, le 10 mars 1792 (1).

Lors des élections du 25 novembre 1792, Jean Gobeau fut réélu assesseur du juge de paix de la ville de Saintes, au premier tour de scrutin, par 60 voix sur 96 votants. Au second et dernier tour, Pierre Lafaye aîné (2), marchand chamoiseur, domicilié aux Roches, paroisse de Saint-Eutrope, Jacques Néron (3), couvreur-plombier du faubourg Saint-Pallais, et Jean-Joseph Brunet, fils de l'ancien greffier du présidial, furent également nommés assesseurs à la pluralité des suffrages (4).

---

vrier 1790, devint, en 1793, administrateur de l'hôpital général Saint-Louis de cette ville, où il mourut le 2 floréal an XI (15 mai 1803), âgé de 70 ans. De son mariage avec Elisabeth Pichon, il avait eu un fils qui, étant sous-lieutenant à la compagnie d'éclaireurs de la 4e demi-brigade, décéda à l'hôpital d'Alexandrie (Egypte), le 27 vendémiaire an VIII (19 octobre 1799).

(1) Archives de la justice de paix du canton Sud de Saintes.

(2) Pierre Lafaye, époux de Marguerite Garraud, fut nommé, le 14 février 1806, inspecteur de l'octroi municipal et de bienfaisance de Saintes, par le sieur Daniel Retif, qui en était le fermier, et prêta, en cette qualité, serment le même jour devant Riquet, juge de paix (Archives de la justice de paix du canton Sud de Saintes).

(3) Jacques Néron, né à Saintes, paroisse Saint-Pallais, le 27 février 1741, du mariage de François Néron, piqueur d'ardoises, et de Catherine Beurivé, mort en ladite ville, le 15 juin 1822, à 82 ans. Nommé notable le 11 octobre 1790, il fut réélu en 1792 et devint officier municipal. Le 29 juin 1793, il fut choisi comme commissaire par la municipalité de Saintes pour faire procéder à l'enlèvement « des plombs inutiles sur différentes maisons de la Nation » (ci-devant communautés religieuses). Il avait eu de Catherine Février, sa femme, deux fils : a, Christophe Néron, couvreur, décédé à 22 ans, le 27 prairial an VI (15 juin 1798) ; b, et Pierre Néron, médecin, mort à Saintes, âgé de 49 ans, le 6 avril 1820, époux d'Ursule Ruffèle, de Saint-Jean d'Angély, lequel, avec les docteurs Couturier, Lavigne, Brissonneau, Viauld et Bruslé, ancien médecin en chef de la marine au port de Rochefort, fit, à Saintes, le 14 floréal an IX (4 mai 1800), les premières inoculations sur trois enfants de l'hospice des pauvres avec du vaccin, envoyé par Bobe-Moreau. (Voir les *Essais de la vaccine en Saintonge*, par Duplaix-Destouches, dans la *Revue de Saintonge* de janvier 1888, pages 56-59).

(4) *Procès-verbal, rédigé par le Conseil général de la commune, du travail des sections de la ville et commune de Saintes pour la nomination des juge de paix, assesseurs et greffiers de ce juge, le 25 novembre 1792, l'an Ier de la République Française* (Archives du département de la Charente-Inférieure).

Le 22 pluviôse an III (10 février 1795), Parménide (ci-devant Jean-Joseph) Brunet, ayant été nommé agent national de la commune de *Xantes*, Jean-Elie Fleury (1), propriétaire et praticien, fut choisi pour le remplacer par le directeur de ce district, « persuadé de son zèle et de son amour pour le bien de la chose publique » (2).

---

(1) Jean-Elie Fleury, né à Pons, le 22 février 1741, était fils de Jean Fleury, marchand, et de Marie-Marguerite Soudoyer. Ancien procureur au bailliage et cour temporelle de l'Evêché de Saintes, il devint greffier du tribunal de police correctionnelle en l'an VI, adjoint au maire de cette ville de messidor an VIII (juin 1800) à mai 1808, et mourut le 24 mai 1820. Il avait épousé, en l'église Sainte-Colombe, le 14 juin 1773, Marie-Anne Bridier. Il eût de cette union : a, Anne-Jean-Elie Fleury, adjudant au corps impérial du génie, résidant à l'Ile-Dieu, puis à Narbonne, marié à Saintes, le 21 février 1814, à Julie Turpin, fille de Georges Turpin, ancien officier, mort au Petit-Goave (île Saint-Domingue), en l'an XI, et de Louise-Julie Lebeau ; b, Joseph-Suzanne-Casimir Fleury, lieutenant de chasseurs à cheval, domicilié à Saintes ; c, Marie-Marguerite Fleury, célibataire demeurant à Saintes ; d, Marie-Angé-lique-Josèphe Fleury, célibataire, résidant à La Rochelle ; e, Marie-Anne-Perette Fleury, qui épousa à Saintes, le 11 juin 1810, Joseph Pelletier, pharmacien à Rochefort-sur-mer. Jean-Elie Fleury avait deux sœurs et quatre frères, dont deux ecclésiastiques, l'un, Jean-Philippe Fleury, qui fut curé de Rétaud, où il mourut le 24 novembre 1786, à 57 ans, l'autre, Joseph Fleury, curé de Sainte-Lheurine, qui ne prêta pas le serment constitutionnel, émigra et fut nommé, au Concordat, desservant de Corme-Ecluse, où il est décédé le 25 octobre 1813, à 67 ans. — Il ne faut pas confondre Jean-Elie Fleury, l'assesseur, avec son cousin germain, Jean-Elie Fleury, dit *Prénouveau*, chirurgien-juré à Thénac, né à Pons, le 4 août 1738, mort à Tesson, le 21 décembre 1816, qui était fils de Jean Fleury, notaire royal et greffier de la sirerie de Pons et procureur fiscal de la châtellenie de Rioux, et de Marguerite Soudoyer. Ce Jean Fleury avait eu deux filles et trois autres fils : 1° Pierre Fleury, notaire et procureur, receveur général du prince de Pons (1782), procureur de la commune de Pons en 1792 ; il était marié à Marie-Marguerite Fleury, sa cousine germaine ; 2° Pierre-Elie Fleury, maître chirurgien et lieutenant du chirurgien du roi à Pons, capitaine de la garde nationale de Ransannes et administrateur du district de Pons en 1792 ; il épousa sa cousine germaine, Marie-Louise Fleury, fille d'Hélie Fleury, changeur pour le roi, et sœur de Me Jean-Joseph Fleury, conseiller du roi, lieutenant général de l'amirauté de Marennes et bailli de cette même ville, puis juge au tribunal de la Charente-Inférieure (25 vendémiaire an IV, 17 octobre 1795), enfin président du tribunal de première instance de Marennes, lequel était époux de Marie-Jeanne de Chasseloup-Laubat, sœur du général marquis François de Chasseloup de Laubat (1754-1833), qui fut un ingénieur militaire remarquable, membre du Sénat conservateur, puis pair de France sous Louis XVIII (4 juin 1814). (Communication de M. Y. Heurtel. — Registres de l'état-civil).

(2) *Registres des délibérations du district de Saintes* (Archives départementales de la Charente-Inférieure).

A partir du 11 brumaire an IV (2 novembre 1795), les assesseurs du juge de paix de la cité de Saintes furent Gobeau et
Néron susnommés, Jean-Baptiste Forget (1), professeur de
belles-lettres, à l'Ecole centrale de la Charente-Inférieure, et
Eutrope Massiou, jeune, entrepreneur de bâtisses à Saintes (2).

Jean Gobeau siégea, en qualité d'assesseur, pour la dernière
fois, le 16 pluviôse an VII (4 février 1799), et fut remplacé par
Elie-Barthélemy Toussaints, chirurgien à Saintes (3).

---

(1) Jean-Baptiste Forget, né au bourg et paroisse de Pérignac, le 29 octobre 1764, de Pierre Forget, maréchal-ferrant, et de Catherine (*alias* Marie)
Bureau, d'abord clerc tonsuré, entra comme professeur de sixième au
Collège de Saintes (29 novembre 1786), fut ensuite professeur de seconde
(14 mars 1791), sous-principal de cet établissement (9 mai 1791), préta le serment de fidélité à la constitution civile du clergé, remplaça, comme principal
du Collège, François-Marie Bourignon, décédé le 19 août 1793, fut plus tard
directeur du Grand Séminaire, puis professeur de belles-lettres à l'Ecole
Centrale de Saintes et mourut, en 1811, à Paris, préfet des études au Collège
Sainte-Barbe. — Après avoir abjuré la prêtrise, le 18 brumaire an II
(8 novembre 1793), il s'était marié à Saintes, le 1er septembre 1793, avec
Charlotte-Marguerite Lacheurié (*alias* Henriette), morte le 27 messidor an VIII
(17 juillet 1800), fille de François Lacheurié, trésorier des gens de mer à
Saintes, et de Anne Lavigne. Il eut de cette union Charles-Polydor (Charlotte
dans son acte de naissance) Forget, né à Saintes, le 26 messidor an VIII
(16 juillet 1800), d'abord chirurgien de marine, démissionnaire pour raisons
de santé, ensuite docteur en médecine à Paris, où il rédigea le *Journal*
*hebdomadaire du progrès des sciences et institutions médicales* (1834-1836)
conjointement avec Bouillaud, d'Angoulême, Dubois, d'Amiens, et Vidal, de
Cassis, devenus, comme lui, des célébrités médico-chirurgicales, se vit
décerner la médaille d'or du choléra en 1832, obtint au concours la chaire de
clinique médicale à la Faculté de Strasbourg et fut promu chevalier de la
Légion d'honneur en 1844. Il est décédé en cette dernière cité, le 19 mars 1861,
après avoir écrit sur son art plusieurs ouvrages fort estimés, dont la nomen-
clature se trouve dans le *Dictionnaire des Contemporains*, de Gustave Vapereau, page 697, Paris-Hachette, 1858. (Voir aussi sur Charles Forget:
Rainguet, *Bibliographie Saintongeaise*, page 633. — *Essai historique sur la*
*vie et les ouvrages de Forget*, par le docteur Fleury, ancien préfet Saint-
Etienne, imprimerie de la veuve Théolier, 1863. — *Discours de M. Maher*,
*directeur du service de santé à l'Ecole de médecine navale de Rochefort*
dans les *Tablettes des Deux-Charentes* et l'*Indépendant de Saintes*, du
6 avril 1861)

(2) Eutrope Massiou, époux de Catherine Violleau, dont le fils et le petit-
fils furent architectes à La Rochelle. Il est mort à Préhan, commune de
Saintes, le 31 mai 1833, à 66 ans.

(3) Elie-Barthélemy Toussaints, né à Saintes le 22 mars 1763, décédé audit
lieu le 3 juin 1822, à 69 ans, fils de Pierre Toussaints, imprimeur du Roi et
de l'Evêché, mort le 8 juillet 1781, et de Marie-Anne Emery. Après avoir

Le 8 frimaire an VIII (29 novembre 1799), Forget, Massiou, Néron et Toussaints, ainsi que Riquet, juge de paix, Roy, greffier, et Bonnaud, huissier, en exécution de la loi du 25 brumaire de la même année (16 novembre 1799), prêtèrent, en audience publique, le serment d'être « fidèles à la République une et indivisible, fondée sur l'égalité, la liberté et le système représentatif » (1).

Forget, Massiou, Néron et Toussaints restèrent en fonctions jusqu'à la suppression des assesseurs, édictée par la loi du 29 ventôse an IX (2).

Rappelons, à cette occasion, que cette innovation fut l'objet de certaines critiques. Dans une délibération du conseil d'arrondissement de La Rochelle, réuni sur la convocation du sous-préfet (M. A. Traversay), prise le 15 germinal an X (5 avril 1802), on lit, en effet, ce qui suit : « Le conseil, réfléchissant aux inconvénients qui semblent devoir naître de la suppression des assesseurs, dont l'existence était, d'ailleurs,

---

été chirurgien aide-major de l'hôpital militaire de Saint-Jean d'Angély, chirurgien-major de la légion de Lauzun et chirurgien-major sur les vaisseaux du roi, où il fit une campagne de l'Inde en cette qualité, il vint s'établir chirurgien-juré dans les paroisses de Montpellier-de-Médillan, de Thaims et de Cozes, ensuite à Saintes, où il avait épousé le 29 avril 1783, en l'église Saint-Michel de Saintes, Anne Barbotin (*alias* Marie ou Maria-Benigne), sœur de Jean-Philippe Barbotin, notaire au Guâ (1782 - an VIII), dont deux fils : 1° Barthélemy, caporal à la 4e compagnie du 3e bataillon du 30e régiment de ligne, mort à Vienne (Autriche), le 11 février 1810, à l'âge de 26 ans ; 2° et Pierre Toussaints, né à Cozes le 1er février 1787, chirurgien, lequel, le 28 avril 1817, épousa, audit lieu de Cozes, Marie-Anne Nicolle, fille de Jean Nicolle, huissier, et de Françoise Bon. Elie-Barthélemy Toussaints, médecin assez en renom, possédait, paraît-il, « un secret infaillible pour le traitement des dartres invétérées », si l'on en croit l'annonce parue dans le *Journal patriotique de Saintonge et d'Angoumois*, de Fr.-Marie Bourignon, du 18 avril 1790. — Cet assesseur avait plusieurs frères et sœurs germains : *a)* Pierre Toussaints aîné, imprimeur et libraire à Saintes, rue Saint-Maur ; *b)* Marie-Rose Toussaints, épouse de Nicolas Geoffroy, sous-chantre de la cathédrale de cette ville ; *c)* Augustin Toussaints, « instituteur breveté de Monseigneur l'Evêque », lequel, en 1786, créa à la Grande-Gorce, près Cozes, un pensionnat, où il eut pour élève l'illustre parlementaire Jules Dufaure, de l'Académie française, et mourut à Cramais-de-Cozes le 13 février 1832, veuf de Marie Tabois ; *d)* Charles-Borromée Toussaints, imprimeur ; *e)* Angélique Toussaints, fille majeure, pensionnaire au couvent des Dames-Blanches à La Rochelle ; *f)* et Jules Toussaints, aussi imprimeur, passé aux colonies.

(1) Archives de la justice de paix du canton sud de Saintes.

(2) Riquet, juge de paix, fut assisté, pour la dernière fois, d'assesseurs, à l'audience du 28 prairial an X (17 juin 1802), où siégèrent Massiou et Néron,

d'un avantage gratuit, observe qu'en attirant sur un seul homme toute la responsabilité morale, on énervera le ressort de la justice de paix qu'on déconsidérera aux yeux du public : moins de garantie dans les jugements, réduction de deux tiers dans les chances de la conciliation, plus de ressentiment et de personnalité dans les récriminations, tels seront indubitablement les résultats de ce changement. — Tous les autres tribunaux sont collectifs et il était peut-être d'autant plus hasardeux de rendre celui-ci individuel qu'il exerce principalement son autorité envers la classe la plus dépourvue de lumière et, conséquemment, la moins susceptible de s'accuser dans sa conscience quand elle est condamnée par le magistrat » (1).

### § 2. — *Assesseurs du Juge de paix du canton de Saintes* *(extra muros)*

#### BUSSAC

Ranson, René, de 1790 à la suppression des assesseurs.

Vitet, Louis, de 1790 aux élections de brumaire an IV.

Merlet, Michel, propriétaire au bourg, pendant le même laps de temps.

Veillon, François, du Grand-Village, même observation.

Cartier, Jean dit Guilloteaux, de brumaire an IV à brumaire an VIII.

Tapon, Jacques, de Rochefollet, même durée des fonctions.

Guichard, Jean, — de brumaire an IV à la suppression.

Février, Jean, meunier au Port-Berteau, de brumaire an VIII à la suppression.

#### CHANIERS

Sarrazin, Pierre (2) de 1790 à la suppression des assesseurs.

Barraud, Dominique (3) bourgeois, de 1790 à thermidor an II.

---

et à celle de conciliation, du 2 messidor an X (21 juin 1802), où prirent place à ses côtés ledit Massiou et Elie-Barthélemy Toussaints (Mêmes Archives).

(1) *Procès-verbal de la première assemblée, tenue, pendant la session de l'an X, par le conseil d'arrondissement de La Rochelle.* Chez Bouyer, jeune, imprimeur de la sous-préfecture, rue des Maîtresses.

(2) Pierre Sarrazin, fils de Pierre Sarrazin « brûleur, » et de Marie Dubois, né à Chadenac le 27 février 1745, mort à Benat, commune de Chaniers, le 7 février 1814, à 68 ans, époux de Marie Fabvre, administrateur du district de Saintes (6 septembre 1791) et maire de Chaniers de l'an VIII à son décès.

(3) Dominique Barraud, né à Malaville (Charente), le 3 juin 1726, était fils de Louis Barraud, procureur à la prévôté royale de Boutteville, et de Mar-

Prieur, Jacques, (1) chirurgien aux Turpauds, de 1790 à son décès.

Dannepont, Jacques, meunier au bourg, de 1790 à la suppression.

Compagnon, Jean, de brumaire an IV à la suppression.

Rétif, Louis, cultivateur au Maine des Cadets (?), de brumaire an II à frimaire an IV.

CHERMIGNAC

Sourdonnier, Etienne, cordonnier, de 1790 aux élections de décembre 1792.

---

guerite-Françoise Bichon. Orphelin de bonne heure, il alla d'abord s'établir successivement à Saint-Domingue et à la Martinique, puis rentré en France en 1766, pour raisons de santé, il acheta, moyennant 28,000 livres, de MM. Robin et Seuillet, de Cognac, la propriété de Beauregard en Chaniers, où il mourut le 5 thermidor an II (23 juillet 1794) à la suite d'une plaie infectieuse provenant du rasoir malpropre d'un barbier, — Il avait épousé à Chaniers, le 10 février 1777, Marie Héard, décédée á Saintes le 9 mai 1828, à 85 ans, fille de Michel Heard, avocat en parlement et au siège présidial, et de Marie Mareschal. Il eût de ce mariage trois enfants, savoir : I. Louis-Dominique-Bernard-Elisabeth Barraud, né à Chaniers, le 25 mai 1779, décédé au dit lieu le 5 mars 1871, qui, nommé percepteur de cette commune par arrêté consulaire du 28 floréal an V (17 mai 1797), y exerça cette fonction pendant 48 ans et se maria le 27 vendémiaire an X (19 octobre 1801) à Jeanne-Adélaïde Mouchet, fille de René Mouchet, procureur à Saintes et juge de la seigneurie du prieuré de Saint-Georges de Dorion, et de Jeanne Favre. Lequel Louis-Dominique Barraud eût de cette union : 1° Pierre-Bernard Barraud, né à Chaniers, le 26 thermidor an X (14 août 1802), mort à Cognac le 5 août 1890, d'abord clerc de notaire à Saintes chez Huvet et à Royan, chez Pelletant, — père du publiciste et homme politique Eugène Pelletant, — puis notaire à Ecoyeux (11 mai 1828-1840), maire de cette commune (1830-1834), suppléant de la justice de paix de Burie (27 mars 1835-1840), qui, devenu en 1853 caissier de la Société vinicole Jules Duret et Cie, de Cognac, fonda deux journaux, le *Cognac* (12 mars 1862-1867) et la *Saintonge*, dont la publication fut éphémère, écrivit de très nombreuses études historiques sur notre province et eût de son mariage avec Marie-Joséphine Michelet, de Pons : a. Pierre-Louis-Stanislas-Emile Barraud, né à Saintes le 26 novembre 1839, décédé à Rochefort le 29 mai 1894, à 54 ans, époux de Marie-Claire-Valérie Marchand, négociant en eaux-de-vie, bibliophile, numismate, amateur passionné de musique, qui créa, avec Oscar Planat, l'Orphéon de Cognac; b. et Pierre Barraud, décédé en 1847, aussi négociant en eaux-de-vie à Angoulême; 2° Philippe Barraud, dit Félix, né et mort à Chaniers (21 août 1806-19 décembre 1892), propriétaire au Taillis, en cette commune, époux de Marie-Honorine Gorry, de Mortagne-sur-Gironde, dont ; a. Théophile Barraud, capitaine d'infanterie; b. Théodore Barraud, négociant, père de Jean Barraud, docteur en médecine à Bordeaux, lequel fut secrétaire de la *Société historique de la Gironde*, et publia plusieurs ouvrages, entr'autres *Remèdes de bonnes femmes*, en collaboration

Barré, Pierre, laboureur, de 1790 à la suppression.

Gillet, Jean, cultivateur, de 1790 à brumaire an VI (?).

Davril, François, cultivateur aux Tesserons, de 1792 à décembre 1792.

Pinson ou Painson, Jean, agriculteur à la Foy, de 1790 à brumaire an IV.

Guichard, François, de décembre 1792 à brumaire an IV,

COURCOURY

Robert, Jean, cultivateur aux Itrops, de 1790 à 1792.

Faure, Guillaume, meunier, de 1790 à ?

---

avec le docteur Cabanès (Buzançais (Indre) imprimerie Deverdun, 1907), et la *Gabelle à Bordeaux*, la *Révolte de 1675* (Bordeaux, Gounouilhou, 1907); c. et Gustave Barraud, pharmacien à Saintes, époux de M<sup>lle</sup> Marie Pellisson, fille de Félix Pellisson, ancien pharmacien et ancien adjoint au maire de cette ville, y décédé le 30 septembre 1890, et de Marie-Claire Guillet; 3° Louise Barraud, morte religieuse, très jeune; 4° Jeanne-Marceline Barraud, épouse d'Alexis Vanderquand; 5° Auguste Barraud, greffier de la justice de paix de Saint-Hilaire de Villefranche. — II. Jeanne-Victoire Barraud, mariée le 2 fructidor an IX à Michel Labarre, percepteur à Rétaud, puis à Pont-l'Abbé, dont nombreuse postérité. — III. Jeanne-Eulalie Barraud, qui, également le 2 fructidor an IX (20 août 1801), épousa à Chaniers, René Apert, négociant à Saintes, fils d'Etienne Apert, président du tribunal de commerce de cette ville, et qui, de cette union eût cinq enfants, parmi lesquels Justine-Marie, épouse de Pierre-Hector Savary, président du tribunal civil de Saintes, et Isabelle Apert, mariée à François Mestayer, pharmacien en la même ville, dont Marie-Eulalie-Elisabeth Mestayer, épouse du docteur Jean-Charles-Emile Mongrand, médecin principal de la marine, officier de la Légion d'honneur, décédé à Saintes, après son admission à la retraite, le 22 décembre 1908 Du mariage de M. et M<sup>me</sup> Mongrand sont issus quatre filles et deux fils, dont l'un, Marie-Jean-Léon Mongrand, né à Saintes le 28 juillet 1864, chef de bataillon d'infanterie coloniale, se distingua particulièrement au Soudan, où il fut cité pour action d'éclat à la reprise du repaire de Kentadji sur le Niger, et a été tué, le 26 avril 1913, par une bombe, à Hanoï, lors d'un attentat annamite. Le commandant Mongrand avait épousé à Bayonne, le 27 août 1900, M<sup>lle</sup> Victoire-Marie-Elisabeth Vergez, qu'il a laissée veuve avec quatre enfants et qui est fille de M. Pierre Vergez, chevalier de la Légion d'honneur, directeur honoraire des contributions indirectes, décédé à Bayonne le 6 avril 1901.

*(Communication de M. Barraud, de Cognac. — Registres de l'état-civil.)*

(1) Jacques Prieur était fils de Christophe Prieur, notaire royal à Saintes (1741-1746), et de Marie Monvoisin. Christophe Prieur, fils de feu Christophe Prieur, sieur de la Vieguleterie, bourgeois, marchand, et de demoiselle Anne-Aimée Bourely, et Marie Monvoisin, fille de feu Arnaud Monvoisin, notaire royal, et de demoiselle Marie Dugué, s'étaient unis en mariage en l'église de Saint-Pierre, le 27 novembre 1731 (contrat devant Jobet, notaire à Saintes,

Rétaud Pierre (1) notaire et arpenteur, de 1790 à la suppression des assesseurs.

Vanderquand, Alexis fils (2), propriétaire, de 1790 à 1792.

Nadaud, Jean, cultivateur au Grand-Village, de 1792 à la suppression.

Barbraud, Etienne, meunier à Gâtebourse, de brumaire an II (?) à la suppression.

Seguin, Guillaume, cultivateur, Chez-Martin, de frimaire an II (?) à la suppression.

### FONTCOUVERTE

Alison, Jean, de la Pichauderie, de 1790 à la suppression.

Labbé, Jean, de Chez-Thoreau, de 1790 à ?

Matrat, Jean, cultivateur au village de Chaumet, de 1790 à 1792, puis de l'an V à la suppression.

Vinet, Jean ou Jean-Adrien, laboureur au bourg, de 1790 à la suppression.

Vinant, Jacques (3), vigneron à la Croix-Rouge, de 1792 au 5 frimaire an III (?)

Mâchefert, Jean, vigneron au bourg, de 1792 au 5 frimaire an III.

Charpentier, Jean ou Pierre, à la Croix-Rouge, du 5 frimaire an III à la suppression.

---

du 20 mars). Leur fils Jacques Prieur, qui précède, mourut sur son bien des Turpauds, commune de Chaniers, le 1er jour complémentaire de l'an III (8 septembre 1803). Celui-ci avait lui-même épousé Suzanne-Catherine Boudaud, décédée le 18 mars 1788, âgée d'environ 60 ans, dont il eût Catherine Prieur, née à Chaniers le 15 février 1771, qui, le 2 floréal an IV (21 avril 1796) se maria en cette localité avec Pierre-Denis Maureau, né à Rochefort le 14 juin 1753, fils de Charles Maureau, receveur d'amirauté, et d'Angélique-Françoise Faurès, lequel fut juge au tribunal du département de la Charente-Inférieure, séant à Saintes (20 vendémiaire an IV, 12 octobre 1795), ensuite juge au tribunal d'arrondissement de Rochefort (7 floréal an IX-27 avril 1801).

(1) Pierre Rétaud, fils de Pierre et de Marie Barbraud, mort à Courcoury, à 70 ans, le 21 novembre 1828, époux de Madeleine Méchain, resta notaire de 1787 jusqu'à la fin de ses jours. Après son décès, son office fut supprimé. Me Poirier, notaire à Préguillac, est aujourd'hui dépositaire des minutes de son exercice.

(2) Jean-Alexis Vanderquand, né à Courcoury le 27 janvier 1758, mort au même lieu le 31 octobre 1820, fils de Jean, dit Eutrope, Vanderquand de la Guillaudrie, bourgeois, et de Catherine Sicard, était l'aïeul maternel de M. Antoine Gallut, ancien juge de paix du canton sud de Saintes, décédé à Jonzac le 20 décembre 1913.

(3) Ou peut-être Vinant, Jean, de Chez-Thoreaud.

### LA CHAPELLE-DES-POTS

Richardeau, Jean, laboureur aux Landes, de 1790 à ?

Chauvin, Pierre, marchand de poterie au bourg, de 1790 à la suppression.

Chasseriaud, Jean, cultivateur, de 1790 à 1792.

Poitevin, Pierre, charpentier et tonnelier, Chez-Thoraud, de 1790 à ?

Thenot, François, potier, d'octobre 1792 à la suppression.

Richardeau, Pierre, cultivateur, de 1792 à ?

Corbinaud, Jacques, cultivateur, du 5 frimaire an III à la suppression.

Baron, Pierre, propriétaire au bourg, id.

### LES GONDS

Gelineau, Pierre, grenetier, aux Dangalys ? de 1790 à 1792.

Blanvillain, Elie, meunier à Courpignac, de 1790 à ?

Arnaud, Jean, propriétaire aux Gillardeaux, de 1790 à la suppression.

Machet, Jean, laboureur au bourg, de 1790 à ?

Gellineau, Pierre, dit Martire, de 1792 à l'an V.

Jean Guérin, en 1793.

### NIEUL-LES-SAINTES

Fontaine, Guillaume, cultivateur au bourg, de 1790 à ?

Ballanger, François, laboureur à bœufs, de 1790 à ?

Potiron, Mathias, meunier au moulin de Bel-Air, même période.

Gourdain ou Gourdin, Joseph, cultivateur au bourg, idem.

Bertrand, Pierre, cultivateur à Touche-Marteau, de 1792 à la suppression.

Tard, Daniel, du village de Gradaive, de 1792 à l'an III.

Ecolle, Jean, cultivateur aux Primodières, de 1792 à la suppression.

Revillé, Jean, des Rollands, de 1792 à l'an V.

Revillé, François, de Chez-Thenaud, de l'an V à la suppression.

Charrier, Jean, du lieu des Charriers, pendant la même durée.

### PESSINES

Foucaud, Jean, en 1790, puis en l'an VII.

Fontaine, Jacques, tonnelier au bourg, de 1790 à ?

Allaire, François, cultivateur aux Grands-Quéreux, 1790, an III, an V.

Tourneur, Jean, propriétaire au bourg, de 1790 à ?

Rabion, René, 1790, an III, an V.

Brochard, Jean, cultivateur au bourg, de 1792 à ?

Richard, Pierre, de 1792 à ?

Renaud, Jacques, vigneron, de 1792 à ?

Richard, Jean, charpentier, an III, an V, an VII.

Bauret, Jacques, cultivateur au bourg, de l'an III à la suppression.

### PRÉGUILLAC

Rondeau, Jean, cultivateur au Maine-au-Chat, de 1790 à 1792.

Julien, André, de la Grande-Anglade, de 1790 à ?

Chauvin, Jean, cultivateur à la Rouzerie ? de 1790 à la suppression.

Caillé, Jacques, laboureur au bourg, de 1790 à ?

Caillaud, Pierre, tailleur d'habits au bourg, 1790, an III, an V.

Moreau, Daniel, cultivateur aux Ollivaux, de 1792 à la suppression.

Rateau, Jean, cultivateur à la Rouzerie, de 1792 à l'an III.

Négrier, Jacques, maréchal-taillandier, de l'an V à la suppression.

Roullin, Jean, charpentier à Pied-de-Bois ? de l'an VII à la suppression.

### SAINT-GEORGES-DES-COTEAUX

Arnaud, Jacques, propriétaire au bourg, de 1790 à 1792.

Vallet, Blaise, cultivateur aux Vacherons, pendant le même laps de temps.

Couraud, Pierre, cultivateur aux Roux, de 1790 à l'an V.

Renaud, Pierre, de 1790 à 1792.

Mâchefert, François, meunier à Roumefort, de 1790 à l'an V.

Fradin, Pierre, cultivateur au bourg, de 1792 à la suppression.

Noureaud, Pierre, menuisier au bourg, pendant la même période.

Saurin, Jean, de l'an VII à la suppression.

Soulivet, Etienne, maréchal, pendant le même temps.

Yonnet, Jean, laboureur à la Grande-Romade, de 1790 à 1792.

Vigneaud, Pierre, meunier, de 1790 à 1792.

Peigné, Jean, maréchal, à la Guérinaille, de 1790 à la suppression.

Germain, Jean, cultivateur aux Morissons, de 1790 à ?

Morissonneau, Pierre, cultivateur au bourg, de 1792 à la suppression.

Guitton, Jean, cultivateur, de l'an III à la suppression.

Roux, Jean, maréchal, pendant la même période.

---

### Chapitre III. — Les Suppléants

Nous avons dit plus haut (*Revue de Saintonge*, du 1er juin 1910, pages 137 et 138), que la loi du 9 ventôse an IX (20 mars 1801) (1) qui supprimait les assesseurs des justices portait, dans son article 1er, qu'ils ne cesseraient leurs fonctions qu'au moment où les juges de paix des nouveaux cantons, élus selon le mode déterminé par une autre loi du même jour, seraient installés, et que cette installation, dans les cantons nord et sud de Saintes, n'eût lieu que le 15 messidor an X (4 juillet 1802) (2). C'est donc à partir de cette époque seulement que les deux suppléants que la loi donnait à chacun des juges entrèrent en fonctions (3).

---

(1) L'exposé des motifs du projet, relatif à la suppression des assesseurs, fut développé au corps législatif par le conseiller d'État Théophile Berlier, le 23 ventôse an IX (14 mars 1801). Le projet, communiqué au Tribunat le 25 du même mois (16 mars), fut, après une discussion, où il fut attaqué par Duchesne et défendu par Caillemer et Sédillez, adopté par cette assemblée (76 voix contre 10), et par le corps législatif, le 29 ventôse, à la suite d'un rapport favorable du tribun Faure. (*Archives parlementaires*, tome II, 2e partie, pages 566 et suivantes.)

(2) La dernière audience publique de la justice de paix du premier arrondissement de Saintes, ou canton nord, avec assesseurs, fut tenue le 25 floréal an X (15 mai 1802), par Prieur, assisté de Pierre Chauvin, de la Chapelle-des-Pots, et Pierre Barré, de Chermignac. — La dernière audience de la justice de paix du second arrondissement, ou canton sud, fut présidée le 28 prairial de la dite année, par Riquet, aux côtés duquel siégeaient Néron et Massiou.

(3) Aux termes de l'article 4 de la loi précitée du 29 ventôse an IX, les deux suppléants des juges de paix, désignés par *premier* et *second*, étaient les deux citoyens ayant réuni le plus grand nombre des suffrages après le

Voici, maintenant, la liste des suppléants depuis leur création jusqu'à nos jours.

### A. — *Canton nord.*

1° Bréjon-Lamartinière (Samuel-Alexandre).

Nommé premier suppléant dès les débuts de l'institution, il devint juge de paix du canton nord de Saintes le 3 ventôse an XII (23 février 1804).

(Voir sur lui *Revue de Saintonge* du 1er février 1911, pages 33-41).

2° Mollet (Auguste).

Nommé second suppléant du canton sud de Saintes, également à l'origine, il donna sa démission en l'an XII.

Il s'agit sans doute d'Augustin Mollet, né à Saintes le 10 novembre 1741 (1). Fils d'Antoine Mollet, procureur au présidial et élection de cette ville, et de Jeanne Perruchon (2) ; il fut avocat au même siège présidial (3) et fit, en 1782, partie de l'échevinage de Saintes comme procureur du roi (4). Incarcéré, en 1793, au « ci-devant couvent des Sainte-Claire de Saintes » et conduit à Rochefort pour y être jugé, il dut la liberté et probablement la vie à l'intervention du conventionnel Garnier (5). Après le 9 thermidor, il fut président de l'administration municipale du canton de Saintes de germinal an V jusqu'en vendémiaire ou brumaire an VI ; il fut destitué, à ce moment-là, en même temps que Bruslé, Petit et Charrier, officiers municipaux, soupçonnés, comme lui, d'avoir suscité les troubles dus aux royalistes et qui éclatèrent à Saintes les 9 et 10 thermidor an V (27 et 28 juillet 1797), avant le coup d'État du 18 fructidor de cette même année (24 septembre 1797) (6).

---

juge de paix. Malgré les recherches que M. Y. Heurtel a eu l'amabilité de faire sur notre demande, aucun document concernant les suppléants des juges, primitivement nommés, n'a pu être découvert aux *Archives Nationales.*

(1) *Registres paroissiaux de Saint-Pierre de Saintes.*

(2) Le mariage d'Augustin Mollet et de Jeanne Perruchon a eu lieu le 1er mai 1719 en l'église de la paroisse Saint-Maur de Saintes.

(3) Augustin Mollet prêta serment comme avocat à l'audience du 13 juillet 1767. (*Registres du présidial de Saintes.*)

(4) *Documents relatifs à la ville de Saintes,* page 71.

(5) *Les La Charlonnie, leurs alliances et leur descendance,* par M. Anatole Laverny, page 177. Noël Texier, La Rochelle, 1892.

(6) *Revue de Saintonge* d'octobre 1880, page 186.

Augustin Mollet avait épousé à Saintes, en l'église Saint-Eutrope, le 19 juillet 1768, Jeanne Eustelle Fourestier, fille de Michel Fourestier de Pouyade, marchand apothicaïre, et de Eustelle Bertry, demeurant sur le faubourg de la Bertonnière, paroisse de Saint-Eutrope-lès-Saintes (1). Il mourut, sans hoirs, le 9 novembre 1831, à la Font-du-Loup, commune de Chaniers, âgé de 90 ans.

Il était frère germain de : *a)* Pierre Mollet, notaire royal au bourg et paroisse des Essards, qui va suivre ; *b)* Eutrope Mollet, sous-diacre, demeurant au séminaire de Saintes, paroisse de Saint-Vivien ; *c)* Marie-Eustelle Mollet qui, le 31 juillet 1760, épousa en l'église de Sainte-Colombe, Julien Huteau, notaire royal et procureur fiscal de la seigneurie de Brizambourg, fils de Julien Huteau, marchand, et de Jeanne Simon ; *d)* Étienne-Maurice Mollet, bourgeois, domicilié à Saintes, où il mourut le 24 décembre 1763, âgé de 29 ans (2) ; *e)* Geneviève Mollet, décédée à Saintes le 30 thermidor au III (17 août 1795), à 67 ans, qui, le 5 janvier 1759, épousa à Saintes, en cette même église, Pierre-Raphaël Mareschal, bourgeois, praticien, puis marchand, demeurant à Saintes, paroisse Saint-Pierre, ensuite au logis de Romefort, paroisse de Saint-Georges-des-Coteaux, fils de Jean Mareschal (3), ancien juge-consul et échevin de la maison commune de Saintes, et de Catherine Viauld.

De son mariage avec Geneviève Mollet, Pierre-Raphaël Mareschal eut : *a)* Thérèse Mareschal, née à Saintes, paroisse Saint-

---

(1) *Registres paroissiaux de Saint-Eutrope.* — Le 10 avril 1749, Michel Fourestier, fils de Jacques Fourestier de Lacour, apothicaire, et de Élisabeth Loyer, avait contracté mariage à Rioux, avec Eustelle Bertry, fille de feu Pierre Bertry, marchand, et de Eustelle Tabois, de cette paroisse.

(2) Étienne Mollet fut inhumé le 28 décembre 1763 dans l'église de Sainte-Colombe. (Voir *Les La Charlonnie*, ouvrage cité plus haut, page 177.)

(3) Jean Mareschal de son mariage avec Catherine Viauld eut : 1° Jean Mareschal aîné, marchand à Saintes ; 2° Eutrope-Élie Mareschal ; 3° Marie-Thérèse Mareschal qui, le 13 janvier 1739, épousa en l'église de Saint-Vivien-lès-Saintes, Jacques Senné, bourgeois, fils de Joseph Senné, aussi bourgeois, et de « damoiselle » Anne Dubois, de la paroisse de Saint-Just, dont : Jacques-Pierre Senné, docteur en médecine à Marennes ; 4° Mathieu Mareschal, marchand à Saintes, époux de Eustelle Mesnard ; 5° Anne Mareschal ; 6° Madeleine Mareschal ; 7° Pierre-Raphaël Mareschal qui précède. (Voir un acte de transaction entre les héritiers Mareschal et Jeanne Grand, reçu par Bigot, notaire royal à Saintes, le 23 juillet 1771. *Étude de M⁰ Laferrière.)*

Pierre, le 15 avril 1759, qui, le 21 nivôse an IV (11 janvier 1796), épousa, à Saintes, Blaize Baudry, né à Saintes, paroisse Saint-Vivien, le 30 mars 1745, fils de Charles Baudry, et de Marguerite Combe ; b) Jeanne Mareschal, née en la même ville, en 1762, y décédée le 20 décembre 1827, célibataire, à 65 ans ; c) Madeleine-Jeanne Mareschal, née aussi à Saintes, le 24 mai 1765, laquelle se maria : 1º le 1er mai 1792, avec Jacques-César Bernard, fils de François Bernard, notaire, et de Élisabeth Geoffroy, de la paroisse de Soulignonnes (1) ; 2º le 25 prairial an IV (13 juin 1796), devenue veuve, avec Pierre Alphonce aîné, né à Bordeaux, paroisse Saint-André, le 13 février 1751, fils de Guy Alphonce, et de Élisabeth Rochier.

L'un des frères d'Augustin Mollet, Pierre Mollet, né à Saintes, en 1726, notaire royal aux Essards, de Saint-Porchaire (1754-1767), mort au même lieu, le 18 mars 1767, à l'âge de 41 ans (2), épousa, le 26 novembre 1753, en cette paroisse, Marie Geoffroy (3), fille de Jean-Baptiste Geoffroy, bourgeois, et de « demoiselle » Gabrielle de La Vallade, dont il eut notamment : 1º Antoine Mollet, né le 9 septembre 1754, qui fut notaire royal aux Essards (1782-1826) (4), capitaine de la garde natio-

---

(1) Élisabeth Geoffroy, fille de Michel Geoffroy, marchand, et de Marie-Anne Renault, devenue veuve de François Bernard, s'était remariée à Soulignonnes, le 27 janvier 1777, avec Jean Baudry, praticien, veuf de Marie Dillé, fils de Michel Baudry, et de Marguerite Lagorce, de la paroisse de Nancras.

(2) Pierre Mollet avait acquis de son père « l'état et office de notaire », aux termes d'un acte dressé par Me Dolivet, notaire à Saintes, le 11 février 1754. (*Les La Charlonnie*, op. cit. *supra*.) Après son décès, il fut inhumé, le 19 mars 1767, dans le chœur de l'église de Saint-Nicolas-des-Essards. (*Registres paroissiaux.*)

(3) Née aux Essards le 19 mars 1728, Marie Geoffroy (*alias* Jeanne-Charlotte ou Jeanne-Gabrielle), y est décédée le 19 vendémiaire an X (11 octobre 1801). Elle était par sa mère l'arrière petite-fille d'Arthur de La Vallade, écuyer, sieur de Laurière, de la paroisse de Saint-Sulpice-d'Arnoult, et de Mathurin Bonnet, sieur de la Bertonnière, conseiller au présidial de Saintes. (Voir *Les La Charlonnie*, page 178.)

(4) Les Mollet se sont succédés dans l'étude de Corme-Royal, ensuite dans celle des Essards, depuis 1642. Le dernier de cette honorable lignée fut M. Antoine-Charles-Louis Mollet, qui fut notaire de 1888 à 1889, maire des Essards (septembre 1860-décembre 1892), membre du conseil d'arrondissement de Saintes, qu'il présida pendant un certain temps et qui mourut, sans postérité, époux de Rose-Émilie Girardeau. (Voir registres d'état civil et la notice nécrologique que M. Denys d'Aussy lui a consacrée dans le *Progrès de la Charente-Inférieure* du 30 décembre 1891.)

nale en 1790, officier public de cette commune (1790 - an IV), puis maire des Essards (1800-1814), où il mourut le 14 octobre 1840, âgé de 86 ans ; il avait épousé à Crazannes, le 19 juillet 1785, Marie-Rose Gaillard, décédée le 5 octobre 1836, à 80 ans, fille de Jean-Baptiste Gaillard, notaire royal, et de Eulalie-Claire Bonneau ; 2° Pierre Mollet, propriétaire aux Essards, né en cette localité le 28 novembre 1761, qui, le 11 nivôse an V (31 décembre 1796), contracta mariage avec Marie-Jeanne Arnauld, née à Chermignac le 17 août 1764, fille de Ignace-Eutrope Arnauld, ci-devant procureur au présidial de Saintes, et de Marie-Anne Monsnereau ; 3° Eutrope-Raphaël Mollet, qui suit ; 4° Marie-Françoise Mollet (*alias* Marie-Victoire-Ursule), née aux Essards, y décédée le 9 juillet 1834, à 74 ans, qui, le 10 février 1783, épousa, aux Essards, Pierre Yonnet, marchand, fils de Pierre Yonnet, aussi marchand, et de Marie Prouteau, de la paroisse de Plassay.

Eutrope Raphaël Mollet, né aux Essards le 10 mars 1763, avocat en la cour et au siège présidial de Saintes (1), fut nommé par l'assemblée électorale, le 26 germinal an V (15 avril 1797), membre du tribunal du département de la Charente-Inférieure, ensuite, par arrêté consulaire du 24 floréal an VIII (14 mai 1800), deuxième suppléant au tribunal d'arrondissement de Saintes, et, par décret impérial du 20 février 1812, juge titulaire au même siège, en remplacement de M. Hardy, décédé le 30 décembre 1811 (2). Maintenu par ordonnance royale du 7 février 1816, il continua ses fonctions jusqu'à sa mort, survenue en son domicile, au Coudret, commune

---

(1) Eutrope-Raphaël Mollet prêta serment comme avocat à l'audience présidiale du 15 mars 1790.

(2) Jacques Hardy, ancien avocat, ancien maire de Cognac, né vers 1724, était fils de Jacques Hardy, en son vivant magistrat, et de Suzanne Péraudeau. Il était frère germain de Louis-Augustin Hardy, curé de la paroisse de Saint-Pierre de Saintes, mort en cette ville le 9 août 1807, âgé de 80 ans. De son mariage avec Jacquette Gourdain, il eut une fille, Marie-Adélaïde-Amélie Hardy, née à Cognac le 7 avril 1762, qui épousa, à Saintes, le 22 juillet 1809, Louis-Charles Mossion de Lagontrie, ancien garde du corps, veuf en premières noces de Marie Fradin-Laboissière, domicilié à Soubran, arrondissement de Jonzac, né le 27 octobre 1754, à Saint-Léger-en-Pons, décédé à Saintes le 19 décembre 1827, fils de Pierre-Charles Mossion de Lagontrie, et de Victoire-Bénigne de Vallée.

de Saintes, le 21 décembre 1832 (1). Il était décoré de l'ordre du
Lys depuis le 21 octobre 1814, et fut conseiller municipal de
cette ville du 11 prairial an XII (31 mai 1803) au mois de novembre 1830. — Le 10 thermidor an VIII (29 juillet 1800) (2),
Eutrope-Raphaël Mollet avait épousé, à Saintes, Marie-Anne-
Agathe-Eustelle de La Charlonnie. née en cette ville le 26 juillet 1781, décédée au susdit lieu du Coudret le 26 octobre 1856,
laquelle était fille de Jean-François de La Charlonnie. écuyer,
brigadier des gardes du corps du roi, chevalier de l'ordre
militaire de Saint-Louis, et de Marie-Agathe-Monique Guillotin (3), morts tous les deux à Saintes, le mari, le 3 novembre 1812, et la femme, le 27 novembre 1817, rue du Capitole.
De cette union sont issues plusieurs filles, parmi lesquelles :
a) Marie-Louise-Eugénie Mollet, née à Saintes le 21 octobre 1811, y décédée le 9 septembre 1889, qui, le 17 juillet 1837,
contracta mariage avec Jean-Ferdinand Laverny (4), alors

(1) Eutrope-Raphaël Mollet était un royaliste ardent et un duelliste
fameux, dont les exploits sont racontés dans l'intéressant ouvrage de M Anatole Laverny : *Les La Charlonnie*.

(2) Contrat de mariage devant Petit, notaire à Saintes, du 9 thermidor
an VIII. (*Étude de Mᵉ Laferrière fils.*)

(3) Jean-François de La Charlonnie, né à Villars, en Angoumois, le 25 octobre 1734, fils de Jean de La Charlonnie, écuyer, et de dame Françoise Talon.
de la paroisse de Mérignac, diocèse d'Angoulème, avait épousé le 26 janvier 1780, en l'église cathédrale et paroissiale de Saint-Pierre, à Saintes,
Marie-Marguerite-Agathe-Monique Guillotin, née audit lieu de Saintes, le
19 juillet 1742, fille de feu Mᵉ Joseph Guillotin, conseiller du roi en l'élection
de cette ville, et de dame Catherine-Agathe Martin. Il en eut : 1° Marie-Anne-
Agathe-Eustelle de La Charlonnie, épouse de Eutrope-Raphaël Mollet, qui
précède; 2° Marie-Anne-Victoire de La Charlonnie, née à Saintes le 30 décembre 1782, morte en cette ville le 17 décembre 1854, qui se maria à Saintes
le 17 avril 1809, avec François Dières-Monplaisir, fils de Jean-Georges Dières-
Monplaisir. commissaire des classes de la marine au port de Rochefort,
décédé à Saintes le 13 novembre 1791, et de Françoise-Perpétue de Bonnegens des Hermitans ; 3° et Joseph-Jean de La Charlonnie, né le 7 avril 1784,
fourrier à la 4ᵉ compagnie du 11ᵉ régiment de dragons (l'ex-Chartres-cavale-
rie), tué par un cosaque d'un coup de lance à la bataille de Heilsberg
(Prusse orientale), le 10 juin 1807. (*Registres d'état civil* : Les La Charlonnie.)

(4) Jean-Ferdinand Laverny. né à Saint-Grégoire-d'Ardennes, canton de
Saint-Genis-de-Saintonge, le 13 décembre 1809, mort à Saintes le 7 décembre 1871, était fils de Louis-François Laverny, ancien magistrat de sûreté à
Jonzac, juge au tribunal civil à Saintes (juin 1811), ensuite vice-président au
même siège (7 février 1816), décédé audit Saint-Grégoire le 20 octobre 1821,

professeur au collège de Bergerac, depuis à celui de Saintes (1),
dont : 1° Marie-François-Anatole Laverny, né à Saintes le
21 février 1840, sous-inspecteur des douanes, aujourd'hui en
retraite, résidant au château du Coudret, près Saintes (2), l'un
des membres du conseil d'administration de la *Société des
Archives historiques de la Saintonge et de l'Aunis*, qui avait
épousé à Barbezieux, le 20 mai 1896, M^lle Élisabeth-Paule-
Marie Espitalié La Peyrade (fille de feu Léon-Gaspard
Espitalié La Peyrade, receveur de l'enregistrement, et de
M^me Françoise-Mélanie-Édilie-Ernestine Pasquier (laquelle est
décédée à Saintes, au lieu du Coudret, le 1er juin 1905); 2° Marie-
Joseph-Gaston Laverny, né à Saintes le 17 août 1845, qui, par
ses talents oratoires, s'acquit, comme avocat, une juste renom-
mée au barreau de sa cité natale, fut bâtonnier de son ordre,
et mourut célibataire, âgé de 48 ans, sur son domaine du
Coudret, le 22 juillet 1893 ; b) Marie-Eutrope-Zénobie Mollet,
née à Saintes le 11 août 1815, décédée en cette localité le 10 décembre 1895, laquelle épousa, le 6 février 1854, Louis-Joseph
Richard, propriétaire à Saintes, où il était né, le 21 août 1815,
de Charles-Abraham Richard, et de Marthe Dières-Monplaisir.
Les époux Richard-Mollet sont morts l'un et l'autre en cette
ville, le mari, le 26 décembre 1844, et la femme, le
31 mars 1845 (3), laissant comme héritière leur fille unique,

---

et de Marie-Élisabeth Landreau (fille elle-même de Jean-Jacques Landreau,
notaire royal et juge-sénéchal de Lussac, la Pommerade et Clam), décédé à
Saintes le 30 mars 1835 (Voir *Revue de Saintonge* de novembre 1893,
page 427, et *Les La Charlonnie*, pages 191 et suivantes.)

(1) Ferdinand Laverny resta de 1855 à 1858 professeur de sixième au
collège de Saintes, où il avait été élève. Il refusa plusieurs fois l'avancement mérité qu'on lui offrait. (Xambeu, *Histoire du collège de Saintes*,
2^e fascicule, page 111, note 3. Saintes, A. Trépreau, 1886.)

(2) Charles-Abraham Richard, né à Saintes le 16 mars 1772, fils de François Richard, ancien écrivain de la marine, et de Marie-Geneviève Bossuet,
de la paroisse Saint-Maur, avait épousé à Saintes, le 26 brumaire an X
(18 novembre 1801), Marthe Dières-Monplaisir, née à Rochefort le
24 mai 1777, sœur germaine de François Dières-Monplaisir, sus-nommé.
(Voir sur la famille Laverny l'ouvrage déjà cité, *Les La Charlonnie*, passim.)

(3) Le Coudret, dénommé *Couldret* dans les vieux actes et qui était dans
la mouvance du fief de Beaupuy, dépendant de la seigneurie de l'évêché de
Saintes, avait été acquis suivant acte reçu par de Rocquancourt, notaire à

Marie-Anne-Eustelle Richard, née à Saintes le 13 mai 1855, où elle est décédée elle-même, sans alliance, le 29 juin 1913.

3° Pichon-Beaupré (Nicolas-Louis).

Nommé par décret du 3 ventôse an XII (23 février 1804) premier suppléant de Saintes-Nord en remplacement de Brejon-Lamartinière, il le demeura jusque vers thermidor an XIII, époque où il quitta ce canton.

Nous croyons qu'il s'agit de Nicolas-Louis Pichon-Beaupré. qui paraît être fils de Jean Pichon (1), procureur du roi à la Monnaie, à La Rochelle, et de Marie-Suzanne-Victorine de La Croix. Après avoir lui-même rempli cette fonction et avoir été nommé assesseur du juge de paix de La Rochelle, on le trouve, en messidor an VI, homme de loi à Saintes, puis juge du tribunal du département de la Charente-Inférieure où il avait été nommé le 19 prairial an VII (7 juin 1799), en remplacement de Chesnier-Duchesne. Il cessa de l'être après la substitution des tribunaux d'arrondissement à ceux de département en l'an VIII, mais le 7 floréal an IX (28 mars 1801), il fut nommé juge suppléant au tribunal de première instance de Saintes à la place de Pierre-Denis Maureau, appelé à siéger comme juge à Rochefort, et donna sa démission à une date qui nous est inconnue.

Il était, pensons-nous. administrateur de l'hospice de Saintes en l'an X, et domicilié alors section du Capitole, « dans la maison des ci-devant sœurs grises. »

Pichon-Beaupré était marié à Marie-Elisabeth Rançon et

---

Saintes, en date du 29 juin 1645, par Jehan Geoffroy, conseiller du roi, pair et échevin de cette ville (1653), capitaine de la cité, élu maire le 13 janvier 1668, des héritiers de « deffunt noble homme, Jehan Berthon. conseiller et esleu pour le roy en l'eslection de Xaintes, et feue damoiselle Magdelaine Fenelleteau, sa femme, pour et moyennant le prix et somme de 9.000 livres tournois. » Jehan Geoffroy était l'un des ancêtres de Marie-Jeanne-Charlotte-Gabrielle Geoffroy, épouse de Pierre Mollet, notaire aux Essards, qui précède. (Voir *Les La Charlonnie*, page 178.)

(1) Jean Pichon, natif de Saint-Jean d'Angély, avait épousé à La Rochelle, le 5 mai 1740, Marie-Suzanne-Victorine de La Croix. (*Registres de Notre-Dame. — Contrat de Denorp du 22 février 1740. — Renseignements dus à M. Musset.*)

devait être frère germain de Marie-Suzanne-Victoire Pichon (1), décédée à La Rochelle, sa ville natale, le 2 brumaire an X (24 octobre 1801). — Celle-ci épousa : 1° le 22 juillet 1771, Claude Beaupied, sieur du Mesnil, receveur général des domaines et bois de la généralité de La Rochelle ; 2° le 10 mai 1790, François-Louis-Joseph Havet, inspecteur des ponts et chaussées au département d'Eu en Normandie, puis ingénieur en chef des ponts et chaussées de la Charente-Inférieure, à Saintes.

4° Chesnier-Duchesne (François-Xavier-Alexandre).

Nommé par décret du 3 ventôse an XII (23 février 1804) second suppléant du juge de paix du canton nord de Saintes, en remplacement de Mollet, il n'accepta pas cette fonction.

François-Xavier-Alexandre Chesnier-Duchesne (2) était né à Saintes, le 25 décembre 1737, d'Alexandre Chesnier-Duchesne, marchand et juge de la Bourse, et d'Elisabeth Sauvinet.

Avocat au présidial, juge bailli de l'évêché, il acquit le greffe de l'élection de Saintes de Benjamin Guillet, suivant acte de Pasquier, du 24 octobre 1763, et par autre acte de ce notaire du 31 janvier 1768, il céda cet office à Philippe Penard, praticien à Saintes.

Il fut l'un des officiers municipaux et syndic des administrateurs de l'hôpital général de Saint-Louis de Saintes (1787 à 1790). Député à l'assemblée des trois ordres de la Saintonge, il protesta contre l'incorporation de cette province à la Guyenne et demanda son érection en pays d'Etat (7 février 1789) (3), fut, avec Bernard des Jeuzines, Lemercier et Dangibeaud du Pouyaud,

---

(1) *Registres de la paroisse de Saint-Barthélemy à La Rochelle.* (Communication de M. G. Musset, à qui nous adressons nos sincères remerciements).

(2) Chesnier-Duchesne a été dénommé « Duchaine » simplement dans son acte de baptême inscrit sur les registres de la paroisse de Saint-Pierre ; « Chainier », dans son acte de mariage ; « Chesnier, sieur du Chesne » sur les registres du présidial et dans certains actes notariés. Son père a signé parfois « Chénier » ce qui a probablement fait dire à l'auteur des *Documents sur Saintes*, auquel nous en laissons la responsabilité, que « c'est d'une branche de cette famille qu'est sorti André Chénier. » D'après un acte de notoriété dressé par le juge de paix du canton nord de Saintes, le 8 juillet 1827, le nom patronymique des membres de cette famille serait « Chesnier du Chesne. »

(3) Voir les *Etats Provinciaux de Saintonge*, par Louis Audiat, *passim*.

chargé par le corps municipal de rédiger le cahier des doléances du Tiers-Etat (8 mars 1789) (1) et assista avec son ordre que présidait Leberthon, président du siège présidial de Saintes, à la réunion des trois ordres de cette sénéchaussée, en vue de l'élection des députés de la dite province aux Etats généraux (16 mars 1789). Nommé membre de la municipalité par les électeurs de Saintes, le 11 février 1790, il signa, le 20 avril de la même année, avec Garnier, maire, et les autres membres du conseil général de la commune, une adresse demandant à l'Assemblée nationale de rendre un décret déclarant que « la religion catholique, apostolique et romaine continuerait d'être la religion fondamentale de l'Etat. » (2) Le 22 juin 1790, nommé par la première assemblée électorale de la Charente-Inférieure l'un des 36 administrateurs du département, il fut, le 27 du dit mois, appelé par les suffrages de ses collègues à faire partie du directoire de ce même département et en fut élu vice-président le 31 janvier 1792. Son mandat ne lui fut cependant pas renouvelé par l'assemblée électorale tenue à La Rochelle le 2 septembre suivant. Modéré et libéral, et comme tel, véhémentement suspecté, il fut même arrêté pendant un voyage à Rochefort (20 octobre 1793), mais remis en liberté peu de temps après sans avoir été davantage inquiété (3). Après le 9 thermidor, il fut nommé par l'assemblée électorale du 20 vendémiaire an IV (12 octobre 1795) juge au tribunal du département. Atteint quelques jours après par la loi du 3 brumaire an IV (25 octobre 1795) comme parent d'émigré (4), il fut contraint de démissionner le 11 du même mois (2 novembre), mais après l'abrogation de cette loi, il fut réintégré dans la place, à laquelle il avait été appelé par « le vœu de ses concitoyens » et cessa d'être juge lors de l'organisation des tribunaux d'arrondissement (24 floréal an VIII-14 mai 1800).

F.-X.-Alexandre Chesnier-Duchesne mourut à Saintes, rue Saint-Maur, le 29 janvier 1810 Il avait épousé à Saint-Tho-

---

(1) *Etudes, documents et extraits relatifs à la ville de Saintes*, page 500.

(2) Lire le texte de ce document dans l'ouvrage de Louis Audiat : *Deux victimes des Septembriseurs*, page 141, note 2. Lille-Paris, 1897.

(3) Lettre de M. Chesnier du Chesne, de Paris.

(4) Son fils aîné, en avril 1793, s'était joint aux Vendéens.

mas-de-Cosnac, le 21 avril 1763, Jeanne Laplanche, fille de Jacques-Michel Laplanche, seigneur de La Chapelle, exempt de la prévôté et connétablie de France, et de Marie Heard (1). Il en eut plusieurs enfants dont trois seulement lui survécurent :

A. François-Xavier-Ambroise Chesnier du Chesne, né à Saintes le 2 avril 1769, mort sur son domaine du Pérou, commune de Chérac, le 21 mars 1829, qui fut premier aide-de-camp de Charette, et qui, condamné à mort le 14 décembre 1805, échappa aux poursuites de la police de l'Empire (2). — D'une première union avec Françoise Rivoire, il avait eu Camille Chesnier du Chesne, retraité comme officier supérieur, père lui-même de Henri-Louis-Joseph Chesnier du Chesne (13 octobre 1834 † 1892), maire de la commune de Chargé (Indre-et-Loire), administrateur du journal l'*Union* et directeur, à Paris, du bureau politique du comte de Chambord. De son second mariage avec Marie-Angélique Brunet, il eut : 1° Marie-Léonide Chesnier du Chesne, épouse de Nicolas-Julien Creste, capitaine de voltigeurs ; 2° Ambroise Chesnier du Chesne, mort à la métairie du Lait, province de Cathaolo (Louisiane), en 1871, laissant de nombreux enfants, parmi lesquels l'un de ses fils, Xavier-Alexandre (1841 † 1889), épousa le 23 mars 1887, sa cousine Augusta, fille de Alexandre-Romain Chesnier du Chesne, qui suit, d'où notre confrère des *Archives*, M. André-Étienne Chesnier du Chesne, né à Saint-Maurice (Seine), le 27 janvier 1890 ; 3° Alexandre-Romain Chesnier du Chesne, mort en 1886 à Bône (Algérie), où il était trésorier-payeur général, époux de Victorine-Julie Lalouette, dont trois enfants.

---

(1) Pour les *Laplanche* nous renvoyons à l'étude de M. André Chesnier du Chesne (*Revue de Saintonge* des 1ᵉʳ février et 1ᵉʳ avril 1915).

(2) Un rapport de police, en date du 9 vendémiaire an XIII (1ᵉʳ octobre 1804), conservé aux Archives nationales, donne ce signalement de F. X. Ambroise Chesnier du Chesne : « Cinq pieds deux pouces au plus, très mince, teint bruni, la face coupée, point de favoris, cheveux chatains et une petite queue, front découvert. Son toupet est relevé de manière que le sommet de la tête est dégarni. Les yeux bleus, vifs et spirituels, un peu enfoncés. — Sourcils chatains, assez marqués. La bouche un peu enfoncée, Il lui manque deux dents sur le devant. Le nez assez long et le menton avancé. » (*Communication de M. A. Chesnier du Chesne, de Paris.*)

Sous la Restauration, il fut créé chevalier de Saint-Louis et anobli pour services rendus à la cause royale.

B. Alexandre Chesnier du Chesne, né à Saintes, le 3 mars 1773, colonel du 57ᵉ de ligne, qui fut fait chevalier de l'Empire, officier de la Légion d'honneur, chevalier de Saint-Louis, fut membre du conseil municipal de Saintes (1832 à 1835), et mourut célibataire dans son domicile, rue Saint-Maur (1), le 27 juin 1842.

C. Alexandre-Romain Chesnier du Chesne, né à Saintes le 9 septembre 1784, propriétaire à la Grande-Anglade, commune de Berneuil, décédé à Saintes, sans alliance, le 21 avril 1854 (2).

5° Briault (Jean-Baptiste).

Nommé par décret de Napoléon Iᵉʳ, empereur des Français, en date du 30 thermidor an XIII (8 avril 1805), premier suppléant de la justice de paix du canton nord de Saintes, en remplacement de Pichon-Beaupré, qui n'était plus domicilié dans le canton (3).

Jean-Baptiste Briault était né au Pradeau, paroisse de La Jard, le 9 décembre 1774, de René Briault, avocat au présidial de Saintes, qui devint président du tribunal civil de cet arrondissement, et de Anne Serizier, décédés, le mari à Saintes, le 19 juin 1810, à 66 ans, et l'épouse à La Jard, le 20 avril 1831, à 90 ans.

Au moment de la Révolution, il se fit soldat, mais « comme sa vocation ne l'appelait pas à la vie agitée des camps (4) », il abandonna la carrière militaire et se retira dans sa propriété familiale de La Jard. — Le 11 vendémiaire an VI (20 octo-

---

(1) Cette maison, qui porte aujourd'hui les nᵒˢ 4 de la rue Saint-Maur et 16 de la place Blair, et qui provenait au colonel Chesnier du Chesne de ses père et mère, est aujourd'hui la propriété du frère de M. le docteur Armand, de Saintes.

(2) Voir sur les Chesnier du Chesne, *Revue de Saintonge* de novembre 1889, p. 382 ; — *Dictionnaire des familles du Poitou*, par Beauchet-Filleau, t. II, p. 418 ; — *Annales historiques d'Aunis, Saintonge et Poitou*, par Barbot de la Trésorière, p. 96. Paris, E. Allard, 1858.

(3) *Archives Nationales*, AF 10, 108-8.

(4) Discours prononcé aux obsèques de Jean-Baptiste Briault, par M. Mériot, maire de La Jard (Voir *l'Indépendant de la Charente-Inférieure* du 12 janvier 1864).

bre 1797), il s'unit en mariage, à Colombiers, avec sa cousine germaine, Marie-Rose Brudieu, née en cette localité le 16 juin 1773, fille de Charles Brudieu, bourgeois, et d'Anne-Marie Serizier.

Devenu maire de La Jard en août 1812, il démissionna en janvier 1817, mais resta, néanmoins, premier conseiller municipal de cette commune, où il mourut le 5 janvier 1864.

De son union avec Marie-Rose Brudieu, décédée aussi à La Jard le 27 janvier 1857, Jean-Baptiste Briault eut un fils, le docteur René-Jean-Baptiste Briault, mort à Saintes le 28 janvier 1887, à l'âge de 83 ans, époux de Madeleine-Françoise-Catherine-Hectorine Prieur, d'où : 1° Marie-Suzanne Briault, épouse de M. Pierre-Louis-Gustave Pétiniaud de Champagnac, qui fut sous-préfet de Saintes (10 mars 1863-23 octobre 1869) ; 2° et Madeleine Briault, mariée à M. Henry-Jean-François Baret des Cheizes, alors substitut du procureur de la République à Guéret.

6° Godet (Étienne-Paschal).

Nommé second suppléant du canton nord de Saintes, par décret du 30 thermidor an XIII, aux lieu et place de Chesnier-Duchesne, non acceptant, il prêta serment devant le tribunal civil le quatrième jour complémentaire de ladite année (21 septembre 1805).

Étienne-Paschal Godet, né à Étaules (Charente-Inférieure), le 15 avril 1770, était fils d'Étienne Godet, notaire à cette résidence, et de Marie-Anne Robin (1). Il fut lui-même notaire, d'abord à Saujon, du 14 brumaire an VI au 26 fructidor an IX (4 novembre 1797-13 septembre 1801), ensuite à Saintes, du 1er vendémiaire an X (23 septembre 1801) au 19 février 1819, date où il eut Pierre-Elie Sellot comme successeur.

Vers la fin de 1819 (2), il fut nommé juge de paix du canton

---

(1) Marie-Anne-Robin était fille de François Robin, de Genouillé, et de Jeanne Esrable. (Lire au sujet de cette famille *Revue de Saintonge*, 1892, p. 398).

(2) Le premier acte de Godet comme juge de paix est du 19 décembre 1819 et son dernier du 28 octobre 1830. (*Renseignements donnés par M. Paul Gaborit, juge de paix à La Tremblade.*)

de La Tremblade. Il remplit cette fonction jusqu'en 1830, puis il revint à Saintes, où il mourut sans postérité en son domicile, rue du Capitole, le 6 juin 1856, veuf en premières noces de Jeanne Matoulet, qu'il avait épousée à Pons, le 3 vendémiaire an VI (24 septembre 1797), et en second mariage de Françoise-Perpétue Sorin, décédée à Saintes le 12 janvier 1849, à 74 ans.

Il avait été, en 1812, secrétaire du conseil de fabrique de l'église Saint-Pierre de Saintes.

Godet tenait beaucoup, parait-il, à ne pas être confondu avec Pascal ; aussi dictait-il toujours *Pasch*. Grand batailleur, quand il était notaire à Saintes, rue Saint-Maur, il avait deux épées piquées au plafond de son cabinet, et, quand la discussion avec un client devenait trop vive à son gré, il prenait ses épées et disait à l'adversaire en lui en présentant une : « Allons, inutile de discuter plus longtemps, en garde ! (1) »

7° Voix (Louis-Mathieu-Isaac).

Nommé suppléant du canton nord de Saintes par ordonnance royale du 28 juillet 1819, en remplacement de Briault (2), démissionnaire ; il remplit cette fonction jusqu'à sa nomination comme juge de paix de ce canton. (*Voir au chapitre des juges de paix.*)

8° Huvet (Louis-Charles).

Nommé suppléant du canton nord de Saintes à la place de Voix, le 2 juin 1824 (3), il donna sa démission le 3 mai 1825 (4), et devint juge de paix du canton sud de Saintes, en remplacement de Dangibeaud. (*Voir au chapitre des juges de paix.*)

---

(1) *Notes sur Saint-Pierre de Saintes de 1804 à 1900*, par M. Paul Drilhon. *Recueil de la Commission des arts et monuments historiques de la Charente-Inférieure*, t. XV, p. 429, note 4).

(2) *Archives Nationales*, BB 8, 229.

(3) *Archives Nationales*, BB 8, 311.

(4) Dans sa lettre de démission Huvet se donne les prénoms de « Louis-Charles », et dans le dossier relatif à sa nomination comme juge de paix, il est prénommé « Charles-Louis-Philippe-Néri. » (*Archives Nationales*, BB 8, 350, et BB 8, 536). On sait qu'il avait succédé à son père, notaire à Saintes, lequel avait lui-même acquis sa charge d'Augustin Dalidet, suivant acte de Bigot du 8 avril 1772.

9° Genet (Jacques).

Nommé le 16 décembre 1819 suppléant, après le départ de Godet. Démissionnaire vers la fin de 1835.

Né à la Coudrette, paroisse de Nieuil-les-Saintes, le 5 octobre 1785, Jacques Genet était fils de François-Christophe Genet, praticien et maire, décédé au même lieu, à l'âge de 38 ans, le 14 août 1792, et de Marie-Anne-Suzanne Richard, décédée à Saintes le 10 février 1829, à 70 ans. Après avoir fait son droit, il fut notaire à Saintes du 24 février 1817 au 16 octobre 1830, époque où il eut comme sucesseur David-François-Émile-Lovely Lambert, et obtint l'honorariat.

Il fit partie du Conseil municipal de Saintes de 1831 à 1857, et mourut, le 27 octobre de cette dernière année, à Villeneuve, commune de Saint-Romain-de-Benêt, à 52 ans.

Il s'était marié à Fontenay-le-Comte, le 20 août 1810, avec Agathe-Euphrasie Bernard, née à Saint-Martin-des-Fontaines (Vendée), le 13 avril 1792, fille de feu François-Augustin Bernard, propriétaire, et de Louise-Magdelaine Guillet, décédée à Fontenay le 2 avril 1809. Il en eut Suzanne-Euphrasie-Coralie Genet, décédée, sans alliance, le 25 avril 1863, à 51 ans, laissant pour légataire universel son oncle, Joseph-Benjamin Saucon, juge de paix de Saint-Agnant (Charente-Inférieure) (1).

10° Charrier (Pierre-François-Denis).

Nommé suppléant du canton nord le 27 juillet 1825, en remplacement d'Huvet (2), il prêta serment en cette qualité le 17 août suivant et resta en exercice jusqu'au 17 mai 1834, époque où il alla siéger au tribunal civil de Saintes comme juge-suppléant. Il succéda ensuite à Gobeloteau. (*Voir au chapitre des juges de paix.*)

11° Nourry (René).

Nommé suppléant le 22 janvier 1836, aux lieu et place de

---

(1) La mère de Genet s'était remariée le 16 septembre 1793 à Jean-François Saucon, marchand et maire à Nieuil-les-Saintes, né le 11 mars 1759, fils de Jean-Louis Saucon, régent, et de Rose-Catherine Févot, domiciliés à Lauzanne, canton de Berne, et décédé à Saint-Porchaire le 17 septembre 1811, d'où : *a* Joseph-Benjamin Saucon, qui précède, époux de Jeanne-Victorine Martineau ; *b* et Jacques Saucon, pharmacien à Saintes, époux de Marguerite Richard.

(2) *Archives Nationales*, BB 30, 776.

Genet. Serment du 9 mars suivant. Démissionnaire en 1857.

Né à Chizé (Deux-Sèvres), le 30 thermidor an VI (17 août 1798), de Jean Nourry, maire de cette commune, et de Madeleine Granier, décédée à Chizé le 2 novembre 1811, René Nourry se rendit acquéreur de l'office de Jean-Baptiste Serph, notaire à Civray (Vienne), et après avoir exercé sa profession de 1828 à 1834, il céda son étude à Jean-Baptiste Guerguigne, plus tard sous-préfet, puis juge à Civray.

Nourry, au mois de septembre 1835, vint élire domicile à Saintes, où il habita, cours National, puis alla demeurer dans sa propriété du Chagnaud, commune de Fontcouverte, où il est décédé le 30 juin 1886, à 87 ans.

Nourry s'était marié deux fois :

A. Le 27 décembre 1826, à Saint-Savinien, avec Rose-Angélique Oré, née à Rochefort, le 16 thermidor an XI (4 août 1803), décédée à Saintes, le 13 mai 1855, à 51 ans, fille de Jean Oré, capitaine de frégate, et de Angélique-Marie Fourré, décédés à Rochefort, le mari, le 9 janvier 1808, et la femme, le 2 mars 1816, d'où Jean Camille Nourry, né à Civray, le 6 janvier 1828, employé de commerce, qui, le 17 juillet 1854, épousa, à Saintes, Clémence-Pauline Gobeau, décédée à Saintes, le 10 décembre 1864, fille de Jean-François-Alexandre Gobeau, capitaine de frégate en retraite, chevalier de la Légion d'honneur, et de Adélaïde-Pauline le Bailly de Falaise, dont Jeanne-Félicie-Angèle Nourry, mariée le 27 juillet 1880, avec Joseph-Marie-Eutrope Gobeau, commis-greffier au tribunal de première instance de Saintes.

B. Le 5 juin 1857, à Saint-Savinien, avec Elisabeth Bertet, fille de Jean Bertet, et de Ursule Mounier, née audit lieu, le 25 janvier 1831, morte à Fontcouverte, le 25 juin 1914, d'où :
1° Marie-Jeanne Nourry, mariée à Fontcouverte, le 19 juin 1882, à Louis-Léon Gaucherel, rédacteur au ministère de la justice, fils de Emile-Lambert Gaucherel, major d'infanterie, commandant la place de l'île de Ré, et de Marguerite-Louise Lavialle (1);
2° Louis-Fernand Nourry, propriétaire-agriculteur et conseil-

---

(1) Lambert-Emile Gaucherel, né à Paris, le 12 février 1813, mort à Saintes, le 11 janvier 1885, avait épousé en cette dernière ville, le 11 octobre 1847, Marguerite-Louise Lavialle, fille de Louis-Alexis Lavialle, ancien vice-président du tribunal civil, et de Marguerite Senné, fille elle-même de Pierre Cosme-Senné, en son vivant procureur au présidial de Saintes. Il était frère

ler municipal, marié en ladite commune à Elise Dalibert ;
5° Marie-Berthe Nourry, qui a aussi épousé à Fontcouverte, le 8 juillet 1889, Louis-Gustave Gaucherel. clerc de notaire à Saintes, frère germain de Léon Gaucherel, qui précède.

12° Chassereau (Antoine-Aimé).

Nommé suppléant, le 22 janvier 1836, en remplacement de Charrier, démissionnaire, il prêta serment le 4 mai suivant et exerça cette fonction jusqu'à sa nomination comme juge de paix.

Né à Cozes, le 11 floréal, an II (4 avril 1794), Antoine Aimé Chassereau était fils de Jean Chassereau, marchand, natif du Dondon (côte et île de Saint-Domingue), et de Thérèse Chassereau, décédés à Cozes, le mari, le 11 mars 1846, à 74 ans, et la femme, le 24 août 1831, à 59 ans.

Médecin à Rioux, il épousa, le 31 janvier 1820, Marie Fabre, née en ce bourg, le 3 juillet 1785, de Pierre Fabre, maitre chirurgien, et de Marie Gautret, et décédée au même lieu le 6 juillet 1855.

Il était suppléant lorsque le juge de paix de Gémozac, Pierre Gautret, ayant été mis à la retraite. il fut nommé à sa place, le 19 février 1839, et occupa ce poste jusqu'au 3 avril 1848, époque où Beaurepaire Vanderquand, ancien notaire à Saintes, lui succéda en vertu d'un arrêté du gouvernement provisoire de la République, pris le même jour.

Chassereau se retira alors à Saintes et y mourut en son domicile, rue Notre-Dame, le 5 mars 1860, âgé de 65 ans.

13° Arnauld (Pierre-Marc).

Nommé par ordonnance du 7 mars 1840 suppléant en remplacement de Chassereau. Serment du 31 du même mois. Démissionnaire en 1872.

Né à Saintes. le 17 février 1810, Pierre-Marc Arnauld, était fils de Marc-Pierre-Philippe Arnauld, avoué, et de Catherine-Rose-Hermine Heard, décédés à Saintes, le mari, le 1er décembre 1818, à 34 ans, et la femme, le 26 avril 1855, à 68 ans.

---

de Léon-Michel Gaucherel, l'artiste graveur et peintre bien connu. (Voir sur la famille Gaucherel *Revue de Saintonge*, de mars 1905, page 75, et sur le commandant Gaucherel un article nécrologique de M. l'abbé Vallée, dans le *Recueil de la Commission des Arts et Monuments de la Charente-Inférieure*, 3e série, tome I, page 94)

Il fut avocat, puis banquier à Saintes. (Voir, au surplus, sur lui au chapitre des juges de paix du canton nord).

14° Drilhon (Paul-François).

Nommé suppléant par décret du 6 février 1858, aux lieu et place de Nourry, démissionnaire, il prêta, à ce titre, serment, le 15 du même mois, devant le tribunal civil et resta en exercice jusqu'en novembre 1885.

Né à Saintes, le 29 novembre 1825, Paul-François Drilhon était fils de Pierre-Jérôme Drilhon, avoué en cette ville, et de Marie-Joséphine Patour.

Licencié en droit, avocat au barreau de Saintes (septembre 1848), il succéda à son père, le 5 mai 1851, et céda son office, le 13 novembre 1885, à un saintais, Eutrope-Louis Magné, ancien avoué à Civray.

M. Drilhon, qui s'était vu conférer l'honorariat, est décédé en son domicile à Saintes, rue de l'Ancien-Palais, n° 23, le 19 juin 1911, à 85 ans, laissant la réputation d'un lettré.

Il appartenait à une vieille famille de la Saintonge, jadis nombreuse autant qu'honorée, qui tînt dans notre ville une place considérable pendant tout le siècle écoulé (1).

Il avait épousé, le 19 octobre 1863, à Laleu-La Rochelle, M^lle Marie-Adélaïde Béraud, fille de Antoine-Emile Béraud, ancien agent de change, décédé à La Rochelle, le 31 octobre 1882, et de Jenny-Caroline-Léocadie Chessé, morte à Paris, le 4 juillet 1844. De cette union vinrent : a. Paul Drilhon, commissaire principal des troupes coloniales, chevalier de la Légion d'honneur, marié à M^lle Marie-Jeanne Destanne de Bernis, fille d'un ingénieur de Paris ; b. Pierre Drilhon, licencié en droit, directeur de l'agence de la Société générale à Pau, marié à M^lle Madeleine Strauss, fille d'un négociant de Tonnay-Charente ; c. Claire-Noémi-Marie-Thérèse Drilhon, épouse de M. Gustave-Marie Renou, avocat à Nantes ; d. Joséphine-Noémi Drilhon, épouse de M. Gabriel-Alfred-François Guillet, propriétaire aussi à Nantes.

15° Brudieu (Philippe-Ferdinand).

Nommé second suppléant du juge de paix du canton nord de Saintes, en remplacement de Marc-Arnauld, démissionnaire,

---

(1) On trouve la famille Drilhon établie à Barbezieux dès 1668. (*Rôles Saintongeais*, par Th. de Brémond, d'Ars, p. 225. Niort, L. Clouzot, 1869).

(décret du 25 mars 1872). Serment du 9 avril suivant. Installation du même jour. Il exerça cette fonction jusqu'en 1879.

Né à Colombiers, canton sud de Saintes, le 1er mars 1833, Philippe-Ferdinand Brudieu était fils de Benony Brudieu, propriétaire à la Blaudière, en cette commune, et de Catherine Tarin, morts tous les deux à Colombiers, le mari, le 3 septembre 1878, et la femme, le 21 septembre 1835.

Après avoir été principal clerc à Bordeaux, il succéda à Camille Guédon, avoué à Saintes (décret du 20 juin 1861), prêta serment le 8 juillet suivant, et céda ensuite sa charge à Emile Fournat, avocat à Saintes, qui fut nommé à sa place le 16 avril 1864.

Brudieu mourut subitement en son domicile à Saintes, rue des Notre-Dame, n° 49, le 11 janvier 1891. « C'était un homme bon, aimable et d'un caractère enjoué. » (1).

Il avait épousé à Bougneau, canton de Pons, le 16 juin 1862, Marie-Anne-Adelphine Dumorisson, née le 22 juillet 1844, fille de Jacques-Frédéric Dumorisson, décédé le 17 juillet 1858, et de Catherine Chassereau.

De cette union naquit, à Saintes, le 2 avril 1863, Delphine-Jeanne-Magdeleine-Anne Brudieu, morte en cette ville, le 24 février 1885, après avoir épousé, le 10 novembre 1884, Louis-Marie-Paul Julien-Laferrière, aujourd'hui médecin principal de marine en retraite, chevalier de la Légion d'honneur, premier adjoint au maire de Rochefort-sur-mer et conseiller d'arrondissement de cette ville, né à Saintes, le 21 mars 1859, de Laurent-Marie-Marcellin Julien-Laferrière, négociant, décédé à Neuilly-sur-Seine, le 8 décembre 1905, et de Marie-Louise Dumorisson.

16° Brunaud (Marie-Paul).

Nommé suppléant, le 17 juillet 1879, en remplacement de Brudieu, il prêta serment le 28 du même mois, fut installé le 1er août suivant et exerça cette fonction jusqu'au 10 janvier 1884, date de sa nomination comme juge suppléant au tribunal civil de notre arrondissement.

Marie-Paul Brunaud, est né à Saintes, le 8 février 1842, d'Adolphe-Joseph Brunaud, avoué, et d'Hortense-Félicité-Louise Deaubonneau, décédés, l'un et l'autre, en cette ville, le

---

(1) *Moniteur de la Saintonge* du 15 janvier 1891.

mari, le 29 octobre 1888, et la femme, le 5 juillet 1852. Licencié en droit (12 août 1863), avocat stagiaire au bareau de sa cité natale (10 novembre de la même année), inscrit au tableau de l'ordre (12 novembre 1866), Brunaud succéda à son père comme avoué, le 8 mai 1867.

Conseiller municipal de Saintes, le 9 janvier 1881. il fut premier adjoint au maire de cette ville pendant 12 ans.

Mutualiste fervent, il demeura président de la 250ᵉ section des *Prévoyants de l'Avenir* depuis le 24 novembre 1887 jusqu'à la fin de sa vie, et se vit décerner, le 30 novembre 1905, la médaille de la mutualité.

Il était membre de la Société botanique de France, de la Société Royale de botanique de Belgique, et il est l'auteur de nombreux travaux botaniques et mycologiques, publiés dans les *Actes de la Société Linéenne*, de Bordeaux, le *Bulletin de la Société botanique de France*, etc.

Il avait obtenu les palmes d'officier d'Académie, le 4 mai 1889, et la rosette d'officier d'Instruction publique, le 27 mai 1899.

M. Brunaud avait épousé, à Rochefort, le 22 avril 1872, Mˡˡᵉ Madeleine-Augustine-Thérésa Proust, fille de François-Joseph-Constant Proust, ancien pharmacien civil de 1ʳᵉ classe, et de Mᵐᵉ, née Esther Constant Pros, morts tous les deux, à Rochefort, le mari, le 3 mai 1889, et la femme, le 28 janvier 1864.

Il est décédé à Saintes, en son domicile, cours National, n° 77, le 6 mars 1913, sans laisser d'enfants.

17° Guimaron (Bernard-François-Amable).

Nommé le 18 février 1884 suppléant du canton nord de Saintes, en remplacement de Paul Brunaud, il prêta serment le 25 de ce mois, fut installé le 7 mars, et donna sa démission en 1897.

Bernard François-Amable Guimaron est né à Mirambeau, le 14 septembre 1844, de François-Amable Guimaron, ancien maître de poste, et de Jeanne-Séraphine Duc, décédés, le mari, le 12 janvier 1854, à Saintes, la femme, le 24 août 1845, au Petit-Niort, commune de Mirambeau.

Après avoir obtenu le diplôme de licencié en droit devant la Faculté de Paris (13 août 1869). il fut clerc de Mᵉ Carot (1870-1878), se rendit cessionnaire de l'office d'avoué de Fournat, qu'il remplaça en vertu d'un décret du 11 février 1879, prêta serment en cette qualité devant le tribunal de première instance, le 19 du même mois, et eût pour successeur M. Ferrand, en 1892.

Il a été conseiller municipal de Saintes, du 9 janvier 1881 au 4 mai 1884.

M. Guimaron s'est marié à La Rochelle, le 25 novembre 1867, avec M^lle Marie-Louise Guillemet, fille d'Alexandre Guillemet, décédé en cette ville, le 25 novembre 1863, et de Clara Deromagné, d'où Marie-Marguerite Guimaron, née à Saintes, le 21 octobre 1871, y décédée le 26 janvier 1902, laquelle de son mariage (29 août 1891) avec Pierre-Marie-Etienne Remy-Martial Barbot, alors juge suppléant au tribunal civil de Saintes, décédé à Saint-Louis, le 12 novembre 1895, conseiller à la Cour d'appel du Sénégal, a eu une fille unique, Odette, née à Châtellerault, le 13 octobre 1892.

18° Piron (Pierre-Emile).

Nommé suppléant, le 12 novembre 1885, aux lieu et place de Paul-François Drilhon. Serment du 23 dudit mois. Installation du 4 décembre suivant.

Né à Guitres (Gironde), le 5 octobre 1849, d'Antoine-Justin Piron, quincaillier. et de Marie-Amélie Lautrète, M. Pierre-Emile Piron. après avoir été greffier. puis suppléant du juge de paix du canton nord de Saintes, fut nommé successivement au Château d'Oléron (19 décembre 1885), à Tonnay-Charente (10 décembre 1892) et à Rochefort sur-mer (canton nord), sa résidence actuelle (30 novembre 1895).

Il a, le 20 juillet 1875, épousé, à Colombiers, M^lle Louise Chausserouge, née en cette commune. le 6 septembre 1855, décédée à Rochefort, le 1^er novembre 1901, fille de M. André Chausserouge, propriétaire et maire de Colombiers, et de Madeleine Lys, décédés, le mari, à Pont-l'Abbé d'Arnoult, le 23 février 1903, et la femme, à Saintes, le 11 août 1899.

De son mariage est issue Marguerite-Madeleine Piron, née audit Colombiers, le 30 décembre 1878, qui s'est mariée à Rochefort, avec M. Edmond Quinaud, fils de M. Alban Quinaud, propriétaire et adjoint au maire de Colombiers (1897-1904), et de dame Marie Renaud.

19° Babinot (Pierre-Ferdinand).

Nommé suppléant le 16 février 1886 en remplacement de Piron. Serment du 2 mars suivant. Installation du 10 dudit mois.

Né au Maine-Garnier, commune de Chérac, le 11 janvier 1854, M. Pierre-Ferdinand Babinot est fils de Pierre Babinot, propriétaire-agriculteur, décédé à Chérac, le 1er juillet 1884, et de Mme, née Adélaïde-Marguerite Charron, morte à Saintes le 18 octobre 1886.

Licencié en droit (19 mars 1875), il succéda à Me Philipon, notaire à Saintes, le 4 août 1883, prêta le serment requis le 13 du même mois et céda son étude à Me Rouyer, ancien notaire à Airvault, qui fut nommé à sa place par décret du 17 octobre 1900. Il fut inscrit ensuite au tableau de l'ordre des avocats de Saintes du 22 octobre 1908 à la fin de 1911.

Entré au conseil municipal de cette ville lors de l'élection complémentaire du 27 octobre 1901, il est demeuré 1er adjoint au maire depuis le 10 novembre suivant.

Il a été élu président de la société de gymnastique la *Santone*, le 12 janvier 1906, après la démission de M. Vacquier.

M. Babinot a épousé, à Saintes, le 10 mai 1887, Mlle Marie-Madeleine Routier, fille de M. Emile Routier, percepteur retraité des contributions directes, décédé en cette ville le 3 novembre 1895, et de Mme, née Marie-Magdeleine Million. dont trois filles.

20° Pinasseau (François).

Nommé suppléant le 25 janvier 1898 en remplacement de Guimaron. Serment du 8 février suivant. Démissionnaire le 3 décembre 1903, lorsqu'il a quitté Saintes pour se fixer au Petit-Saint-Germain, commune de Chevanceaux.

Né à Angoulême le 11 juin 1847, M. François Pinasseau est fils de François Pinasseau, commis négociant, plus tard agriculteur. et de Mme née Catherine Boilevin, décédés, le mari, à Saintes, le 7 janvier 1895, et la femme à Angoulême, le 18 novembre 1847. Après avoir fait ses études au lycée de sa ville natale, où il fut, en 1864, lauréat du premier concours académique de province (1er accessit d'histoire), il se fit recevoir à Poitiers bachelier ès-sciences (août 1864), puis licencié en droit (13 avril 1872). Il fit son stage notarial successivement à Angoulême, en l'étude de Me Deforge, et, à Paris, en celle de Me Carré, après quoi, il se rendit cessionnaire de l'office de Me Lambert, notaire à Saintes (décret de nomination du 8 mai 1875) ; le 9 juin 1899 il eut Me Bourcy pour successeur et fut nommé notaire honoraire le 31 mars 1900.

Durant son exercice, il a été président de la chambre de

discipline de sa corporation dont il fit partie pendant 15 ans, et est actuellement vice-président honoraire du comité régional des notaires de la cour d'appel de Poitiers, à la fondation duquel il a eu l'honneur de présider.

Il a été inscrit au tableau des avocats du barreau de Saintes depuis le 11 août 1899 jusqu'en 1903.

M. Pinasseau s'est beaucoup occupé de questions d'éducation physique. Il a été l'un des fondateurs de la société de tir du 137e territorial d'infanterie (1877) et de la société de gymnastique la *Santone* (9 novembre 1880), qu'il présida du 21 novembre 1895 à fin avril 1899, époque où il donna sa démission, et dont il est président d'honneur depuis le 9 novembre suivant. Il a contribué à la formation de l'*Association régionale des Gymnastes des Deux-Charentes*, qu'il a dirigée comme président (1886 à 1897) et dont il est l'un des trois membres d'honneur.

Il a été promu officier d'Académie (21 mai 1888) et de l'Instruction publique (5 avril 1901).

Il s'est marié à Chevanceaux le 26 février 1876, avec Mlle Marie-Thérèse Chassaigne, fille de M. Pierre Chassaigne, propriétaire-agriculteur, décédé le 8 avril 1866 en cette localité, et de Mme, née Marguerite-Clémence Fauconnier, morte à Saintes le 5 mai 1891. De cette union sont issus 9 enfants. 8 survivants, 4 garçons. 4 filles mariées, dont 12 petits-enfants.

21° Guyonnet (Jean, dit Alban).

Nommé suppléant le 2 décembre 1904 en remplacement de M. Pinasseau. Serment du 20 du même mois. Installation du 23 dudit décembre.

Né à Périgueux le 25 août 1858, M. Jean Guyonnet, en famille Alban, est fils de M. Marcellin Guyonnet, maître de forges, décédé à La Rochefoucauld (Charente), le 29 septembre 1910, et de Mme, née Anne-Alexandrine Desroches, décédée à Périgueux avant son mari.

Ancien principal clerc de MM. Murat et Gadaud, avoués à Périgueux, il acquit l'office de Me Charles Longueteau, auquel il succéda le 13 octobre 1888, et prêta serment le 23 dudit mois.

Il est conseiller municipal de Saintes depuis le 27 octobre 1901 et a été promu officier d'Académie le 28 janvier 1906.

Il s'est marié à Toulouse. le 29 octobre 1885, avec Mlle Marie-Hortense Chabod. fille de M. Quentin-Félicien Chabod, négociant, et de Mme, née Anne Ratinaud, dont trois enfants: 1° Gene-

viève ; 2° Georges, étudiant en médecine, médecin auxiliaire au
Perreux, près de Nogent-sur-Marne depuis la guerre actuelle ;
3° Paul, soldat au 81° d'infanterie, qui, le 20 avril 1915, a reçu
plusieurs blessures à Beauséjour.

### B. — *Canton Sud.*

1° Servant (Elie-Jacques).

Nommé, lors de l'institution, premier suppléant de la justice
de paix du second arrondissement, ou canton sud de Saintes, il
le demeura jusqu'à son décès.

Né à Saintes, paroisse de Saint-Pierre, le 7 août 1749, Elie-
Jacques Servant était fils de Jacques Servant. marchand chaus-
setier, et de Magdeleine Pain. Il succéda comme procureur
au présidial de Saintes à François Marchant, décédé, dont il
avait acquis l'office de Luce Mareschal, sa veuve, par contrat
devant Bigot, notaire à Saintes, du 23 août 1775. — Devenu
avoué près le tribunal du district de Saintes, après la Révolution de 1789, il vit sa charge supprimée par la loi du 3 brumaire an II (24 octobre 1793), fut alors défenseur officieux, puis
rétabli dans sa fonction par une autre loi du 27 ventôse an VIII
(18 mars 1800) (1).

Il mourut à Nieuil-les-Saintes, le 18 novembre 1812, à 63 ans.
Il avait épousé, à Retaud, le 17 février 1778, Suzanne-Rose
Arnauld, décédée à Saintes, le 25 nivôse an XIII (15 janvier 1805),
fille de Marc-Michel Arnauld, notaire royal, et de Catherine
Cornilier, morts à Retaud, le mari, le 11 octobre 1.8., et la
femme, le 17 octobre 1768. Il eût de cette union plusieurs enfants, dont deux survécurent seuls à leurs parents : a) José-
phine-Rose-Magdeleine Servant, née à Saintes, le 19 mars 1779,
célibataire. b), et Pierre-Elie-Jacques-Ferdinand Servant, né à
Saintes, le 4 avril 1784, qui, après avoir été employé à la Préfecture de l'Ourthe, en résidence à Liège, mourut le 6 fé-

---

(1) La loi du 20 mars 1791, qui abolit la vénalité des offices, donna le nom
d'*avoués* aux procureurs. Le 3 brumaire an II, la Convention les supprima.
Mais, des abus s'étant produits, la loi du 27 ventôse an VIII rétablit ces
officiers ministériels à qui celle du 28 avril 1816 accorda le droit de présenter leurs successeurs.

vrier 1852, à Péronne, directeur en chef des subsistances pour l'armée du Nord (1).

2° Fragneau.

Nommé dès l'origine second suppléant de la justice de paix d canton sud de Saintes, il exerça cette fonction jusque vers l'époque où il eût Drilhon pour successeur.

Malgré nos recherches, nous n'avons pas pu identifier ce Fragneau.

3° Giraudias (Jean).

Nommé suppléant, par décret du 14 janvier 1813, à la place de Servant, il prêta serment, en cette qualité, le 9 février suivant, fut confirmé dans cette fonction, sous la Restauration, aux termes d'une ordonnance du 9 juillet 1823, et dut prêter un nouveau serment le 13 août de la même année. Démissionnaire le 24 juillet 1844.

Né à Villars-les-Bois, canton de Burie, le 27 août 1765, de Jean Giraudias, scieur de long, et de Marie Garreau, Jean Giraudias fut avoué près le tribunal de première instance de Saintes, céda sa charge à Poirier, qui va suivre, en 1843, et mourut en cette ville le 9 septembre 1846, à 81 ans.

De son mariage avec Marie-Thérèse Coutanceau, originaire de Saint-Jean-d'Angély, décédée à Saintes le 15 avril 1837, il eut plusieurs enfants, parmi lesquels : 1° Charles-Augustin Giraudias, né à Saintes le 17 pluviôse an V (5 février 1797), décédé à Jonzac le 23 septembre 1878, avocat en cette localité où il épousa, le 15 février 1830, Marie-Angélique Mondor, fille de Jean-Charles Mondor, huissier, et de Marie-Victoire Drouet ; 2° Marie-Augustin Giraudias, né à Saintes le 23 frimaire an VII (13 septembre 1798), y décédé le 22 octobre 1882, commis-greffier au tribunal civil de Saintes, qui se maria audit lieu le 29 janvier 1842, avec Lucie-Hermine Ranson, fille de Jacques-Théodore Ranson, marin à Saint-Augustin, canton de La Tremblade, et de Esther Doussou ; 3° Emile Giraudias, né le 18 frimaire an IX (10 décembre 1801), à Saintes, où il est mort le 31 mai 1874 (2).

---

(1) Voir partage Servant devant Huvet du 25 juin 1813.

(2) Voir sur Emile Giraudias et sa descendance, *Revue de Saintonge*, du 1ᵉʳ février 1913, page 30, note 2.

4° Drilhon (Jean).

Nommé suppléant le 14 janvier 1813, en remplacement de Fragneau (1), il exerça cette fonction jusqu'à son décès.

Né à Barbezieux, le 24 avril 1751, Jean Drilhon était fils de Paul-François Drilhon, notaire royal et procureur fiscal au marquisat de Barbezieux, et de Marie-Anne Durousseau, fille de Jean Durousseau, chirurgien.

Il succéda à Jean Peychaud, comme procureur au siège présidial et sénéchaussée de Saintes (2), puis il prêta serment, en qualité d'avoué, devant le tribunal civil de la même ville, à l'audience du 2 frimaire an IX (23 novembre 1800). Il fut élu notable, au mois de février 1790, lors de la constitution de la première municipalité de Saintes. Il avait épousé à Barbezieux, le 30 mai 1781, Marie Coffre, née en cette paroisse, le 3 mars 1755, décédée à Saintes, le 11 janvier 1832, à 77 ans, fille de François Coffre, aubergiste (3), et de Jeanne Durousseau, et mourut à Saintes, le 1er août 1820, à 69 ans, laissant de cette union cinq enfants, savoir :

I. Paul-François Drilhon, né et mort à Saintes (15 mars 1782-3 juin 1851), avocat renommé, qui fut juge-suppléant au tribunal civil (19 mai 1811-6 septembre 1830), conseiller municipal et vice-président de la Commission administrative de l'hospice de ladite ville (1826-1830), et qui, le 14 octobre 1806, se maria, à Saintes, avec Magdeleine-Virginie Brunet, née le 23 mars 1788, fille de Dominique Brunet, bourgeois, et de Louise Phelipot. De cette alliance est issu un fils unique, Jean-Marie, dit Paul, Drilhon, né à Saintes, le 16 septembre 1807, y décédé, le 20 décembre 1877, qui succéda à Beaurepaire-Vanderquand, notaire à Saintes, le 15 mai 1837, et qui, de son mariage avec Marie-Elisabeth Leesemberg, de Bordeaux (6 mai 1818-24 mai 1879), eût six enfants : a) Paul-François-Bernard-Auguste Drilhon, licencié en droit, chef du service des titres à la Com-

---

(1) *Archives Nationales.* AF/10. 5718. Le décret porte que Drilhon est nommé suppléant en remplacement du « sieur Fragneau », sans autre indication.

(2) On trouve le nom de Drilhon sur les registres du présidial de Saintes, à partir de l'audience du 14 juin 1779.

(3) Coffre tenait l'auberge ayant cette enseigne : *Au Point du Jour.* (Communication de M. G. Chevrou, président de la Société Archéologique de Barbezieux, à qui nous devons une partie des renseignements qui nous ont servi à faire cette notice et que nous sommes heureux de remercier ici).

pagnie des chemins de fer du Midi, à Bordeaux, époux de M^lle Marguerite-Marie Jaulin du Seutre ; *b)* Magdeleine-Marie-Cécile Drilhon, épouse de M. Adolphe-Joachim-Marie Léger, docteur en médecine, décédé à Saintes, le 4 mai 1907 ; *c)* Marie-Thérèse Drilhon, épouse de M. Alexis-Guillaume Julien-Laferrière, âvocat, puis notaire à Saintes, en remplacement de son beau-père (28 juillet 1873), décédé le 10 août 1900 ; *d)* René Drilhon, propriétaire à Paris, ancien employé des postes, célibataire ; *e)* Léontine-Marie-Pauline Drilhon, épouse de M. Paul-Louis-Eutrope-Georges Mussel, avocat, archiviste-paléographe, bibliothécaire de la ville de La Rochelle ; *f)* Paul-Marcel-Henri Drilhon, avocat à Saintes, ancien sous-commissaire de marine à Rochefort, décédé à Bordeaux, le 8 novembre 1909, époux de M^lle Besnard, dont il sera question plus loin.

II. — Pierre-Eutrope Drilhon, né à Saintes, le 28 avril 1783, qui, le 26 septembre 1810, épousa, à Barbezieux, sa cousine Catherine-Josèphe Drilhon, veuve de Mathurin Bourdier, fille d'Etienne Drilhon, notaire, et de Jeanne Renaud, décédée le 17 juin 1825, à 37 ans ; il fut avocat en cette ville, où il est lui-même mort, le 4 septembre 1863.

III. — Pierre-Jérôme qui suit.

IV. — Jeanne-Alexandrine Drilhon, née à Saintes, le 28 février 1788, décédée, sans alliance, en cette ville, le 21 octobre 1882.

V. — Mathieu, dit Benjamin Drilhon, qui suit.

5° Drilhon (Pierre-Jérôme).

Nommé, par ordonnance royale du 2 juin 1824, à la place de son père, décédé, il prêta serment le 13 juillet suivant, et exerça cette fonction jusqu'en 1829.

Né à Saintes le 18 janvier 1788, il était fils de Jean Drilhon et de Marie Coffre. Praticien à Saintes, il fut choisi par le maire des Gonds comme greffier de la police municipale de cette commune et prêta serment, en cette qualité, devant le tribunal civil le 26 avril 1813, puis il remplaça son père dans sa charge d'avoué le 2 janvier 1817 et prêta, à ce titre, le serment requis le 10 février suivant. Il se démit de son office en faveur de son fils, Paul-François Drilhon, en 1851, et mourut en sa propriété des Mathes, canton de La Tremblade, le 31 mai 1866.

Il eut de son mariage avec Marie-Joséphine Patour, contracté en 1818, Paul-François Drilhon, qui précède, et trois filles, toutes célibataires : Louise, Juliette et Elise.

6° Drilhon (Mathieu, dit Benjamin).

Nommé, par ordonnance du 28 août 1829, en remplacement de Pierre-Jérôme Drilhon. Démissionnaire en 1830.

Né à Saintes le quatrième jour complémentaire de l'an III (20 septembre 1795), de Jean Drilhon et de Marie Coffre, Mathieu dit Benjamin Drilhon, après avoir été avocat au barreau de Saintes, succéda à Sellot, notaire à Saintes (16 février 1830).

Il est décédé à Saintes le 10 août 1864, laissant de son union avec Angélique-Victoire-Mélanie Duquesnel, décédée à Saintes le 3 février 1860, notamment Louis-Paul-François Drilhon (14 février 1835-9 novembre 1894), qui succéda à son père, comme notaire (4 juillet 1864), et eut de son mariage avec Suzanne-Marie Hamon, morte à Fontcouverte le 23 août 1897, quatre enfants dont : 1° Maurice Drilhon, inspecteur des chemins de fer de l'État ; 2° et Louise-Mélanie-Nanine Drilhon, mariée le 25 avril 1900, à M. Aristide-Ange-François Michel, alors directeur de l'agence de la Société générale à Saintes, actuellement à Brive (Corrèze).

7° Boyer (Jean-Pierre).

Nommé, par ordonnance du 29 octobre 1830, en remplacement de Mathieu-Benjamin Drilhon, il prêta serment le 16 novembre de la même année. Démissionnaire en 1832.

Né à Saintes le 20 mars 1783, Jean-Pierre Boyer était fils de Thomas Boyer, procureur en la sénéchaussée de cette ville, et de Marguerite-Antoinette Panchaud, tous deux décédés à Fontcouverte, le mari le 2 octobre 1842, à 86 ans, et l'épouse le 3 octobre 1835, à 73 ans. Licencié en droit, il fut nommé avoué par décret du 29 août 1809, et resta en exercice jusqu'au 10 mai 1841, date où il eut comme successeur Pierre-Élie Fournier (10 mai 1841).

Il est décédé sur son bien des Richaudeaux, commune de Fontcouverte, le 29 décembre 1879, à 96 ans, après avoir été avocat à Saintes jusqu'en 1851, et conseiller municipal de cette ville de 1835 à 1840.

Il avait épousé, à Saint-Vaize, le 20 janvier 1812, Jeanne Allenet, née à Saint-Saturnin-de-Séchaud, le 15 mars 1783, morte à Saint-Vaize le 7 juin 1838, fille de Nicolas Allenet, négociant, et de Marie-Anne Lévêque, d'où un fils et une fille, décédés l'un et l'autre sans alliance.

8° Baudry (Denis-Eutrope-Louis).

Nommé le 29 mars 1832 suppléant, en remplacement de Boyer fils, il préta serment le 15 mai 1832, et se démit de cette fonction vers 1836.

Né à Saintes le 12 floréal an VIII (2 mars 1800), Denis-Eutrope-Louis Baudry était le fils de Jean Baudry et de Marthe Prieur, dont il a déjà été parlé au chapitre des juges de paix.

Il fut notaire, à Saintes, à la place d'Huvet fils (6 octobre 1826-26 mars 1833), eut comme successeur Jules-Emmanuel Duret, et mourut en cette ville le 4 septembre 1847, à 47 ans.

Il s'était marié, à Saint-Vaize, le 29 février 1829, à Marie-Anne-Éléonore Berton, fille de Jacques-Étienne-Benjamin Berton, propriétaire et maire de Saint-Vaize, et de Marie-Geneviève Dautriche, d'où Étienne Baudry, dit de Rochemont, né à Saintes le 12 avril 1830, décédé à Royan le 8 octobre 1908, époux d'Eugénie-Émilie Barbin.

9° Morin (Hilaire-Cléopha).

Nommé le 2 août 1836, en remplacement de Baudry, il prêta serment le 24 du même mois et resta en exercice jusqu'à sa mort.

Né à La Tremblade le 18 prairial an VIII (7 juin 1800), du mariage de Hilaire-Antoine Morin, commis principal des douanes, et de Marie-Anne-Méladie Dubois, Hilaire-Cléopha Morin succéda, comme avoué, à Denis Charrier, le 12 janvier 1836 (serment du 27 même mois), eut comme successeur Jules, dit Julien, Brunaud jeune (decret du 26 avril 1857), et mourut en son domicile, rue du Palais, n° 25, le 6 mai 1864.

Il avait épousé, à Saintes, le 3 septembre 1838, Marie-Eustelle-Anna Godet, née en cette ville le 24 avril 1817, décédée au même lieu le 13 mars 1872, fille de André-François Godet, capitaine des sapeurs du génie maritime à Brest, chevalier de la Légion d'honneur, et de Victoire-Clorine Garnier (fille du conventionnel Garnier). — De ce mariage sont issus : a) Ernest-Cléopha Morin, négociant à Courbiac, près de Saintes, puis à Neuilly (Seine) ; b) Julie-Clorine Morin, épouse de M. Dumontet, qui va suivre.

10° Tortal (Émile-Auguste-Léon).

Nommé suppléant le 24 juillet 1844, en remplacement de

Giraudias. Démissionnaire le 29 septembre 1848 (*Voir au chapitre des juges de paix*).

11° Poirier (François).

Nommé, par arrêté du 31 octobre 1848, en remplacement de Tortat. Démissionnaire.

Né à Trois-Palis (Charente), le 14 juin 1816, François Poirier, dit en famille Théodore, était fils de François Poirier, percepteur des contributions directes, mort à Châteauneuf-sur-Charente le 23 mars 1862, et de Louise-Pauline Valleteau de Monboulard, décédée à Saintes le 5 février 1871.

Licencié en droit, il succéda, comme avoué, à Giraudias (10 avril 1843), prêta serment le 2 mai suivant et eut Joseph Camille Guédon pour successeur, le 2 mai 1851.

Il devint greffier du tribunal de première instance de Saintes, à la place d'Étienne-Jules Moreau, décédé (décret du 13 janvier 1853), et vendit son office à Maurice-Henry-Numa Reveillon, qui fut nommé aux termes d'un décret du 20 mars 1857.

Poirier est mort le 2 mars 1887 à La Tresne, canton de Créon (Gironde), maire et président de la société de secours mutuels de cette commune.

Il avait épousé, à Saintes, le 23 avril 1844, Marie-Élisabeth Savary (1), morte à La Tresne le 20 août 1903, dont Antoine-François, dit Georges, Poirier, né à Saintes, le 27 avril 1845, décédé, célibataire, audit lieu de la Tresne, le 31 mai 1885.

12° Mareschal (Étienne-Lazare).

Nommé, par décret du 16 décembre 1851, suppléant, en remplacement de Poirier. Serment et installation du 24 du même mois.

Né à Moings, canton de Jonzac, le 3 janvier 1812, Étienne-Lazare Mareschal était fils de Lazare Mareschal, propriétaire, décédé à Saint-Ciers-Champagne le 4 mars 1832, et de Catherine-Rose Pelletant.

Il fut nommé avoué à Saintes le 7 avril 1837, aux lieu et place de François Guichard, démissionnaire en sa faveur, prêta le serment légal le 17 du même mois et céda sa charge à M. Dumontet père en 1858.

---

(1) Voir sur la famille Savary, *Revue de Saintonge* de juin 1911, p. 169, note 6).

Mareschal fut membre, sans interruption, du conseil municipal de Saintes de 1846 au 4 mai 1863, et fut en 1847, puis en 1855, premier adjoint au maire de cette ville. Il fit, en outre, partie de la commission administrative de l'hospice depuis le 3 décembre 1861 jusqu'à son départ; fut secrétaire-trésorier de la société de secours mutuels les *Travailleurs Réunis* à partir de sa création (1er février 1849), et directeur de la *Caisse générale des Assurances agricoles*.

Le 22 janvier 1870, il fut appelé comme juge de paix à Guitres (Gironde), d'où il alla le 18 octobre 1873 à Saint-André-de-Cubzac. Démissionnaire en 1880, il s'établit dans cette localité où il mourut le 28 septembre 1884 dans sa 73e année.

Il avait épousé, à Burie, le 3 juillet 1837, Anne-Antoinette Fredon-Laquintinie, née audit lieu le 11 novembre 1818, décédée à Saint-André-de-Cubzac le 27 décembre 1889, à 71 ans, fille de André Fredon-Laquintinie, ancien officier de marine, percepteur des contributions directes, décédé à Burie le 19 janvier 1833, et de Françoise-Mélanie Foucaud, morte en cette commune le 2 septembre 1866. Il en eut : 1° Marie-Rosalie Mareschal, née à Saintes le 11 mai 1838, mariée le 22 mai 1865 à Charles-Henry Ranson, lieutenant au 1er chasseurs à cheval, chevalier de la Légion d'honneur, décoré de la médaille militaire, qui, après avoir pris sa retraite comme capitaine, devint maire de Mazagran, province de Mostaganem (Algérie), où il est décédé le 15 février 1890, dans sa 65e année ; 2° André-Amédée-Mareschal, né à Saintes le 31 octobre 1843, contrôleur de la succursale de la Banque de France à Marseille, décédé à Menton le 23 mars 1877, qui épousa, à Jonzac, le 18 octobre 1875, Mlle Louise-Amélie Bascle, fille de Jean-Baptiste Bascle, propriétaire, et de Marie-Cécile-Félicité-Clorine Flornoy, dont un fils, Daniel ; 3° Étienne-Joseph-Léon Mareschal, né aussi à Saintes le 5 septembre 1853, médecin en chef des hôpitaux de la division d'Alger, décédé à Ghardaïa (province de Mzab), le 21 octobre 1886, dans sa 34e année, époux de Mlle Cazalis.

13° Longueteau (Charles).

Nommé, par décret du 19 juin 1867, suppléant, en remplacement de Morin. Serment du 25 dudit mois. Installation du 6 juillet suivant. Démissionnaire lors de sa nomination comme juge-suppléant au tribunal de cette ville, le 17 octobre 1870.

Né à Challignac, canton de Barbezieux, le 9 novembre 1824, du mariage de Jacques Longueteau, percepteur des contributions directes de cette commune, et de Angèle, dite Hortense, Bassoulet, Charles Longueteau succéda le 23 juillet 1853, à Benjamin-Pierre Jeantet, avoué à Saintes, et y mourut le 20 mai 1888, dans son domicile, cours National, n° 40.

Il avait épousé, à Saintes, le 5 juin 1874, Mᶫᶫᵉ Justine-Lidy Bourgeois, née au même lieu le 16 mars 1835, y décédée le 14 janvier 1909, fille de Jean-Joseph-Justin Bourgeois, propriétaire à la Pinellerie, près Saintes, et de Victorine-Clorine Boucheron.

De son mariage sont issues deux filles : a) Marie-Madeleine-Clorine-Charlotte Longueteau, qui, le 18 mai 1886, épousa, à Saintes, M. François-Olivier Martellière, chevalier de la Légion d'honneur, médaillé militaire, chef de bataillon d'infanterie de marine, décédé à Saintes, le 27 septembre 1903 ; b) Marie-Marguerite-Renée Longueteau, qui, le 4 juin 1889, épousa, aussi à Saintes, M. Eugène-Gustave Thionville, capitaine breveté au 14ᵉ d'artillerie qui, devenu colonel du 36ᵉ régiment de cette arme, a été blessé sur le champ de bataille et promu officier de la Légion d'honneur, à cause de sa brillante conduite au feu (17 septembre 1914).

14° Carot (Mathieu).

Nommé suppléant, par décret du 26 janvier 1870, en remplacement de Mareschal. Serment du 2 février suivant. Installation du 12 du même mois.

Né à Burie le 22 septembre 1830, Mathieu Carot était fils de Pierre Carot, menuisier, et de Françoise-Adeline-Marie Marillet, décédés l'un et l'autre en cette localité, le mari, le 30 janvier 1879, et l'épouse, le 6 septembre 1880.

Après avoir été principal clerc de Morin, il fut nommé, le 7 octobre 1857, avoué à Saintes, en remplacement de Jules Poitevin, démissionnaire en sa faveur, prêta serment devant le tribual civil de l'arrondissement le 23 du même mois, et exerça sa profession jusqu'au moment où M. Philippe-Armand Quinaud, ancien avoué à Confolens, auquel il avait cédé sa charge, devint son sucesseur, suivant décret du 16 juin 1888.

Mathieu Carot est décédé à Saintes, en son domicile, cours National, n° 8, le 2 juillet 1894.

Il avait épousé, à Saintes, le 8 septembre 1888, Mᶫᶫᵉ Blanche-

Mathilde Lemière, née à Cognac, le 28 juin 1856, de Jean Lemière, fumiste, et de Marie Surat, tous les deux morts à Saintes, le mari, le 2 mai 1868, et la femme, le 14 novembre 1880.

Il était frère germain de M. l'abbé Patient Carot, décédé à La Rochelle le 30 juin 1902, chanoine honoraire de l'église cathédrale de cette ville.

15° Billochon (Pierre-Léandre).

Nommé, le 13 décembre 1870, suppléant, en remplacement de Longueteau. Serment du 24 janvier 1871. Installation du 4 février suivant. Démissionnaire en 1877.

Né à Tusson, canton d'Aigre, le 30 décembre 1838, Pierre-Léandre Billochon était fils de Jean Billochon, propriétaire, et de Marie Girardin. Il acheta l'office de notaire à Préguillac, dont Bouras était titulaire, fut nommé à cette fonction par décret du 8 septembre 1866, prêta serment devant le tribunal civil de l'arrondissement le 5 octobre suivant, et céda son étude à Benjamin-Aris Morice, qui lui succéda le 4 mai 1874.

Il se rendit ensuite cessionnaire du greffe du tribunal de première instance de Jonzac, fut nommé par décret du 22 mars 1881, en remplacement d'Auguste-Charles-Maurice Auquin, et le revendit à Georges-Paul Villedieu, qui devint son successeur en vertu d'un décret du 22 décembre 1884. Il alla ensuite à Paris, où il est décédé à une date qui nous est inconnue.

Billochon avait épousé à Jarnac, le 23 avril 1867, M^lle Élise Boucherie, fille de Michel Boucherie, propriétaire, et de Élisabeth Bonnin, dont une fille.

16° Dumontet (Raymond-Pierre-Georges).

Nommé suppléant par décret du 18 octobre 1877, en remplacement de Billochon. Serment du 26 du même mois. Installation du 3 novembre suivant.

Né à Saintes le 19 juillet 1829, Raymond-Pierre-Georges Dumontet était fils de Jean-Baptiste Louis-Félix Dumontet, banquier en cette ville, et de Marie-Adélaïde Lacoste-Dulac, son épouse, décédés tous les deux à Saintes, le mari, le 4 juin 1859, et l'épouse, le 24 mars 1831.

Après avoir été clerc dans l'étude de Mareschal, il lui succéda comme avoué le 8 mai 1858, prêta serment devant le tribunal civil le 18 du même mois, et exerça cette profession jusqu'au 26 novembre 1904, époque où il fut remplacé par son fils Albert, qui va suivre.

**M**. Dumontet s'est vu conférer l'honorariat par décret du 17 août 1905.

Il a été conseiller municipal de sa ville natale (30 juillet 1865-22 novembre 1874), et second adjoint au maire du 26 août 1865 au 4 septembre 1870.

Il est décédé à Saintes, en son domicile, rue de l'Ancien-Palais, n° 25, le 22 février 1913.

Il avait épousé à Saintes, le 17 juillet 1866, Mlle Julie-Clorine Morin, née à Saintes le 10 juin 1843, décédée en la même ville le 21 novembre 1875, dont : 1° Paul-Albert Dumontet, docteur en droit, avocat, puis avoué à Saintes, célibataire, qui se trouve actuellement sur le front en qualité de lieutenant-adjoint au chef d'escadron, commandant le groupe lourd du 14e d'artillerie (état-major); 2° et Anne-Marie-Alix Dumontet, qui a épousé, à Saintes, le 21 septembre 1897, M. Louis-Alexandre-Henri Duplais (de la famille des Duplais des Touches) (1), avoué à Rochefort, d'où : Lucile, Cécile et Henry.

17° Maguier (Eugène-Gustave-Edmond).

Nommé, par décret du 12 novembre 1885, suppléant, en remplacement de Carot. Serment du 23 dudit mois. Installation du 16 décembre suivant. Il a exercé cette fonction jusqu'à son décès.

Né à Rioux, canton de Gémozac, le 12 février 1847, Eugène-Gustave-Edmond Maguier était fils de Jean-Jacques Maguier, propriétaire, et de Juliette-Claire Blanc, tous les deux décédés à Thenac, le mari, le 8 décembre 1891, et la femme, le 5 février 1887.

Sincèrement épris d'idéal, il fut un bon et délicat poète. Lauréat de plusieurs concours, il fut membre de diverses sociétés littéraires, entre autres de l'Académie des Muses Santones, fondée par Victor Billaud, et fut l'un des collaborateurs du *Rappel Charentais*, de l'*Indépendant de la Charente-Inférieure* et de la revue la *Rosée*, créée à Saintes par MM. Amédée Targé et Tiple, et qui a existé de janvier 1884 au mois d'août 1885 (2).

---

(1) A consulter sur cette famille, une des plus anciennes de Saintes, l'ouvrage de M. Antoine Duplais des Touches : *Un livre de famille, les Duplais-Destouches*. Noël Texier, 1896.

(2) Lire un article de M. Paul Dyvorne sur M. Maguier (*Indépendant* du 4 juin 1907).

Edmond Maguier est mort le 25 mai 1907 dans son château de Thenac, laissant de son union avec Jeanne-Marie-Adrienne Vanderquand qu'il avait épousée le 11 septembre 1878, une fille, Marie-Blanche-Marthe-Edmée, qui, le 14 septembre 1901, s'est mariée à Thenac, avec son cousin germain, M. Louis-René-Edmond Neveur, lieutenant au 144e régiment d'infanterie, plus tard passé dans l'intendance militaire, et qui a été attaché au cabinet de M. Lauraine, député de Saintes, sous-secrétaire d'État à la guerre (13 juin 1914-26 août suivant). Maguier avait été promu officier d'Académie le 14 juillet 1883, officier de l'Instruction publique le 13 juillet 1889, et chevalier du Mérite agricole le 31 décembre 1900.

Il était conseiller municipal de Thenac depuis les élections du 1er mai 1904.

Postérieurement au décès de Maguier, il a été publié, par les soins de son gendre et de sa fille, un recueil de sonnets, choisis dans son œuvre poétique, sous le titre *Rêves épars* (Lemerre, Paris, 1909).

18° Surraud (Jean).

Nommé suppléant le 12 novembre 1885, en remplacement de M. Dumontet. Serment du 23 dudit mois. Installation du 16 décembre. Exercice jusqu'à son décès.

Né à Angoulême le 20 février 1832, Jean Surraud, dit Adrien, était fils de Pierre Surraud, employé à la conservation des hypothèques, et de Andrée-Eugénie Barrière, décédés en cette ville, le mari, le 26 février 1883, à 82 ans, et l'épouse, le 1er juin 1875, à 78 ans.

Licencié en droit, il fut d'abord greffier du tribunal civil de Cognac (25 janvier 1860), en remplacement de Charles Rosé, puis eut comme successeur Reveillon, qui, lui-même, lui avait cédé, pour des raisons de famille, le greffe dont il était titulaire à Saintes. Nommé à sa nouvelle fonction le 2 septembre 1862, il fut admis au serment et installé le 19 du même mois. Le 6 août 1885, il a eu pour successeur M. Émile Latréuille, ancien greffier du tribunal civil de Niort.

Dans sa retraite, M. Surraud a composé le *Code de la Cour d'assises*, ouvrage fort estimé.

M. Surraud est décédé à Saintes, rue de la Roche, n° 32, le 16 novembre 1896.

Il avait épousé à Montils, le 30 juin 1862, Mlle Marie-Gabrielle

Baron, fille du docteur Adolphe Baron, maire de la commune de Rouffiac, et de Madame, née Marie-Julie Grenon.

De ce mariage naquit, à Saintes, le 21 octobre 1864, Fernande-Marie-Gabrielle Surraud, qui, le 11 avril 1893, y épousa M. Léon-Amédée-François Raffenel, chef de bataillon au 1er régiment d'infanterie de marine, officier du plus haut mérite, lequel, devenu général à Saint-Dié, après la déclaration de guerre, a été tué le 22 août 1914, à Neufchâteau (Belgique), à la tête de la division des chasseurs alpins qu'il commandait.

19° Vacquier (Pierre-Paul-Benjamin-Edgar).

Nommé suppléant le 19 décembre 1896, en remplacement de Surraud. Serment du 28 du même mois. Installation du 16 janvier 1897. Démissionnaire en 1904.

Né à Barbezieux (Charente), le 29 mai 1863, M. Pierre-Paul-Benjamin-Edgar Vacquier est fils de M. Paul-Léopold Vacquier, propriétaire, qui fut adjoint au maire de cette ville, et de Madame, née Marie-Céline Texier, décédés à Barbezieux le mari à la fin d'avril 1915, et la femme le 12 janvier 1914, à 73 ans.

Licencié en droit devant la Faculté de Paris (28 juillet 1886), il fut admis au stage au barreau de l'ordre des avocats de cette ville, le 28 octobre suivant. Après avoir été principal clerc en l'étude de Me Maurice Raynaud, avoué à Paris (qui fut ministre de l'agriculture en 1910), il remplaça comme avoué à Saintes, Me Quinaud (25 janvier 1896), prêta serment devant le tribunal en cette qualité, le 4 février, et exerça cette profession jusqu'au 25 juillet 1902, époque où il eut pour successeur M. Joseph Labic, ancien avoué à Céret.

M. Vacquier, après s'être fait inscrire comme avocat au barreau de Saintes, entra dans la carrière administrative et a été successivement secrétaire-général des Basses-Alpes (5 septembre 1904), sous-préfet à Marennes (2 février 1905), à Espalion (6 novembre 1909), à Millau (3 mars 1914) et à Saint-Jean d'Angély, sa résidence actuelle (15 juillet 1914).

Pendant son séjour à Saintes, il a été président de la société la Santone, en remplacement de M. Pinasseau, du 9 novembre 1899 à janvier 1906. Il est encore président de l'Union des Gymnastes des Deux-Charentes et membre du conseil supérieur de l'Union des sociétés de gymnastiques de France.

Il a été créé officier d'Académie (3 juin 1900), chevalier du

Mérite agricole (25 janvier 1906), officier du Nicham-Iftikar (juin 1907), et officier de l'Instruction publique (29 septembre 1907).

M. Vacquier est célibataire.

20° Ferrand (Élie-Édouard-Emmanuel).

Nommé suppléant le 2 décembre 1904, en remplacement de M. Vacquier. Serment du 20 du même mois. Installation du 24 décembre de ladite année.

Né à Segonzac le 12 février 1864, M. Élie-Édouard-Emmanuel Ferrand est fils de M. Élie Ferrand, propriétaire-viticulteur, ancien conseiller d'arrondissement, et de Madame, née Marie-Adèle Saunier, décédée Chez-Barraud, commune de Segonzac, le 26 septembre 1904, à 63 ans.

Ancien élève du lycée d'Angoulême et licencié en droit devant la Faculté de Bordeaux (24 juillet 1885), il se fit inscrire comme avocat à la cour d'appel de cette ville. Après avoir été ensuite principal clerc de M⁰⁵ Beauvais, avoué à Bordeaux, et Léon Mesnier, avoué à Paris, il succéda à M. Guimaron, avoué à Saintes (21 novembre 1892).

M. Ferrand s'est marié à Mainxe le 6 septembre 1892, avec sa cousine, M^lle Marie-Rosa-Julia Saunier, fille de M. Jean-Frédéric Saunier, maire de cette commune, et de Madame, née Rose Saunier, d'où : 1° Paul Ferrand, étudiant en médecine, actuellement soldat au 176° de marche, 2e division du corps expéditionnaire d'Orient (Dardanelles) ; 2° Elisabeth ; 3° Marguerite.

21° Bourcy (François-Daniel-Émile).

Nommé suppléant le 19 juillet 1907, en remplacement de Maguier. Serment du 6 août suivant. Installation du 10 du même mois. Démissionnaire en 1913.

Né à Saint-Jean d'Angély le 3 décembre 1863, M. François-Daniel-Émile Bourcy est fils du docteur Pascal-Émile Bourcy, qui fut maire de Saint-Jean d'Angély, conseiller général de ce canton et député républicain du même arrondissement (1893-1898), et est décédé en cette ville le 6 mai 1909, à 79 ans, et de Madame, née Louise Bizet, décédée à 71 ans, dans sa propriété du prieuré de Saint-Hilaire-de-Ligne, commune de Secondigné (Deux-Sèvres), le 26 mai 1905.

Après avoir été principal clerc de M⁰ Houel, notaire à Paris,

M. Bourcy a succédé à M⸱⸱ Pinasseau, notaire à Saintes (9 juin 1899).

Il a épousé, à Paris (VIe arrondissement), le 20 mai 1895, Mlle Gabrielle Jouanneau, fille de M. Abel Jouanneau, ancien notaire à Blois, décédé à Châtillon (Loir-et-Cher), le 7 septembre 1897, et de Madame, née Blanche Héritte, d'où Henry et Madeleine Bourcy.

M. Bourcy a été capitaine du 11e escadron territorial du train des équipages militaires à Nantes.

22° Texier (Jean-Georges-Roger).

Nommé suppléant le 12 septembre 1913, en remplacement de M. Bourcy. Serment du 7 octobre suivant. Installation du 11 du même mois.

Né à Burie, le 22 juin 1885, M. Jean-Georges-Roger Texier est fils de M. Georges Texier, propriétaire et conseiller municipal de cette commune, et de Madame, née Marie-Mélina Texier.

Ancien élève au collège de Saintes, licencié (22 juillet 1908), puis docteur en droit (11 mars 1911) de la Faculté de Bordeaux, il a prêté, le 11 novembre 1908, le serment d'avocat devant la cour d'appel de cette ville, et s'est fait inscrire au barreau de Saintes à la fin de mai 1911.

Il est parti, lors de la guerre de 1914, en qualité de sergent au 206e d'infanterie de réserve, et est secrétaire du colonel de ce régiment.

## Chapitre IV. — Les Greffiers

### A. — Canton Nord

1° Coëffé Pierre. Élu greffier de la Justice de paix de Saintes *extra muros* par l'assemblée primaire du canton, en novembre ou décembre 1790, il devint greffier du tribunal de commerce de cette ville, en remplacement de Mathieu Gabriel Brejon, probablement vers le mois de novembre 1792. Nous renvoyons, pour le surplus, à ce que nous avons déjà dit de lui. (*Revue de Saintonge* du 1er avril 1911, page 123).

2° Rousseau Louis, élu le 25 novembre 1792, aux lieu et place de Coëffé, prête serment le 5 janvier 1793, devant Prieur, juge de paix, et occupe cette fonction jusqu'au 8 fructidor an VIII (26 août 1800), date de sa nomination comme huissier près le tribunal civil de Saintes.

Né à Pons le 8 décembre 1765 de Jean Rousseau, propriétaire, et de Suzanne Bodin, il avait épousé à Saintes le 19 vendémiaire an IV (11 octobre 1795) Virginie Colombeyx, fille d'un cordonnier et il y est décédé le 12 janvier 1837.

3° Goussé Jean Baptiste, choisi le 15 fructidor an IX (2 septembre 1801) comme greffier par Prieur entre les mains duquel il prêta serment le même jour, puis maintenu dans son emploi par un arrêté consulaire du 28 vendémiaire an XI (20 octobre 1802), prêta serment à l'audience du 5 nivôse de la même année (26 décembre 1802) et resta en exercice jusqu'au 28 avril 1816, époque où sa commission fut révoquée pour avoir omis de faire enregistrer un grand nombre d'actes.

Né à Saintes le 22 janvier 1771 de Pierre Goussé, bourgeois, et homme de loi, et de Jeanne Godreau, il y avait épousé : 1° le 17 messidor an XI (6 juillet 1803) Catherine-Angélique Moulin, dont notamment André-Charles Goussé, huissier à Gémozac, qui lui-même, de son mariage avec Marie-Lucie-Coralie Cavaillon, eût un fils, Charles Gustave Émile Goussé, lequel fut nommé juge de paix à Gémozac le 24 avril 1883 et y est décédé le 29 novembre 1901 ; 2° le 30 octobre 1813, Françoise Gautier. — J.-B. Goussé est mort à Gémozac le 10 mai 1856.

4° Boyer Pierre Raphaël, d'abord pris pour greffier provisoire par Bréjon, après la destitution de Goussé, (serment du 13 mai 1816), fut nommé définitivement par ordonnance royale du 9 octobre de la même année et conserva jusqu'en 1830 sa charge, qu'il céda à Besnard.

Né à Saintes le 16 avril 1790 il était frère germain de Jean Pierre Boyer, dont il a été question au chapitre des suppléants, et mari d'Émilie-Zoé Boyer. Devenu ensuite marchand drapier à Saintes, puis banquier à Gémozac, dont il fut maire de 1853 à 1857, il est décédé à une date inconnue.

5° Besnard Joseph-Jean Jacques, reste greffier du 16 juillet 1830 au 7 avril 1831.

Né à Chaniers le 4 décembre 1788 de Jean Besnard, huissier, et de Marguerite Balbaud, il avait d'abord, après le décès de son père, exercé la profession de celui-ci, (25 juin 1817-24 février 1819). Lorsqu'il eut cédé son greffe, il fut notaire à Préguillac, en remplacement de Beaurepaire Vanderquand,

(3 juin 1834-1ᵉʳ mai 1854) et y est décédé le 16 juin 1871, laissant de son mariage, contracté le 20 janvier 1820, avec Pélagie Bonnomeau (fille de Pierre Bonnomeau, ancien notaire à la même résidence, et de Marie Anne Picard) deux fils, dont l'un Georges-Louis de Gonsague Gédéon Besnard, qui prit l'étude de son père (1854-1860) eût de son union avec Marie Thérèse Françoise Adèle Baudry, une fille, Marie-Thérèse Besnard, devenue, le 3 avril 1883, épouse de M. Henri Drilhon, qui précède.

6° Loyer Jean-Léon, successeur de Besnard, resta en exercice du 8 avril 1831 au 12 octobre 1837, date de son remplacement par Joguet, son cessionnaire.

Né à Saintes le 4 vendémiaire an XIII (26 septembre 1804) d'Eutrope-Christophe Loyer, marchand, et de Jeanne Delafond, il est décédé au même lieu le 15 mars 1873. Il avait épousé, le 10 août 1831, Marie-Thérèse-Aimée Hocard, dont Honorine Amélie Loyer, mariée le 21 février 1859, à Charles-Timothée Betbeder, receveur d'enregistrement à Eymet (Dordogne); puis, vers 1872, à Saint-Porchaire.

7° Joguet Jean Laurent, remplaça Loyer, démissionnaire en sa faveur, et garda sa charge jusqu'au 26 mai 1845, moment où il eût Révillé pour successeur.

Né à Préguillac le 20 mars 1809 de Jean-Laurent Joguet, cultivateur, et de Marie Fillioleau, il fut nommé, le 3 mai 1848, receveur économe de l'hospice de Saintes et le demeura jusqu'à son décès (23 janvier 1864). Il était époux d'Anne Doussoux.

8° Revillé Pierre, demeura greffier, du 25 juin 1845 au 8 février 1861, date où Morice, qui suit, lui succéda.

Né à Nieuil-les-Saintes, le 21 février 1811, de Pierre Revillé, cultivateur, et de Marie Fradin, il fut d'abord instituteur communal, à Saint-Georges des Coteaux, et épousa : 1° Marie Thaunay, 2° Marie-Rose Seguin.

9° Morice Pierre, exerça la profession de greffier, du 8 février 1861 au 21 juillet 1879.

Ancien instituteur communal à Aigrefeuille, il devint, après la cession de son greffe à Piron, économe de l'hospice de Saintes, du 1ᵉʳ janvier 1879 jusqu'à son décès, arrivé subitement à Saintes, le 25 février 1885.

Il était né à Epargnes, canton de Cozes, le 21 mai 1828, de Pierre Morice, instituteur en cette localité, et de Marie Morice, et il avait épousé, le 6 septembre 1855, Louise-Pauline Julie-Adèle Gorry, dont il eût un fils, Pierre-Gaston-Emmanuel Morice, docteur en médecine.

10° Piron Pierre, qui précède (21 juillet 1879-21 mars 1885). *(Voir au chapitre des suppléants).*

11° Hillairet André-Augustin-Arthur, cessionnaire du greffe de Piron (8 janvier 1885), fut nommé le 24 mars suivant, prêta serment le 3 avril de la même année, et eût pour remplaçant Poirier (8 juillet 1892).

12° Poirier François-Marie-René, resta en exercice, du 8 juillet 1892 au 18 mai 1905, et devint ensuite greffier du tribunal civil de Saintes (9 février 1906-1er juin 1907).

Né à Châteauneuf (Charente), le 18 novembre 1860, de Pierre-Emmanuel Poirier, percepteur des contributions directes audit lieu, où il est décédé, le 12 octobre 1870, et de Marie-Joséphine Savary, morte à Saintes, le 31 mars 1909, il est frère-germain de M. Poirier, notaire à Préguillac, et a épousé, à Javrezac, M^lle Marthe Billard.

13° Sicard Démosthènes-Joseph-Martin, nommé par décret du 8 mai 1905, aux lieu et place de Poirier, qui précède, a prêté serment le 19 du même mois. Actuellement, sous les drapeaux, en qualité de caporal-fourrier au 206° régiment d'infanterie de réserve.

Il est né à la Seyne-sur-Mer (Var), le 1er décembre 1878, d'Etienne Sicard, capitaine au long cours, et de M^me née Claire Martin. Après avoir suivi les cours de l'Ecole d'hydrographie de Toulon, il a été commis-greffier de la justice de paix du 4e canton de cette ville (1er novembre 1903 au 15 octobre 1904). Il s'est marié à la Seyne, le 31 août 1905 avec M^lle Marie-Joséphine Rampal.

## B. — *Canton Sud.*

1° Roy André, élu par l'Assemblée primaire secrétaire-greffier du juge de paix de la ville et commune de Saintes, prêta serment devant Riquet, le 11 décembre 1790. Réélu le 25 novembre 1792, il fut maintenu en place par arrêté de Bonaparte, premier consul, du 28 vendémiaire an XI, et exerça cette fonction jusqu'au moment où il fut révoqué, nous ne savons pour quelle cause.

Né à Préguiilac, de Michel Roy, tonnelier, et de Marie-Anne Préveraud, il était, lors de la Révolution, premier huissier audiencier au siège de l'élection de Saintes. Il avait épousé, en cette ville, paroisse Saint-Michel, le 9 janvier 1770, Catherine Rouhé (*alias* Roüy), fille de Nicolas Rouhé, maître menuisier, et de Françoise Lespine. Il est mort, à Saintes, le 17 juin 1808, à 72 ans.

2° Poitevin Jean, remplaça « le citoyen Roy déchu », en vertu d'un décret du 5 prairial an XI (25 mai 1803), prêta serment, le 8 fructidor de la même année (26 août 1803) et eût pour successeur Besoux. Ancien sergent royal, il était né à Chermignac, le 17 juillet 1758, de Jean Poitevin et de Marie Lallemand, et avait épousé à Rétaud : 1° le 4 septembre 1786, Marie Gillet, fille de Simon Gillet et de Marie David ; 2°, le 22 prairial an IV (10 juin 1796), Marie-Thérèse Arnauld, veuve en premières noces de François Durivault, médecin-vétérinaire.

3° Besoux Etienne-André-Auguste, nommé par ordonnance du 10 septembre 1817, à la place de Poitevin, démissionnaire, remplit sa fonction de greffier jusqu'à son décès, qui eût lieu à Saint-Sauvant, le 10 novembre 1828.

Né à Rochefort, le 28 avril 1778, de Noël-Besoux et de Anne-Magdeleine Crochet, il avait antérieurement appartenu à l'administration des contributions indirectes (1808-1817), et s'était marié successivement à Marie-Judith Peloux et à Benigne-Charlotte Duchâtel, dont le père, Marc-Georges Duchâtel, propriétaire à Fontcouverte, était fils de Jean-Cosme Duchâtel, ancien avocat au présidial.

4° Boussard Jean-Baptiste-Casimir, remplaça Besoux le 28 mars 1829, prêta serment le 6 juin de la même année, et demeura en exercice jusqu'au 4 juin 1864.

Né à Rochefort, vers 1789, de Melchissédec Broussard et de Madeleine Allenet, il est décédé à Saintes, le 8 avril 1874, à 85 ans, laissant de son mariage avec Marie-Louise Bartaré, un fils et une fille, Louise-Jeanne-Irma, qui a épousé, le 3 janvier 1848, Laurent-Victor Graire, professeur de musique à Saintes, puis à Monaco.

5° Fragnaud Henri-Pierre, nommé le 1er juin 1864, en remplacement de Broussard, son cédant, prêta serment le 7 du même mois, et eût pour successeur Bouyer, qui suit. Entré ensuite dans la magistrature cantonale, il débuta à Noirmoutiers, le 17 décembre 1885, et était, depuis le 8 avril 1894, juge de paix de Saint-Porchaire, quand il mourut, en ce canton, au Port-d'Envaux, le 1er mars 1905.

Il était né à Saintes, le 1er septembre 1835, de Félix Fragnaud, conducteur de diligences, et d'Elisabeth Bourbaud, qui était sœur de François Bourbaud, libraire et imprimeur à Saintes, rue Saint-Michel.

De son mariage avec Mlle Emilie-Florentine Walch, de Saint-Jean d'Angély, Fragnaud a laissé deux fils : 1° Maurice, devenu sous-préfet de Fontainebleau, le 15 juillet 1914 ; 2° et Georges, contrôleur des contributions directes à La Rochelle.

6° Bouyer Etienne-Hippolyte, succéda à Fragnaud, le 12 juillet 1884. Serment du 26 du même mois. Démissionnaire en faveur de Guillot, qui suit. Il avait été auparavant greffier de la justice de paix de Royan.

Né à Berneuil (Charente-Inférieure), le 22 mars 1848, de Pierre Bouyer, cultivateur, et d'Eustelle Rabaud, il s'est marié, le 26 mai 1874, à Epargnes, avec Geneviève-Anasthasie, de cette commune.

7° Guillot Jacques-Jules, nommé à la place de Bouyer, le 28 mars 1896, prêta serment, le 16 mars suivant, et céda sa charge à Laverrière.

Né aux Touches-de-Périgny, canton de Matha, le 14 mars 1862, de Jacques Guillot, propriétaire, et de Joséphine Bardut, il avait été greffier du tribunal de commerce de Marennes (13 juillet 1887-18 juillet 1894). Il a contracté mariage en cette dernière ville, le 4 octobre 1888, avec Mlle Blanche-Edmée-Marie-Rose Frater.

8° Laverrière Joseph-Jean, nommé en remplacement de Guillot le 27 juin 1899, prêta serment le 11 juillet même année, et céda son greffe à Blandin.

Ancien clerc de notaire, il fut greffier de la justice de paix de Saint-Agnant-les-Marais (14 mai 1892). Après son départ de notre ville, il a été successivement greffier de la justice de paix du 5me canton de Rouen (30 décembre 1905), et greffier du tribunal civil de Céret (Pyrénées-Orientales) (17 janvier 1910), où il réside encore actuellement.

Né à Eymouthiers (Charente), le 6 janvier 1866, de Pierre Laverrière, instituteur en cette commune, et de Anne Labrousse ; il a épousé M<sup>lle</sup> Marie Laroche, fille d'un maitre de forges de Varaignes (Dordogne).

9° Blandin (François-Georges), capacitaire en droit, ancien clerc de M⁰ Bediou, notaire à Bordeaux ; il a remplacé Laverrière. Serment du 7 octobre. Il est en ce moment mobilisé comme lieutenant au 10⁰ hussards.

Né à Libourne (Gironde), le 31 octobre 1875, de Émile-Victor Blandin, colonel de cavalerie en retraite, originaire de la Lorraine annexée, décédé à Bordeaux le 16 décembre 1914, et de Madame, née Jeanne-Alide Palus ; il a épousé, à Bordeaux, le 29 janvier 1906, M<sup>lle</sup> Marie-Érinna Duranthon.

---

## DOCUMENTS ANNEXÉS

### I

*Procès-verbal constatant l'absence d'assesseurs.*

Cejourd'huy, vingt-huit fructidor an sept de la République Française, nous, François Riquet, juge de paix de la cité et commune de Saintes, nous sommes *rendus* au *Pallais* National, lieu ordinaire - de nos séances, pour y tenir notre audience sur les dix heures du matin, où nous avons trouvé toutes les parties, tant demanderesses que défenderesses, nous étant trouvé seul pendant plus de trois *carts* d'heure sans qu'aucun des assesseurs se soient rendus, nous avons envoyé le citoyen Bonnaud, notre huissier, pour en chercher deux, et à onze heures le c<sup>n</sup> Toussin, l'un d'eux, s'est rendu et a resté avec nous jusqu'à midy, ledit Bonnaud nous ayant assuré n'avoir pu en trouver d'autres, et a *raporté* que le c<sup>n</sup> Massiou, autre assesseur, ne s'est pas trouvé chez luy et que sa femme luy a assuré ne pas savoir où il étoit ; qu'après plusieurs recherches en différents endroits de cette commune, il n'a pu le rencontrer, ce qui nous a déterminé à renvoyer l'audience à une heure de relevée, à laquelle, moy, juge de paix soussigné, me suis rendu au lieu ordinaire de mes séances, où toutes les parties qui avoient des causes, tant au tribunal de police qu'à la justice ordinaire, étoient rendues, et à deux heures s'est présenté le c<sup>n</sup> Néron, l'un des assesseurs. qui n'est pas de service, non plus que le c⁰ Toussaint, pendant ce mois, qui a déclaré être prêt d'assister à l'audience, ayant envoyé de nouveau notre huissier pour chercher un second assesseur, il nous a *raporté* que le c⁰ Toussaint avoit été requis pour faire un accouchement en campagne et qu'il avoit inutilement cherché le citoyen Massiou, sans pouvoir le découvrir, de sorte que, voyant ne pouvoir tenir notre audience, nous nous sommes déterminé à renvoyer les parties *cités* au cinquième jour complémentaire prochain, neuf heures du matin, auquel jour et heure toutes parties demeurent intimées.

Et avons dressé le présent procès-verbal pour estre adressé à qui de droit, valoir et servir ce que de raison. Clos et arresté dans la salle de nos *scéances*, sur les trois heures et demie, les jour, mois et an que dessus.

RIQUET, juge de paix ; ROY, greffier.

(Extrait des minutes de la justice de paix du canton sud de Saintes).

## II

*Procès-verbal, dressé par les juges de paix de Saintes, pour relater le passage du duc d'Angoulême dans leur ville* (1).

Le neuf juillet mil huit cent quatorze, Son Altesse Royale, Monseigneur le Duc d'Angoulême, venant de Rochefort, a traversé notre ville, sur environ les trois heures et demie du matin, et s'est rendue à l'Hôtel de la Sous-Préfecture, escorté des gardes d'honneur, des gendarmes, de la garde nationale et des drapeaux, précédés du corps municipal et de la musique.

S. A. R., extrêmement pressée de se rendre à Bordeaux, s'est constamment tenue à la portière de sa voiture où elle a été complimentée par toutes les autorités civiles et militaires.

Dans le court espace de temps que S. A. R. a bien voulu demeurer parmi nous, les juges de paix de cette ville ont été admis à lui parler et, sur leur demande, elle leur a accordé, ainsi qu'à leurs suppléants, la décoration du Lys. Cette même faveur a été également accordée au sieur Mathieu-Elisabeth Brejon fils, bachelier en droit, par son Altesse Royale, sur la demande qu'en a faite son père.

---

(1) L'original de ce procès-verbal est de la main de Bréjon. (Minutes de la justice de paix du canton nord de Saintes).

S. A. R. est ensuite partie pour Bordeaux et a été accompagnée dans le même ordre jusqu'à sa sortie de la ville.

. A son entrée et à son départ, les cris mille fois répétés de Vive le Roi, Vive le Duc d'Angoulême, Vivent les Bourbons, se sont faits entendre de toutes parts.

De tout quoi les juges de paix susdits et soussignés ont fait et dressé le présent procès-verbal pour être déposé à leurs greffes, et dont un double sera par eux envoyé à M. le Maire de cette ville, avec invitation de le réunir aux archives de la Mairie.

A Saintes, les jour, mois et an que dessus.

Brejon. Dangibeaud.

III

*Lettre adressée par Voix, juge de paix du canton nord,*<br>*à M. Gouillard, avocat à Cognac.*

(Comunication de M.-J. de La Chartrie).

Saintes, le 24 mai 1823.

Mon cher Gouillard (1).

Je vais réclamer de votre obligeante amitié un service important pour une affaire qui me touche de près. Voici ce dont il s'agit et en même temps mon secret.

M. Brejon, juge de paix du canton de Saintes (arrondissement du nord), a donné sa démission, pure et simple, de cette place, attendu son âge avancé et ses infirmités, dans l'espérance que son fils, âgé à peine de 30 ans, lui succédera. Brejon fils est même dans ce moment à Paris pour se faire nommer.

J'ai 39 ans, je suis premier suppléant de ce juge de paix, et, en cette qualité, je crois avoir des droits à la place dont il s'est démis sans aucune espèce de condition, parce que, si sa démission eût été conditionnelle, on ne l'eût pas acceptée.

Par conséquent, j'ai fait et fais encore beaucoup de démarches pour obtenir cette place. Jusqu'à présent, tout semble être d'un favorable augure pour moi. J'ai l'espoir fondé d'être incessam-

---

(1) Jacques Gouillard, (Saint-Jean d'Angély, 23 novembre 1784 †Cognac, le 13 décembre 1856), bâtonnier de l'ordre des avocats et 1er adjoint au maire de cette dernière ville. Sa fille, Françoise-Suzanne-Sidonie, épousa, le 28 février 1848, le docteur Jean-Prosper-Eustache Tercinier (Livre *Les Tercinier et leurs alliances*, par J. de La Chartrie. Saintes, A. Hus, 1904).

ment présenté au Garde des sceaux par M. le Procureur général de Poitiers (1), et j'ose même croire que je serai noté favorablement par ce magistrat, mais cela peut ne pas suffire. Brejon fils étant à Paris, il est certain qu'il fera tout ce qu'il pourra pour réussir, quoique j'aye lieu de penser qu'il ne sera pas porté en première ligne sur la liste de présentation. J'ai donc besoin d'une puissante recommandation dans les bureaux du ministère et surtout auprès de M. de Vatimesnil, qui peut beaucoup pour ces sortes de nominations, étant secrétaire général et chef du personnel.

Comme je sais que vous êtes très bien avec M. Otard, député de votre arrondissement, qui a un très grand crédit auprès de tous les ministères, je vous serai infiniment obligé de lui parler, s'il s'est rendu à Cognac, ou de lui écrire, s'il est encore à Paris, pour qu'il ait la bonté de me recommander de suite à M. de Vastimesnil. Je ne doute nullement qui s'il veut m'accorder cette faveur, sa recommandation ne soit d'un grand poids et que je ne puisse l'emporter sur mon concurrent dont vous avez sans doute entendu parler et qui ne serait pas à craindre, je vous assure, si sa nomination dépendait non seulement des autorités judiciaires et administratives, mais encore de tous les notables de notre ville.

M. Boscal de Réals, notre député, sera consulté en sa qualité de maire, sur la nomination, et il m'a assuré qu'il fournirait des renseignements favorables sur mon compte lorsqu'on les lui demanderait.

Il serait peut-être possible que M. Brejon ait mis dans ses intérêts M. Otard ; alors, pour ne pas compromettre les miens, il serait, je crois, sauf meilleur avis, à propos de lui demander sa protection pour cette place, sans d'ailleurs me nommer, parce que nul doute, s'il est prévenu par un autre, il vous le dira. Au surplus, je laisse à votre prudence (le soin) de faire tout ce que vous jugerez convenable dans l'occasion.

Si par des raisons que je puis ignorer, vous étiez en position de ne pas pouvoir parler ou écrire en ma faveur à M. Otard, vous me rendriez un service essentiel d'employer l'intermédiaire d'une personne quelconque qui serait très bien avec lui

---

(1) M. Mangin, Jean-Henri-Claude, qui, en 1829, remplaça M. de Belleyme à la Préfecture de Police.

et à qui vous confieriez mon secret ; je dis mon secret, parce que j'ai intérêt que rien ne transpire à cause de la famille Brejon qui peut-être est dans la persuasion que je ne fais aucune démarche.

Pardon, mon cher Gouillard, de toute la peine que je vais vous donner. Je voudrais bien, de mon côté, trouver l'occasion de vous être utile et agréable en quelque chose. Je la saisirais, vous devez le croire, avec autant d'empressement que de plaisir.

Tout à vous. Votre dévoué serviteur et ami.

VOIX.

La Rochelle. Imprimerie Nouvelle Noël Texier.

# ERRATA

—

Page 14, ligne 29, lire : *1791*, au lieu de 1790.

Page 51, note 4, lignes 8 et 9 : *Boudin*, avoué, au lieu de Bourdin, notaire.

Page 74, ligne 2 : *1806*, au lieu de 1856 ; et ligne 8 : *Maréchal*, au lieu de Maréchat.

Page 75, note 1, ligne 23 : *Jeanne-Marie*, au lieu de Jeanne-Amélie Robin.

Page 84, ligne 6 : *marine*, au lieu de mairie.

Page 89, note 1, ligne 7 : Gensac, canton de Segonzac, Segonzac, Hiersac, Châteauneuf-sur-Charente.

Page 95, ligne 1 : devant le tribunal civil de Saintes *le 16 septembre 1814.*

Page 102, note 1, verso, ligne 10 : de *Luynes*, et non de Loynes.

Page 121, ligne 2 : décédée à Saintes, rue du Bois d'Amour, *le 30 juillet 1885.*

Page 178, ligne 4 : *directoire*, au lieu de directeur.

Page 183, ligne 3 : *1790* à décembre 1792, au lieu de 1792 à décembre 1792.

Page 189, ligne 6 : la *Faux*, au lieu de la Font du Loup.

Page 190, note 4 : qui fut notaire du 30 mai 1848 au 16 août 1875, et de nouveau du 31 octobre 1888 au 22 octobre 1889.

Page 193, note 1, ligne 1 : de *1855* à *1868*, au lieu de 1855 à 1858.

Page 201, ligne 29 : *Gabeloteau*, et non Gobleteau.

Page 228, ligne 29 : *Broussard*, au lieu de Boussard.

Page 233, ligne 16 : *que*, au lieu de qui.

Il y a encore lieu de rectifier les erreurs suivantes :

Page 42, note 1, ligne 11 : *Rose Heard*, dénommée au § 3, et qui est la même personne que *Marie-Rose Heard, épouse Daniel Fourestier* (§ 4), n'a pas épousé Louis-Auguste de Rossel, comme il a été dit. Elle lui a bien été fiancée, ainsi qu'il résulte d'un contrat devant Pasquier, notaire royal à Saintes, du 12 septembre 1768, mais le mariage n'eût pas lieu. Marie-Rose Heard, très affligée de cette rupture, épousa de dépit l'avocat Fourestier, remarquable, paraît-il, par sa laideur. Quant à de Rossel, il se maria avec la fille d'un laboureur de la paroisse de Chaniers, Françoise Guérin, sa maîtresse, dont il avait eu une fille qu'il reconnut dans l'acte de leur mariage, célébré dans l'église de Saint-Michel de Saintes, le 15 septembre 1781.

Page 82, note 2 : M. *Alphonse* Fontant, époux Claviez, n'a pas été président du tribunal civil de Saintes, puis de celui de Poitiers. Il lui a été attribué à tort les états de services de M. *Alexis* Fontant, né, comme lui, à Niort, et marié à M<sup>lle</sup> Marie-Honorine-Agathe-Amélie Guillet. M. *Alphonse* Fontant, qui est le père de M. Paul Fontant, avoué près la Cour d'appel de Poitiers, et qui est décédé à Saint-Benoît (Vienne), le 3 février 1897, a été successivement juge suppléant à Niort (4 octobre 1852?), substitut du procureur impérial à Saint-Jean d'Angély (5 avril 1856), ensuite à Rochefort-sur-Mer (7 décembre 1859), juge au même siège (1 novembre 1863), chargé de l'instruction près de ce même tribunal (23 décembre 1868), fonction qu'il remplit jusqu'à son admission à la retraite par décret du 20 octobre 1883.

Page 94, note 1, lignes 11 à 20 : Gabeloteau-Duplantis est décédé *le 22 septembre 1810*, et non le 22 septembre 1811. Le testament, dont il est fait mention, n'est donc pas le sien, mais celui de sa veuve, Angélique Prouhet, qui institua pour son légataire universel Jean-Etienne Prouhet, praticien, son neveu.

## *Addition*

Page 212 : Drilhou Jean, en outre de l'office de Jean Peychaud, s'était rendu acquéreur de ceux de Barthélemy et de Jean Rousset, procureurs au présidial de Saintes.

Pendant la Révolution, il fut, par arrêté du Conseil général de la Charente-Inférieure en date du 25 février 1793, destitué de sa charge d'avoué pour cause d'incivisme ; mais, par un autre arrêté dudit Conseil du 10 mars de la même année, il fut rétabli dans sa fonction.